조세, 법과 의식 사이

; 이론과 실제, 그리고 정책

임원식

새미

조세, 법과 의식 사이

글머리에
성숙한 조세문화의 꽃을 피우고자

꽃들이 다투어 화사하게 피어나는가 싶더니 어느새 떨어져 시들어버리고 이제 하루가 다르게 신록의 푸르름이 더해만 간다. 계절은 그처럼 어김없이 돌아오는데 '찬란한 슬픔의 봄'을 떠나보내며 지나온 반평생을 돌아본다. 결코 짧지 않은 30여년의 공직생활, 그것은 稅金과 더불어 살아온 세월이었다. 이후 언론사 대표로 지낸 지 10년이 되어 가지만 내 의식 밑바닥엔 늘상 세금이 자리하고 있었다.

세금은 우리가 태어나서 무덤에 이르기까지 그림자처럼 따라다닌다. 生命이 이 세상에 던져지는 바로 그 순간부터 생존하는 동안 결코 여읠 수 없는 것이 세금인 것이다. 먹고 입고 사고 파는 그 모든 것에 세금이 있다. 세금은 또한 직접세처럼 눈에 보이는 것이 있는가 하면 간접세처럼 평상시에는 전혀 느끼지 못하는 것도 있다.

이러한 세금을 즐거운 마음으로 내고자 하는 사람이 있을까. 아마도 없거나 있더라도 극소수일 것이다. 하지만 적절한 비유일지 모르겠으나 공기가 없으면 살 수 없듯이 자본주의 사회에서 세금은 반드시 있어야만 되는 것이다. 때문에 조세법이나 조세 행정과 일반인의 의식 사이에는 매우기 어려운 괴리가 존재하는 듯도 싶다. 책의 제목을 '조세, 법과 의식 사이'로 정한 이유이기도 하다.

이 책은 지난 날 행정학 박사학위 논문으로 제출했던 '조세회피 행태에 관한 실증적 연구'를 바탕으로 했다. 미흡한 부분이 있어 보완해야겠다는 생각을 늘 해오던 참이었다. 바쁜 일상 때문에 쉬운 일은 아니었으되 설문조사도 새롭게 하고 각종 통계도 최근 것으로 바꿔 전반적으로 내용을 수정 보완하고 나니 책으로 엮어도 되겠다는 생각이 들었다. 공자께서 말씀하신 바 마음이 하고 싶은 바를 따르더라도 법도에 어긋남이 없는 경지처럼, 자기 소득을 스스로 알아서 신고해도 도덕적으로나 법적으로 떳떳할 수 있는 그런 사회가 됐으면 하는 염원을 이 책에 담았다. 성숙한 조세문화를 가꾸기 위해서는 어떻게 해야 할 것인가 고뇌한 흔적이라 하겠다.

아무쪼록 이 책이 조세제도나 법과 일반인의 의식 사이에 깊게 패인 고랑을 메워 아름다운 조세문화를 꽃 피우는 데 작은 도움이 되었으면 좋겠다.

2004년 5월
임원식

추천의 글
"稅制의 품격과 稅政의 품위를 높이려는 力著"

한 영 환 (중앙대 명예교수 · 행정학 박사)

내가 임원식 박사를 처음 만난 것은 1998년 가을, 그가 호남대학에서 이 저서의 기초가 된 '조세회피 행태에 관한 실증적 연구'라는 박사학위 논문을 제출하였을 때, 그 논문 심사에 참여할 기회가 주어졌기 때문이었다. 그때 그가 보여준 학구적 정열과 진지함에 나는 우선 감복하였다. 전남일보 사장이라는 존경받는 언론인으로서, 또 소설·시·수필·평론 등으로 등단한 문학가로서 이미 높은 경륜과 명성을 얻고 있는 그가 학위 논문의 작성과 수정·보완에 임하는 자세는, 마치 20대 신진학자의 수련 과정에 못지 않은 열성과 진지함으로 가득 찬 것이었다.

그 뒤에도 그는 끊임없이 노력하며 많은 저서를 출간해냈다. 특히 2002년에는 '신춘문예의 문단사적 연구'라는 논문으로 조선대학에서 문학박사 학위를 받기도 했다. 그가 언젠가 대학을 졸업하는 젊은이들에게 주는 한 칼럼에서, '손에 굳은 살이 박힌 사람이 식탁의 제일 상좌에 앉아 따뜻한 밥을 먼저 먹을 수 있다'는 톨스토이의 말을 인용한 것을 본 적이 있다. 그는 스스로 바로 이러한 정신을 체현하여, 일생을 쉬지 않고 자기수련과 학문에의 정신을 계속함으로써 모범적인 삶을 보여주고 있는 것이다.

그러한 임 박사가 일생을 두고 가장 깊이 연구해 온 분야가 바로 우리나라 조세행정의 개선이었다. 그것은 그가 반평생 행정인으로서 광주를 비롯한 몇

군데 세무서장과 지방국세청 국장으로 근무하면서 터득한 직업적인 전문 분야이기도 했겠지만, 조세제도와 그 관리체계의 개선이야말로 국기(國基)의 확립과 민신(民信)의 근간이 된다는 율곡(栗谷)이나 다산(茶山)같은 선현들의 고견을 이어 받았기 때문인 듯하다. 조세제도의 공평성과 조세행정의 효율성이 훼손되면 국가경제의 운영이 질서를 잃고 지하화하면서 국가발전의 동력을 잃게 된다. 또한 국민들간의 위화감을 증폭시키며 정부에의 신뢰를 떨어뜨리게 된다.

본서는 바로 이러한 문제의식에 입각해서, 우리나라 세제의 공평성과 효율성을 해치는 핵심과제가 바로 조세회피 현상이라고 지목하고, 이 현상을 철저히 분석해 그 바탕위에서 효과적인 대응책을 탐색·제시해 보려는 학구적 노력의 결정체이다. 임 박사는 우선 조세회피에 관한 국내외의 선행연구들을 광범하게 섭렵하면서, 우리나라에서의 실증적 조사를 위한 연구설계를 정치하게 다듬고, 이를 전문조사기관의 도움까지 받으면서 자료를 수집해 그 결과를 치밀하게 분석하였다. 그러한 분석 결과에 기초하여 납세의식, 조세환경, 성실납부제도의 운용 등 입체적이면서도 구체적인 조세행정 개선방안을 제시하고 있는 것이다.

우리나라 조세법의 일인자라는 평을 듣는 전정구 변호사의 말대로 세제와 세정도 사람과 같이 높은 품격과 품위를 갖추어야 한다. 우리 국세기본법이 갖추고 있는 높은 품격의 내용인 실질과세·신의성실·형평과세의 규정들이 살아 숨쉬게 하고, 조세행정이 높은 품위를 지니게 하기 위해서는 징세와 조사의 신뢰성과 투명성을 높여야 하는 것이다. 임 박사의 본 저서는 바로 조세법과 의식 사이의 간격을 파헤쳐 그 고랑을 메울 수 있는 방안을 제시함으로써 우리 세제(稅制)의 품격과 세정(稅政)의 품위를 높이는 데에 크나큰 기여를 할 수 있을 것이라고 믿는다.

우리나라 조세제도의 개선에 관심이 있는 모든 행정인을 비롯 사회과학도들과 함께 이 책의 출간을 마음 깊이 축하해마지 않는 것은 바로 그러한 이유 때문이다.

목 차

글머리에 ·· 5

추천의 글 ··· 7

제1부 조세제도의 역사적 발달 과정   17

Ⅰ. 조세란 무엇인가 ·· 19
  1. 조세의 개념 ·· 19
  2. 조세의 기본원칙 ·· 24
    1) 조세법률주의(租稅法律主義) ·· 25
    2) 조세평등주의(租稅平等主義) ·· 28
    3) 신의성실(信義誠實)의 원칙 ·· 30
  3. 조세의 목적 및 기능 ·· 32
  4. 조세의 체계 ·· 34
    1) OECD의 조세관련 정책 ·· 34
    2) 한국의 조세체계 ·· 41

II. 한국의 조세제도 ········· 49

1. 조세제도의 변천과정 ········· 49
2. 조세제도의 특성 ········· 52
3. 조세규모 및 조세부담률 ········· 55
4. 조세행정 ········· 58
   1) 조세행정의 의의 ········· 59
   2) 조세행정의 지도원리 ········· 60

III. 과세제도와 납세자 ········· 63

1. 과세제도의 적용 ········· 63
   1) 과세제도 ········· 63
   2) 과세요건 ········· 66
   3) 국세부과와 세법적용의 원칙 ········· 67
2. 납세자의 의무 및 행위 ········· 69
   1) 납세의무 ········· 69
   2) 납세자 행위 ········· 74
3. 납세자의 권리구제 ········· 79
   1) 우리나라의 권리구제 제도 ········· 79
   2) 주요국의 권리구제 제도 ········· 92
4. 납세자의 성실성 ········· 97
   (1) 경제적 억제이론 ········· 98
   (2) 재정 심리이론 ········· 99

IV. 조세회피 ········· 101

1. 조세회피의 개념 및 문제점 ········· 101
2. 조세회피의 유형 및 실태 ········· 105
   1) 조세회피의 유형 ········· 105
   2) 조세회피의 실태 ········· 108

3. 조세회피의 발생원인 ·· 114
   1) 조세부담의 불공평성 ·· 114
   2) 지하경제와 사금융시장 ······································ 116

4. 이론적 접근 및 실증연구 사례 ································ 126
   1) 조세회피에 대한 이론적 연구 ···························· 126
   2) 조세회피에 대한 실증적 연구 ···························· 137
   3) 조세회피 요인분석 ·· 149

Ⅴ. 조세정책 동향 및 사례 분석 ······································ **161**

1. 국내외 조세정책 ··· 161
   1) 미국 ·· 162
   2) 영국 ·· 167
   3) 독일 ·· 169
   4) 기타 ·· 173

2. 한국 조세제도의 과제와 개혁 ································ 182
   1) 한국조세제도의 과제 ·· 182
   2) 사례분석: 2001년 언론사 세무조사 ················· 186
   3) 참여정부의 세제 개혁 방향 ······························ 201

제2부 한국인의 납세의식 및 행태   213

Ⅰ. 조사개요 ·· **215**

1. 조사목적 ··· 215
2. 조사내용 ··· 215
   ▶ 납세의식 ·· 216
   ▶ 납세환경에 대한 의견 ·· 216
   ▶ 조세회피 행위의 원인 ·· 217
   ▶ 성실납세 풍토조성을 위한 제언 ························ 217
3. 조사대상 ··· 217
4. 조사방법 ··· 223

Ⅱ. 결과분석 1; 납세의식 및 행태 ·· 225

  1. 납세의식 ··· 225
    1) 조세개념 인식 및 납세의식 ·· 225
    2) 조세혜택 및 정부의 재정지출에 대한 신뢰도 ···················· 228
    3) 과세공평성에 대한 의견 ··· 230
    4) 납세풍토에 대한 평가 ·· 233
    5) 조세부담률에 대한 의견 ··· 234
    6) 조세제도에 대한 인식 ·· 236
    7) 조세회피 행위에 대한 인식 ······································· 240
    8) 조세범 처벌에 관한 의견 ·· 243
  2. 조세환경에 대한 인식 ·· 245
    1) 과세일반에 대한 평가 ·· 245
    2) 납세풍토에 대한 평가 ·· 250
    3) 성실납세 관련 의식 ·· 254

Ⅲ. 결과분석 2; 조세회피와 성실납세 ·· 277

  1. 조세회피 행위의 원인 ·· 277
    1) 조세회피 경험, 방법 및 이유 ····································· 277
    2) 조세회피 행위와 납세의식간 상관관계 ·························· 281
  2. 성실납세 풍토조성을 위한 제언 ···································· 284
    1) 응능과세 달성을 위한 과세 ······································· 284
    2) 직접세 대비 간접세의 비율조정 ·································· 288
    3) 국세의 지방세 이전 ·· 288
    4) 세무관서의 효율화를 위한 의견 ·································· 291
    5) 성실 세금납부를 위한 조치 ······································· 293

제3부 성실납세 풍토 조성을 위한 과제   299

Ⅰ. 조사결과에 따른 정책적 함의 ·· 301

  1. 납세의식 개선 ··· 301
    (1) 조세개념 인식 및 납세의식 ·· 301
    (2) 조세혜택 및 정부의 재정지출에 대한 신뢰도 ··············· 301
    (3) 과세공평성 ··· 302
    (4) 납세풍토 ·· 302
    (5) 조세부담률 ··· 303
    (6) 조세제도 ·· 303
    (7) 조세회피 행위 ·· 304
    (8) 조세범 처벌 ··· 304
  2. 조세환경 개선 ··· 305
    (1) 과세일반 ·· 305
    (2) 납세풍토 ·· 306
    (3) 성실납부 관련 ·· 307
  3. 조세회피 행위의 원인 치유 ·· 310
    (1) 조세회피 경험 ·· 310
    (2) 조세회피 선호방법 ·· 311
    (3) 조세회피의 원인 ··· 311
    (4) 조세회피 행위와 조세의식간 상관관계 ························ 311
  4. 성실납부 풍토 조성을 위한 조치 ····································· 312
    (1) 공평과세 달성을 위한 과제 ······································· 312
    (2) 직접세 대비 간접세의 비율조정 ································· 313
    (3) 국세의 지방세 이전 ·· 313
    (4) 세무행정의 효율화 ·· 314
    (5) 성실납세를 위한 조치 ··· 314

Ⅱ. 성실납세 풍토 조성을 위한 정책방향 ·· 317
  1. 납세의식 개혁을 위한 조세정책 추진 ································ 317
    1) 조세정의 구현 ··· 317
    2) 조세 인프라의 정비 및 조세절차 법규의 재정비 ·············· 319
    3) 국세행정 개선 ··· 321
    4) 조세회피 행위 근절을 위한 제도적 장치 ······················· 322
  2. 성실납세 풍토 조성을 위한 조치 ······································· 324
    1) 납세의식 선진화 유도 ··· 324
    2) 납세자의 신뢰확보 ··· 325
    3) 교육 및 홍보활동 강화 ·· 326

<참고문헌> ··· 329

부록 : 설문지   337

제1부

조세제도의 역사적 발달 과정

I. 조세란 무엇인가

1. 조세의 개념

오늘날 대부분의 국가는 이른바 '조세국가(租稅國家)[1]'로 불릴 만큼 국가재정을 조세에 의존하고 있으며, 조세는 사회 및 경제정책수단으로도 다양하게 이용되고 있다. 따라서 조세가 국민의 경제생활과 재산권에 미치는 영향은 매우 다양하다(함영복, 2000; 3). 즉 조세제도는 우리의 경제활동을 규제하는 규칙이라고 할 수 있다. 사회구성원이 누구나 그 규칙에 순응하는 태도를 가질 때 그 사회는 번영할 수 있다. 조세제도나 행정이 모든 납세자가 순응하는 규칙이 되기 위해서는 공정하고 정의로워야 한다. 이러한 이유로 인해 조세는 형평과 효율이라는 두 가지의 목표를 그 기반으로 하고 있으며, 이를 토대로 공정하고 투명한 세무행정을 하게 된다. 또한 납세자의 조세에 대한 이해와 협력은 매우 중요하며, 이는 궁극적으로 조세정의(租稅正義)를 추구하고 실현함으로써 극대화된다.

조세정의는 기본적으로 자신의 납세능력에 맞게 세금을 납부하는 것이다.

---

[1] "조세국가"는 Schumpeter의 <조세국가의 위기(Die Krise des Steuertaats)>라는 제명에서 유래된 것이고, 여기에서 그는 조세와 국가를 사용하여 자유경제를 전제로 한 근대국가를 설명하고 있다(이종남, 1975; 3).

능력에 맞게 세금을 낸다는 것은 상당히 복잡한 개념으로서, 소득이 많은 사람이 세금을 더 많이 내야 된다는 것을 의미한다. 이러한 과정에서의 문제는 과연 얼마만큼 세금을 더 내느냐 하는 것이지만, 조세정의 실현을 위해서 소득이 많은 사람이 세금을 더 많이 내는 것은 반드시 필요하다(나성린, 2003; 56). 그러므로 조세정의는 분배적 정의의 문제이며, 이는 세법에서 조세부담의 공평의 원칙으로 구현된다.

조세부담의 공평의 원칙으로 구현되는 조세는 그 개념적 규정과 관련하여, 역사적으로 시대와 장소에 따라 다양하게 전개되고 있어 획일적으로 정의하기가 쉽지 않지만, 일반적으로 조세란 "국가 또는 지방자치단체 등 공권력체(公權力體)가 경비충당의 재정조달목적으로 그의 과세권에 기하여 법률에 규정된 과세요건을 충족한 모든 자에게 부과·징수하는 금전 급부"를 의미한다(세무용어사전, 2003).

이러한 조세는 기본적으로 필요 불가결한 재원을 수급하는 수단이 된다. 즉 오늘날 국가는 조세수입을 통하여 헌법에서 규정한 국민을 위한 국가의 역할을 수행하게 된다. 이러한 국가의 수행 역할 중의 하나는 국민경제 내에서 이루어지는 소득의 분배 재조정을 통해 국민 모두가 생존 할 수 있는 환경을 위한 각종 조치를 취하는 것이며, 이를 위해서는 조세의 원활한 수납이 매우 중요한 관건이 된다. 따라서 조세는 기본적으로 강제성(强制性)과 무상성(無償性) 및 금납으로 특징지워진다고 볼 수 있다.

즉 조세는 임의적인 자기 의사와 관계없이 타인에 의하여 강제적으로 급부하는 것이며, 또한 직접적인 대가없이 무상으로 헌납하는 금전적 급부이다. 그러나 조세는 과세권에 의하여 국민으로부터 대가 없이 강제로 과징하는 금전 급부이므로 자칫하면 국민의 재산권을 부당하게 침해할 소지가 많다. 그렇기 때문에 국민 개개인이 공평하게 조세를 부담할 수 있도록 과세방법이나 절차가 법률에 의하여 규정되어야 하며, 이러한 법적 근거 없이는 국민에게

조세부담을 지울 수 없다(함영복, 2000; 6).[2]

조세는 국가나 지방정부가 그 임무를 수행하는 데 필요한 물적 토대를 마련해 주는 필수불가결한 수단이다. 조세는 "국가가 세입을 조달할 목적으로 특정한 개별적 보상 없이 사경제로부터 강제적으로 징수하는 화폐 또는 재화"의 의미를 갖는다(차병권, 1994; 312). 납세자의 입장에서 조세는 가시적인 대가 없이 일방적으로 재산권이 강제 이전되는 것이기 때문에 납세에 대해서 근본적으로 거부반응을 일으킬 충분한 소지를 안고 있다. 더욱이 세제의 불합리성이나 공평성의 미흡, 세무 공무원의 비리, 정경유착의 관행 등으로 납세자들의 조세에 대한 부정적인 태도를 더욱 심화시키기 마련이고, 이것이 조세저항의 요인으로 작용하게 된다(임원식, 1998).

특히 지난 1995년도에 1인당 국민소득 1만 달러를 돌파한 이후 국제통화기금(IMF) 체제를 거치면서 경제성장이 크게 침체돼 2003년도에 이르기까지 8년째 국민소득이 1만 달러에 멈춰서는 등 우리경제가 큰 어려움에 처해 있다. 때문에 한편으로는 조세수입이 현저하게 줄어들 것이고, 또 다른 한편으로는 실업구제 등 경기부양 정책예산의 증가가 예상된다. 따라서 정부는 안정적인 재원 확보를 위해 다각적인 방안을 마련하지 않을 수 없게 되었다. 조세가 정부재정조달의 근간이라는 점에서 볼 때, 정부의 이러한 목표는 결과적으로 국민의 조세부담으로 이어지게 된다. 다음 <표 1-1>에서 보는 바와 같이 최근 국민 조세부담률은 계속 높아지고 있다.

---

2) 조세는 국가 또는 공공단체가 개별적으로 서비스를 제공하고 그에 대한 반대급부로서 징수하는 사용료나 수수료와는 다르다. 또한 도시계획의 수행과정에 특정의 이익을 받는 자에게 부과하는 수익자 부담금과도 구별된다.

<표 1-1> 연도별 조세부담

구분 \ 연도	단위	1997	1998	1999	2000	2001
1. 국내총생산	억 원	4,532,764	4,443,665	4,827,442	5,219,592	5,450,133
2. 조세총부담	억 원	883,334	849,474	942,442	1,135,353	1,224,577
가. 국세	〃	699,277	677,977	756,580	929,347	957,928
내국세	〃	521,532	512,378	563,931	711,061	740,273
교통세	〃	55,471	65,040	72,557	84,036	105,349
관세	〃	57,976	38,360	46,873	57,997	59,234
방위세	〃	△85	14	16	△29	△9
교육세	〃	53,985	52,031	52,969	57,983	37,825
농특세	〃	10,398	10,154	20,234	18,299	15,256
나. 지방세	〃	184,057	171,497	185,862	206,006	266,649
3. 내국세부담률	%	11.5	11.5	11.7	13.6	13.6
4. 조세총부담률	%	19.5	19.1	19.5	21.8	22.5
5. 인구	천 명	45,954	46,287	46,617	47,008	47,343
6. 1인당						
가. 국내총생산	천 원	9,864	9,600	10,356	11,104	11,512
나. 조세부담	〃	1,922	1,835	2,022	2,415	2,587

주: ① '95인구주택총조사에 의한 인구통계 개편결과 반영.
　　② ( )안의 수치는 조세부담률(%)을 표시함.
　　③ 국가별조세부담은 94년 GDP기준, 사회보장분담금 제외.
　자료 : 재경부, 『조세개요』(2002, 5월).

아직은 선진국에 비해 높지는 않지만, 조세부담을 높일 경우에는 납세자의 조세저항이라는 피할 수 없는 문제에 직면하게 된다. 납세자는 자신에게 주어진 조세부담을 최소화하기 위해 가능한 방법을 동원해서 조세를 회피하려고 할 것이다. 조세회피 경향이 확산되면 국가재정 수입에 나타나지 않는 소득이나 지하경제의 팽창을 초래하게 되며, 국가재정 적자, 소득재분배 저해, 비효율적인 자원배분 등의 문제가 야기되고 공평과세도 실현할 수 없게 된다(임원식, 1998).

조세행정의 과제가 이러한 문제들을 해결하는 것임은 분명한 사실이나, 최근 국내외 세정의 발전추세에 따라 더욱 절실해지고 있다.

<표 1-2>에 의하면, 조세구조가 간접세 중심에서 직접세 위주로 개편되는 경향이 가속화되고, 정부 부과주의에서 신고납세제로 전환되었기 때문에 더욱 그러하다. 직접세 위주로 전환되는 것은 세정의 민주화라는 측면과 소득재분배 기능을 강화시킨다는 점에서 긍정적인 의미를 지닌다. 신고납세제 역시 폭주하는 과세관청의 역할을 납세자와 분담한다는 점에서 효율적인 세정 운영을 가능케 해준다는 장점이 있다. 그러나 이러한 세정상의 변화에서는 납세자의 협력이 절대적으로 요구된다. 왜냐하면 납세자의 정직성과 성실성이 확보되어야만 직접세와 신고납세제를 성공적으로 실현할 수 있기 때문이다. 결국, 오늘날 조세행정의 이상(理想)은 협력과세라고 할 수 있다.

자진신고 납세제도하에서는 납세자가 주도적인 역할을 담당하게 되기 때문에 납세자의 행동이 중요한 변수로 떠오르게 된다. 더욱이 납세자는 행정서비

<표 1-2> 연도별 직접세·간접세 비율 (단위: %)

구 분		'97	'98	'99	2000	2001
내 국 세	직 접 세	49.9	57.9	49.2	53.0	50.8
	간 접 세	50.1	42.1	50.8	47.0	49.2
국 세	직 접 세	41.4	48.0	40.5	43.9	40.7
	간 접 세	58.6	52.0	59.5	56.1	59.3
조 세	직 접 세	50.5	55.3	49.5	51.2	50.4
	간 접 세	49.5	44.7	50.5	48.8	49.6

자료: 재경부 『조세개요』(2002, 5월)

<표 1-3> 외국의 직접세·간접세 비율(국세 기준)

구 분	일 본 ('99)	미 국 ('99)	영 국 ('99)	독 일 ('99)	프랑스 ('99)	이태리 ('99)
직접세	57.2	92.5	57.3	46.9	41.5	56.7
간접세	42.8	7.5	42.7	53.1	58.5	43.3

스의 소비자임과 동시에 정부재정수입의 주된 공급원이라는 사실을 고려하면 그 중요성은 더욱 크다고 하겠다. 따라서 납세자의 행동을 이해하고 성실납세를 유도하기 위해서는 조세회피의 실태와 원인을 정확히 파악하는 것이 전략적으로 필요하다.

2. 조세의 기본원칙

국가가 공공경비의 재원조달을 위하여 조세를 과징함에 있어 수입목적과 부차적인 정책목적을 효율적·합목적적으로 달성하기 위하여 고려되거나 준거로 삼아야 할 일정한 기준이 요구되는데, 이를 조세원칙이라 한다. 이에는 국세기본법[3] 제14조 내지 제17조에 정한대로 실질과세의 원칙, 신의성실의 원칙, 근거과세의 원칙 등이 포함된다 할 것이다(세무용어사전, 2003).

세법의 기본원칙은 이를 크게 나누어 납세의무의 성립은 **법률**에 의한다는

---

[3] 국세기본법은 국세에 관한 기본적인 사항 및 공통적인 사항과 위법 또는 부당한 국세처분에 대한 불복절차를 규정함으로써 국세에 관한 법률관계를 확실하게 하고, 과세의 공정을 도모하며, 국민의 납세의무의 원활한 이행에 기여함을 목적으로 하는 법률을 말한다. 국세기본법이 제정되기 이전에는 국세에 관한 공통적이고 기본적인 사항들이 각 세법에 규정되어, 그 내용이 서로 중복·상충되어 세법해석의 통일적인 기준이 없었으므로 내국세(內國稅)에 관한 기본법으로서 국세기본법을 제정하게 된 것이다. 국세기본법은 총칙, 국세부과와 세법적용, 납세의무, 국세와 일반채권과의 관계, 과세, 국세환급금과 국세환급가산금, 심사와 심판, 납세자의 권리, 보칙으로 구성되어 있다. 과거에는 위법 또는 부당한 국세처분에 대한 불복절차는 국세심사청구법에서 정하였으나, 동법은 국세기본법에 흡수 폐지되었다(국세기본법 참조).

사항을 명확히 하는 조세법률주의의 원칙(憲法 59)과 조세부담의 공평배분이라는 이념의 실천기준으로서의 조세평등주의의 원칙(經濟的 觀察方法)으로 집약할 수 있다. 이 두 가지 원칙과 함께 납세자의 신뢰이익 보호문제를 다루는 신의성실의 원칙(民法 2) 등이 있다.

1) 조세법률주의(租稅法律主義)

조세법률주의란 법률의 근거 없이 국가는 조세를 부과징수할 수 없고, 모든 국민은 법률이 정하는 바에 따라 납세의무를 진다는 원칙이다. 따라서 국민은 법률의 근거 없이는 조세의 납부를 강요받지 않는다는 것을 내포하고 있다.[4]

헌법 제38조에서는 '모든 국민은 법률이 정하는 바에 의하여 납세의무를 진다'라고 규정하고 있고, 헌법 제59조에서는 '조세의 종목과 세율은 법률로 정한다'고 규정하고 있는데, 이는 단순히 조세의 종류 및 그 근거를 법률에 의하여 정할 것을 요구하는 것에 그치지 않고 조세의 납세의무자, 납세요건사실, 과세표준, 세율, 과세표준의 신고, 세액의 납부, 결정, 경정처분, 행정구제, 벌칙 등을 모두 조세법률로서 정해야 한다. 무엇보다 이러한 조세법률주의의 본질은 어떤 법적 형식규정에 의하여 보장되는 것이 아니고, 조세법의 목적이나 내용이 기본권보장의 헌법이념과 이를 뒷받침하는 헌법상의 제원칙에 합치되어야 한다는 실질적 법치주의에 있으며, 이와 관련된 일련의 헌법재

---

[4] 조세법률주의에 대한 집착은 자칫 재산권 침해를 초래할 수 있는 가능성을 가지고 있다. 즉 조세법률주의는 세법의 또 다른 대원칙인 조세부담의 형평성과 조화를 이루어야 한다. 세금은 누군가 내지 않으면 다른 사람이 그만큼 더 내야 하는 속성을 가지고 있다. 현대사회에서 조세부담의 형평성이 유난히 강조되는 이유가 여기에 있다. 조세법률주의를 지나치게 엄격히 해석한다면, 세법이 탈세(여기서 탈세는 광의의 외미로서 내야 할 세금을 내지 않는 것을 말한다) 앞에 무기력해질 수 있다. 이 경우 조세법률주의가 '권력으로부터의 재산권 보호' 면에서는 제 기능을 다 할지 모르지만, '소수 비양심적 구성원에 의한 다수 양심적 구성원의 재산권 침해'를 조장하는 역설적인 결과를 가져오게 된다. 즉 지나친 조세법률주의에 대한 집착은 또 다른 재산권 침해를 초래하게 되는 것이다(윤종훈, 2001; 3).

판소 결정례에서도 확인되고 있다(홍준형, 1999; 13-14).

　이러한 조세법률주의는 기본적으로 국민의 재산권 보장과 법률생활의 안정을 기하려는 데 근본목적이 있으며, 조세법률주의는 과세요건 법정주의, 과세요건 명확주의, 소급과세의 금지, 합법성의 원칙을 그 내용으로 하고 있다.

가. 과세요건 법정주의(課稅要件 法定主義)

　과세요건 법정주의는 헌법 제59조에 근거를 두고 있다. 과세요건 법정주의는 기본적으로 조세가 하나의 침해법규이기 때문에 국민의 재산권을 원활하게 보호하기 위해서는 과세요건과 성립, 그리고 조세의 부과 및 징수 절차 등의 사항은 국민의 대표기관이라 할 수 있는 국회의 법률제정에 의해 이루어져야 한다는 것을 의미한다. 다시 말해서 납세자, 과세물건과 그 귀속, 과세표준, 세율 등 납세의무를 성립시키고 변경·소멸시키는 조세실체법적 사항과 조세의 부과·징수 절차에 관한 조세절차법적 사항은 물론 조세의 환급·불복·벌칙 등에 관한 조세구제와 처벌에 관한 사항은 모두 국민의 대표기관인 국회가 제정한 법률에 규정되어야 한다는 원칙이다.

나. 과세요건 명확주의

　오늘날 개인이든 기업이든 의사결정의 조세효과를 고려한 세후순이익(net income after tax)의 극대화를 위한 세무관리가 요구되고 있는 현실에서 조세에 대한 예측 가능성과 법적 안정성의 확보는 경제생활에 있어서 필수적이다. 따라서 과세요건을 법률로 정하는 경우에도 그 규정한 바 내용과 의미가 일의적(一義的)이고 상세 및 명확하여야 한다는 것이다. 만일 법률규정이 추상적이고 불명확하여 과세권자의 자의적 해석이 가능하고 그 집행이 자유재량에 근거한다면 형식적으로는 조세법률주의의 외관을 갖추었으나 실질적으로는 그 붕괴가 초래될 것이기 때문이다(함영복, 2000; 70).

　그러므로 과세요건 명확주의는 과세당국의 자유재량을 배제하기 위한 원칙이다. 현대국가의 조세법률관계에 있어서 개개의 납세의무자는 과세권자인 행정부에 비하여 열세한 위치에 있는 것이 사실이므로 추상적이고 불명확하게 규정된 과세요건을 과세당국이 자의적으로 해석하여 납세자에게 불이익이 돌아가는 경우 조세법률주의는 그 존재 의미를 상실하게 될 것이다. 과세요건명확주의는 과세요건이나 조세의 부과징수절차 등을 법률로 정하는 경우에 그 규정을 가능한 한 명확하고 상세하게 정함으로써 과세당국이 그 법을 자의적으로 또는 자유재량에 의하여 해석·적용하는 것을 방지하여야 한다는 원칙이다.

다. 소급과세의 금지

소급과세 금지의 원칙은 당해 세법의 시행 이전에 완결된 과세요건사실에 대해서는 당해 세법을 소급하여 적용하지 못하게 함으로써 조세법률주의의 중요한 기능인 국민의 경제생활의 예측가능성과 법적 안정성을 보장하기 위한 것이므로 조세법률주의의 범주에 포함되는 것으로 이해된다.

라. 합법성의 원칙

조세는 국가운영에 필요한 재정자원을 확보하기 위하여 국가공권력에 의한 우선적인 징수가 인정되는 것이다. 하지만 국민의 공평한 조세부담을 보장하고 부당한 조세징수로부터 국민의 재산권을 보장하기 위하여 조세법률주의의 원칙에 준거하여 부과징수되고 있다. 이와 같은 조세의 양면적 성격에 의하여 조세채권은 사법상의 채권과는 달리 그 성립과 행사가 반드시 법률에 의하여서만 이루어져야 하고 조세에 관한 법률에 의하지 아니한 사법상의 의사표시에 의하여 실현될 수는 없다. 이를 합법성의 원칙이라고 하는 바, 과세요건이 충족되어 납세의무자에게 납세의무가 발생하면 과세당국은 합법적인 절차에 따라 이를 부과징수하지 않으면 안 될 의무와 권한을 가진다는 원칙이다. 합법성의 원칙은 조세법률주의를 절차적인 측면에서 표현한 것이다. 과세요건 법정주의와 과세요건 명확주의에 의하여 결정된 합법적인 조세채권은 합법적 절차에 의하여 반드시 부과·징수되어야 한다. 이렇게 함으로써 국가의 재정수입을 안정적으로 확보할 수 있을 것이며, 조세부담의 공평을 기하고, 부정을 방지하며, 국민생활의 획일적인 법적 안정성을 기할 수 있을 것이다.

2) 조세평등주의(租稅平等主義)

조세평등주의는 기본적으로 세법의 제정·해석 및 적용에 있어서 평등하게 하여야 한다는 원칙이라 할 수 있다. 조세평등주의는 1789년 프랑스의 인간 및 시민의 권리선언 제13조에서 "정치권력의 유지와 행정활동의 비용을 마련하기 위해서 사회 전체적인 공통부담은 불가피한 것이다. 이러한 공통부담은 모든 국민들의 재산상태에 따라 균등히 배분되어야 한다."고 명시한 이후 각국의 헌법에 명시적으로 규정되고 있다.

우리나라 헌법 제11조 제1항은 '모든 국민은 법 앞에 평등하다. 누구든지 성별·종교 또는 사회적 신분에 의하여 정치적·경제적·사회적·문화적 생활의 모든 영역에 있어서 차별을 받지 아니한다'라고 규정되어 있다. 여기서의 평등이란 평균적 정의의 실현에 국한하지 않고 배분적 정의의 이념에 근거하는 실질적 평등을 실현하고자 하는 것으로 파악할 수 있다(김철수, 1983; 301). 따라서 이러한 평등원칙은 세법에서도 그대로 적용된다고 볼 수 있다.

조세평등주의는 입법상의 평등주의와 해석적용상의 평등주의로 구분할 수 있는데, 먼저 입법상의 평등주의는 세금의 부담이 국민들에게 공평하게 배분되도록 세법을 제정하여야 한다는 것을 의미하며, 해석적용상의 평등주의는 조세법률관계의 각 당사자로서의 국민은 세법의 해석 및 적용에 있어서 평등하게 취급되어야 한다는 것이다. 즉 형식적 평등만이 아니라 실질적 평등도 강조하여 국민의 세부담이 담세능력에 상응하도록 해야 한다는 원칙이다(김상조 & 최희우, 2001; 31). 이와 관련하여, 현행 세법이 규정하고 있는 실질과세의 원칙과 부당 행위 계산의 부인 등은 이 원칙을 구체화하고 있는 제도이다.

가. 실질과세의 원칙

실질과세의 원칙은 세법의 해석 및 과세요건의 검토에 있어서 세부담이 공평하게 이루어지도록 사실 내용에 따라 해석하고 판단해야 한다는 원칙이다. 국세기본법 제14조 1항은 '과세의 대상이 되는 소득·수익·재산·행위 또는 거래의 귀속이 명의일 뿐이고 사실상 귀속되는 자가 따로 있는 때에는 사실상 귀속되는 자를 납세의무자로 하여 세법을 적용한다'고 규정하고 있으며, 동제 2항에서는 '세법 중 과세표준의 계산에 관한 규정은 소득·수익·재산·행위 또는 거래의 명칭이나 형식에 불구하고 그 실질내용에 따라 적용한다'고 하여 소위 실질과세의 원칙을 규정하고 있다.

이러한 실질과세 원칙은 독일의 1919년 제국조세법통칙 제4조와 1934년 개정된 제국조세법통칙 제9조 '세법의 해석에 있어서는 거래행위의 경제적 의미가 고려되어야 한다'라는 규정으로부터 유래되었다는 것이 일반적 의견이다.

한편 실질과세 원칙은 조세평등주의를 실현하기 위하여 필연적으로 요청되는 세법의 영역에 있어서 중요한 원칙이 되고 있다. 실정법상으로는 적극적으로 이를 부정하는 규정이 없을 뿐 아니라 오히려 이를 부분적으로 인정하는 규정이 있으며, 또 판례 등에서도 이를 인정하고 있는 점 등을 감안하여 볼 때, 실질과세 원칙은 조세법률주의와 모순되는 관계는 아니라고 볼 수 있다(함영복, 2001; 74). 실질과세의 원칙은 귀속에 관한 실질과세와 내용에 관한 실질과세로 구분된다(조경환, 2001; 21).

(1) 귀속에 관한 실실과세

과세의 대상이 되는 소득·수익·재산·행위 또는 거래의 귀속이 명의일 뿐이고 사실상 귀속되는 자가 따로 있는 때에는 사실상 귀속되는 자를 납세의무자로 하여 세법을 적용한다. 예컨대 사업자등록의 명의자와는 별도로 사실상의 사업자가 있는 경우에는 사실상의 사업자를 납세의무자로 본다는 것이다.

② 거래내용에 관한 실질과세

세법 중 과세표준의 계산에 관한 규정은 소득·수익·재산·행위 또는 거래의 명칭이나 형식에 불구하고 그 실질내용에 따라 적용한다. 예컨대 법인세법상 '접대비'에 해당하는지의 여부는 거래명칭·계정과목 등과 관계없이 그 실질적 내용에 의하여 판정하는 것이다. 다만, 이러한 실질과세의 원칙은 조세법률주의의 범위 내에서 행사되어야 하는 한계를 가지고 있다.

나. 조세회피금지의 원칙

조세회피행위란 어떤 경제적 목적을 달성하기 위하여 본래 채택했어야 할 방법을 채택하지 않음으로써 세부담을 부당하게 감소시키는 행위를 말한다. 이러한 조세회피행위는 부인되어야 하는 바 우리나라 현행 세법에서도 조세회피행위에 대해 부인하는 규정을 두고 있다. 조세회피행위는 일반적으로 절세와 탈세형태로 나타난다(김상조 & 최희우, 2001; 32).

그러나 조세회피행위는 그 범위와 한계가 개념적이고 분명하지 않기 때문에 조세회피와 탈세행위 및 절세행위와의 관계 및 그 구분은 현실적으로 쉽지 않다. 이와 관련하여 특정의 절세행위가 적법이냐 위법이냐 하는 판단기준 역시 애매하고 각 국의 실정법 규정과 윤리적 의식구조가 다르기 때문에 나라마다 절세에 대한 규정도 달라 실제 어떤 거래행위가 절세행위냐 조세회피행위냐 하는 것을 구분·적용하는 것은 쉽지 않은 일이다(김자굉, 1986; 21).

3) 신의성실(信義誠實)의 원칙

우리나라 민법 제2조 제1항은 「권리의 행사 또는 의무의 이행은 신의에 따라 성실히 하여야 한다」고 규정하고 있으며, 국세기본법에서도 납세자가 그 의무를 이행함에 있어서 신의에 좇아 성실히 하여야 한다는 규정을 두고 있다.

　신의성실원칙의 명문화와 관련하여, 일반적으로 신의성실원칙의 법리에의 적용은 학설과 비판에 의하여 전개되어 왔고, 이를 명문으로 입법화하자는 견해로는 블루멘슈타인(Blumenstein) 세법초안 제5조 제1항에서 <세법은 신의성실의 원칙에 좇아서 적용하고 준수하여야 한다>고 제안된 바 있고, 스위스 장뜨 갈렌(ST. Gallen)주(州)의 1944년 3월 14일 국세 및 지방세에 관한 법률 제2조 제1항에 <본법의 규정은 신의성실의 원칙에 좇아 이를 적용하고 준수하여야 한다>고 규정하여 이를 명문화한 것을 볼 수 있을 정도다. 우리나라의 경우는 1974년 12월 21일 법률 제2679호로 제정된 국세기본법 제15조에 <납세자가 그 의무를 이행함에 있어서는 신의를 좇아 성실히 하여야 한다. 세무공무원이 그 의무를 수행함에 있어서도 또한 같다>고 규정하여 신의성실의 원칙을 명문화하였다. 이 점에 대하여 조세채무의 발생요건 즉 과세요건은 조세법률주의에 따라 법률의 규정에 의해 상세히 정해지므로 납세의무자나 세무공무원의 행위에 대해 신의원칙이 어떤 구체적인 효력을 미칠 여지는 전혀 없어 민법상의 신의원칙과 같은 효력을 기대할 수는 없다고 하면서 위 법조는 정립되지 아니한 이론을 경솔히 도입하였다고 이를 비난하는 견해가 있다. 그러나 통설은 조세법상 신의성실원칙의 적용을 긍정하고 위 국세기본법을 개정하자는 입법론을 제기하는 학설을 발견할 수 없고, 일찍부터 서독이나 일본에서의 학설상의 다수설과 판례의 주류 또는 스위스의 입법례 등을 종합 정리하여 국세기본법상에 명문의 규정을 두고 있어 이 점을 선진화된 입법으로 평가하고 있다(김백영, 2002; 329-341).

　따라서 납세자는 그 의무를 이행하는 과정에서 신의를 바탕으로 부여된 의무를 수행해야 한다는 원칙을 말하며, 이러한 신의성실의 원칙은 민법에서

태동하여 오늘날 민법 및 공법 모두에 적용 및 채택되고 있으며, 조세법률주의의 범위 내에서 행사되어야 한다.

3. 조세의 목적 및 기능

조세는 국가·지방자치단체의 재정수요 충족을 최우선적 목적으로 한다. 그러나 현대 국가에 있어서의 조세는 이러한 기본적 목적 외에도 국가가 추구하려는 정책적 기능으로서의 역할을 가지고 있다(Joseph A. Pechman, 1983; 5).

첫째, 재정수요 조달목적의 달성을 위해 사적 부문의 자원을 공적 부문으로 이전시키는 자원배분의 기능을 수행한다.

둘째, 동일 소득국민간 또는 소득계층간에 정부지출을 공평히 부담시킴으로써 소득을 재분배하는 기능을 한다.

셋째, 경제성장과 안정성, 그리고 효율성을 제고시키는 기능을 한다.

전통적인 조세의 기능은 재정수요의 확보에 있다. 그러나 19세기 말 근대적인 국가의 성립 및 1930년대의 세계적 공황을 통하여 국가의 국민경제에 대한 개입이 일반화되면서 조세가 정책수단으로서 정착하게 되었다. 즉 조세의 일차적 목적으로 되어온 국고적 목적 이외에 소득재분배 기능, 경기조절기능, 산업 및 사회적 기능(자본축적기능) 등을 가지게 되었으며, 특히 개발도상국의 경우 이러한 제기능을 종합하여 경제개발계획기능을 수행하게 되었다(김동건, 1996; 240).

가. 재정수요의 조달

국가는 국민의 안전을 보장하고 치안을 유지하는 등 많은 재정을 필요로 한다. 다시 말하면, 자본주의 국가는 국가권력을 구성하고 국가임무를 수행하는 데 물적 기초가 필요하고 이를 조달하기 위하여 재정이 뒷받침되어야 한다. 이러한 국가재정은 국민으로부터 조달할 수밖에 없고, 그 조달수단이 곧 조세인 것이다(함영복, 2000; 13). 따라서 조세는 국가활동을 가능케 하는 재원조달의 전형적인 형태라고 할 수 있다. 국가는 매 회계연도마다 필요로 하는 총지출경비와 이를 충당할 수입을 예산에 편성하고 국회의 승인을 얻어 집행하며, 이 때의 수입이 주로 조세를 통하여 조달된다.

나. 정책수단

조세의 주요 목적은 국가재정수요를 충족시키기 위한 국고목적으로서 이는 사적 부문의 자원을 공적 부문으로 이전시키는 조세의 기능을 전제로 한 것이었다. 그러나 조세는 이러한 국고목적 뿐만 아니라 여러 가지 사회 및 경제정책의 수단으로서 이용되고 있다(함영복, 2000; 13-14).

① 소득재분배정책

자유주의 경제국가에서 국가는 부의 분배상태에 중립적이어야 하나, 오늘날은 부의 편재가 심화되어 여러 가지 사회문제가 발생된다. 때문에 복지국가 건설을 지향하기 위한 여러 가지 사회보장제도가 필요하며, 이를 위하여 부의 재분배를 통한 사회적 정의의 실현은 불가피한 일이다. 즉 부유한 자로부터 누진과세와 상속세 및 사치품에 대한 특별소비세 등을 통하여 더 많은 조세를 징수하여 각종의 사회보장급부에 충당함으로써 조세는 소득재분배의 기능을 하게 된다.

② 경기조정정책

현대국가는 재정규모가 방대해지면서 조세를 경기조정에 유효한 수단으로 이용한다. 즉 경기의 후퇴시에는 세부담을 경감하고 정부지출을 증액시킴으로써 민간의 가처분소득을 증가시켜 이에 따라 수요(투자와 소비)를 자극하여 경기를 활성화한다. 또한 인플레이션 시기에는 세부담을 증가시키거나 조세감면 규모를 축소시키고 정부지출을 축소시킴으로써 민간의 가처분소득을 감소시켜 투자와 소비를 억제한다. 이처럼 조세는 경기조정(stabilization)의 목적으로 이용되고 있다.

③ 산업 및 사회정책

국가의 특정 정책목표를 실천하기 위한 유인책으로서 특정의 경제부문 또는 국민에 대하여 조세의 경감·면제를 행하는 경우가 있다. 이를 위하여 조세특례제한법이 따로 제정되어 있다. 즉 같은 경제적 지위에 있는 자에게는 같은 조세를 부과해야 한다는 원칙을 깨고, 조세부담의 불공평을 특정의 경우에 인정함으로써 소기의 목표를 달성하기 위한 조세감면정책을 활용하고 있다.

4. 조세의 체계

1) OECD의 조세관련 정책

(1) OECD의 성격 및 정책적 특성

OECD는 회원국간의 상호관심분야에 대한 정책을 토의하고 협조·조정하기 위한 기구로서, 회원국 정부대표들이 모여 각 국의 경제정책을 비교·검토하고 상호의견을 교환 및 조정하는 범세계적 기구라고 할 수 있다. 이러한 OECD는 26개의 분야별 전문위원회가 존재하는데, 이중에서 재정위원회는 주로 이중과세방지 및 국제 간 조세체계의 통일에 관한 문제를 다루고 있다.

OECD의 재정위원회(Committee on Fiscal Affairs)는 자원의 향상된 배분과 사용을 촉진하기 위한 과세방안의 검토와 정책수단으로서 조세의 효율성 제고방안을 제시하기 위하여 기존의 Fiscal Committee를 대체하여 1971년에 발족하였다. 재정위원회는 조세정책에 관한 국제적 토의, 모델조세조약 및 주석서 기초 개정, 과세와 국제 간 자본이동에 관한 연구, 조세회피와 탈세방지방안 강구, 다국적기업에 대한 과세를 검토하고 조세와 사회경제정책에 대한 분석을 주된 과제로 하고 있다(한국조세연구원, 1998; 21-22).

(2) OECD 조세정책의 주요 초점

신경제의 등장에 따른 자본시장 개방의 급속한 진전은 국제적 자본거래의 양적 팽창을 유발하고 있으며, 그 형태 또한 매우 다양화되고 있다. 이러한 상황에서 국제조세회피나 탈세가 일어날 수 있는 가능성이 높아지고 있으며, 이러한 국제조세회피와 탈세의 문제는 OECD의 조세정책 중에서 반드시 해결해야 할 주요 사항으로 등장하고 있다.

국내의 경우도 1997년 말 외환위기 이후 외국인의 직접투자 규모 증가, 외환자유화 조치 등으로 인해 국제 자본거래가 이전보다 훨씬 자유롭게 이루어지는 상황 속에서 국제조세회피나 탈세의 문제는 자유로워질 수 없는 문제점으로 나타나고 있다.[5]

---

[5] 우리나라에서 국제 조세회피 및 탈세가 심각한 문제로 대두되는 이유는 최근 들어 국제자본거래가 매우 빠른 속도로 확대되고 있기 때문이다. 우리나라의 해외직접투자는 1980년대 말 이후 빠른 속도로 증가하여 왔다. 연간 총 투자액으로 보면, 1985년에 1억 1,200만 달러이던 것이, 1990년에는 9억 5,800만 달러로, 1997년에는 35억 2,600만 달러로 증가하였다. 1997년에는 1985년에 비해 30배 이상 증가하였다. 연도별 해외직접투자액의 증가는 외환위기 이후에는 다소 둔화되는 모습을 보이고 있지만, 투자잔액은 지속적으로 증가하고 있다. 투자잔액은 1997년에 172억 2,700만 달러이던 것이 2001년에는 287억 600만 달러에 이르고 있다. 외국인 직접투자도 1998년 이후 급격히 증가하였다. 연간 투자액을 보면, 1992년에 9억 9,900만 달러에 불과하던 것이 1997년에는 30억 9,000만 달러, 1998년에는 52억 7,200만 달러, 2000년에는 101억 7,200만 달러로 크게 증가하였다. 2001년 이후에는 연간투자액이 다소 감소하

국제조세회피 및 탈세는 많은 부작용을 초래할 수 있는데, 국제거래와 관련된 자본소득에 대한 세부담이 줄어들게 되어 자원배분에서 왜곡이 발생할 수 있으며, 자본소득으로부터의 세수가 줄어들게 됨에 따라 국내에 머무는 생산요소에 대한 세금이 과중해져, 형평성 측면에서도 바람직하지 않은 결과가 초래될 수 있다(최준욱, 2003; 32-33). 또한 어느 한 국가에서 국제조세회피 및 탈세가 빈번하게 일어날 경우, 그 나라의 납세자에 대한 조세부담이 증가함으로써 궁극적으로 그 나라에서의 조세회피나 탈세가 일어날 수 있는 가능성 또한 발생할 수 있기 때문에 국제조세회피 및 탈세는 반드시 사전에 막아야 할 중요한 문제인 것이다.

국제조세회피 및 탈세방지를 위한 논의가 가장 활발하게 이루어지는 곳은 OECD이다. 조세피난처 문제에 있어서는 1998년 이후 매우 적극적으로 논의가 진행되어 왔고, OECD가 조세피난처에 대해 간접적 압력을 행사하는 등 매우 적극적으로 대응하고 있다(최준욱, 2003; 41).

조세피난처와 관련하여, 많은 국가들이 금융 및 비조세적 유인책을 사용하고 있으며, 이들 나라들은 외국인 투자가들에게 매우 유리한 조세환경과 과다한 행정상의 편의를 제공하고 있다. 또한 투자기업의 정보에 대한 비밀을 보장하는 경우도 종종 있는데 일반적으로 이러한 경우가 조세피난처에 해당된다. 조세피난처가 제공하는 조세혜택은 다른 국가로부터의 실물 및 금융자본을 유인하는데 이용되며 이는 다른 국가의 세수기반에 심각한 영향을 미칠 수 있다(한국조세연구원, 2000; 52).

OECD에서는 조세피난처를 규정짓는 주요 판정기준으로 다음과 같은 네 가지 원칙을 제시하고 있다. 첫째, 비과세 또는 명목세율(no or only nominal tax)이다. 둘째, 효율적인 정보교환의 기준미달(lack of effective exchange of information), 셋째, 투명성 부족(lack of transparency), 넷째, 실질적인 경제활

였지만, 누적투자액은 지속적으로 증가하고 있다(최준욱, 2003; 34-35).

동에 대한 필요조건의 부재(no substantial activities)이다(한국조세연구원, 2000; 54).

먼저 비과세 또는 명목세율 기준에 의하면 일차적으로 조세피난처는 무세국, 저세율국, 국외소득 면세국(tax shelters) 등으로 외국투자가의 소득에 대한 세금을 부과하지 않거나 형식적으로만 세금을 부과하고 있는 지역이 해당된다. 즉 조세피난처는 명목상으로는 세율을 상당수준 유지하고 있으나 각종 면세규정에 의해 사실상 비과세 또는 저율과세되는 법인이 대부분인 지역이다.

다음으로 효율적인 정보교환의 기준미달에 의하면, 이러한 지역들은 은행비밀보호법(bank secrecy law)에 의해 외국 투자자의 금융정보, 교환에 협조하지 않는 등 거주국(자본유출국) 납세자의 금융정보 제공에 비협조적인 것으로 나타난다.

그리고 투명성 기준에 의하면 법률상으로는 세율을 명백히 제시하고 있더라도 협상 가능한 세율(negotiable rate)을 적용하거나 각종 조건에 따라 세율을 선택할 수 있는 경우에는 형식적으로는 투명성이 보장된다 하더라도 실질적으로는 투명성이 결여된 것으로 보아 해당 지역은 조세피난처 혐의지역에 포함된다. 마지막으로 실질적인 경제활동에 대한 필요조건에 의하면 고정사업시설의 설치를 의무화하지 않거나 세금 이외에 투자에 대한 유인이 전혀 존재하지 않고 실질적인 경제활동이 이루어지고 있지 않은 경우는 조세피난처의 범위에 포함된다. 즉 조세피난처는 자신을 단순한 통로(conduit)로 이용하는 경제활동을 장려하고 있는 실정이다.

OECD에서는 자동적인 정보교환을 강화하기 위해 과세목적 정보의 자동교환에 관한 양해각서 모범안(A model memorandum of understanding on automatic exchange for tax purpose)을 마련한 바 있는데, 동 모범안에는 교환되는 정보의 범위에 금융거래에 관한 정보 등도 포함되어 있다. 조세범칙사건에 대해서는 2004년 1월 1일부터, 일반 조세사건의 경우에는 2006년 1월 1일부

<표 1-5> OECD에 의한 조세체계의 분류

번호	대 분 류
1000	소득, 이익 및 자본이득과세(taxes on income, profits and capital gains)
2000	사회보장기여금(social security contributions)
3000	총급여 및 노동력세(taxes on payroll and work force)
4000	재산세(taxes on property)
5000	재화 및 서비스에 대한 과세(taxes on goods and services)
6000	기타(other taxes)

터 정보교환을 하도록 되어 있다. 2002년 4월 18일에는 조세피난처와 과세정보교환을 위해 조세정보교환에 관한 협약 표준안(model agreement on the exchange of information in tax matters)을 발표한 바 있는데, 동 표준안에는 양자간 협약 및 다자간 협약형식이 모두 포함되어 있다. 자동적 정보교환에 따른 정보활용의 효과성을 제고하기 위해 납세자번호(tax identification number)의 활용을 확대하는 방안도 논의되었다. OECD는 과세정보 활용의 효과성을 제고하기 위해 다음과 같은 사항을 포함하는 납세자번호의 활용방안을 이미 1997년에 권고한 바 있다. 회원국 정부는 비거주자에 대해 그들의 거주지국 납세자번호를 제출하도록 요구할 것, 그리고 개인 납세자번호를 발급하지 않는 회원국들도, 외국에 투자하는 납세자들에 대해서는 특별납세자번호를 발급할 것 등이다. 정보교환의 효율성 제고를 위한 기술적 측면에서는 표준화된 마그네틱 형식(revised standard magnetic format)을 사용할 것을 1997년에 권고한 바 있는데, 이는 원래 1992년에 마련된 SMF 양식에 그 이후 활용경험을 반영하여 마련한 것이다(최준욱, 2003; 42-43).

(3) OECD의 조세체계

OECD의 Revenue Statistics of OECD Member Countries에서는 조세가 부

과되는 과세베이스에 따라 크게 1000번에서 6000번까지 6개 범주로 세목을 분류하고 있다. OECD의 세목에 대한 6개의 분류체계는 <표 1-5>와 같다.

OECD의 분류는 크게 소득·소비·자산과세에 따른 범주로 되어 있음을 알 수 있다(국중호, 1997; 46).

첫째, 1000번 대의 소득, 이익 및 자본이득과세는 소득과세로 분류되는데 여기에는 개인 및 법인에 대한 소득, 이익 및 자본이득과세 그리고 그 외의 소득 및 이익과세 등이 포함된다. 둘째, 2000번 대는 사회보장기여금으로 분류되는 항목이다. 여기에는 피고용자, 고용주, 자영업자 등의 기여금 그리고 그 외의 기여금이 포함된다. 셋째, OECD에서는 3000번 대에 총급여 및 노동력세를 따로 분류하고 있다. 이는 피고용자, 고용주 또는 자영업자가 급여총액의 일정 부분 내지는 1인당 일정액을 지불하는 세금이다. 넷째, 4000번 대로 분류되고 있는 것이 재산에 대한 과세, 즉 재산과세 또는 자산과세이다. 다섯째, 5000번 대인 재화 및 서비스에 대한 과세는 소비과세로 분류되며 다음과 같은 내용의 세목이 포함된다. ① 재화의 생산, 판매, 이전, 리스, 운송 및 서비스의 창출에 대한 과세로서 일반소비세, 부가가치세, 판매세, 기타 재화 및 서비스에 대한 일반소비세, 특별소비세, 물품세, 독점이윤세, 수입관세, 수출관세, 투자재세, 특별서비스세, 기타 무역거래세, 기타 특별소비세 등과 ② 재화의 사용 또는 재화의 사용허가 및 활동수행 허가에 대한 과세로서 정기적 과세와 사용료의 성격이 있는 세목 등이다. 즉 수렵, 어업, 사격, 오락시설 이용, 주류나 담배판매, 개의 소유, 총포류의 소유 등에 대한 과세와 자동차세를 소비과세의 범주에 포함시키고 있다. 마지막으로 OECD에서는 6000번대에 '기타'라는 항목을 설정하여, 세목 가운데 한 가지 이상의 과세베이스로 구성되어 있어 어느 범주에 포함시킬지 결정하기 어려운 경우 이 항목으로 분류하고 있다.

OECD 분류에 의하면, 우리나라 조세체계는 국민부담(총조세부담 + 사회

보장부담)에서 소득과세가 차지하는 비중이 OECD 평균에 비해 낮으며, 특히 사회보장부담의 비중이 월등히 낮은 상태이다. 이에 비해 자산과세 및 소비과세는 OECD 평균에 비해 상당히 높은 비중을 차지하고 있다. 이러한 점과 각 과세의 경제적 효과를 고려하여 볼 때, 우리나라의 조세체계는 OECD 회원국의 평균적인 조세체계에 비해 상대적으로 수직적 공평이 중시되지 않은 구조, 경기안정화 기능이 약한 구조, 수직적 공평보다는 수평적 공평과 효율을 중시하는 자본축적 또는 경제성장에 적합한 조세구조라고 평가할 수 있는데, 이러한 특징을 보다 자세하게 논의하면 다음과 같다(국중호, 1997; 44-57).

첫째, 소득과세와 사회보장부담이 보다 많은 경제력을 갖는 사람에게 보다 많은 부담을 지우는 수직적 공평의 원칙을 견지하는 데 유리하다는 일반적인 논의를 받아들인다면, 우리나라 조세구조는 OECD 평균의 조세구조에 비교하여 상대적으로 수직적 공평이 중시되지 않은 구조였다고 평가할 수 있다.

둘째, 이와 더불어 소득과세가 누진세율의 적용에 따른 경기안정화 기능이 뛰어나다는 점을 받아들인다면, 우리나라의 조세구조는 OECD 평균에 비해 경기안정화 기능이 약한 조세구조라고 하겠다.

셋째, 우리나라의 조세구조는 OECD 평균에 비해 수직적 공평보다는 수평적 공평과 효율을 중시하는 자본축적 또는 경제성장에 적합한 조세구조라는 평가를 할 수 있을 것이다. 이러한 평가는 소비과세가 소득과세에 비해 경제력이 동등한 사람에게 동등한 부담을 지우는 수평적 공평을 달성하는데 적합하고, 세수 확보에 유리하며, 근로의욕의 저해효과가 적고, 저축을 촉진시키는 효과가 크다는 일반적 논의를 받아들이는 경우에 가능하다.

넷째, 자산과세가 소득과세의 보완적 역할로서 수직적 공평을 도모할 수 있다는 것을 받아들이면, 우리나라가 OECD 평균에 비해 자산과세 비중이 높은 수준을 유지하고 있다는 것은 자산과세에 의해 수직적 공평을 보완하려는 조세구조라고 할 수 있을 것이다. 그러나 자산과세가 세수에서 차지하는 비중은 낮으며, 자산과세의 대부분이 지방세라는 것을 감안한다면 수직적 공평의 보완보다는 지방세수의 확보라는 측면에 중점을 둔 구조라고 평가하는 것이 타당할 것이다.

2) 한국의 조세체계

조세는 여러 가지 관점에서 그 분류가 가능하나 일반적으로 조세가 가지는 경제적 효과의 측면에 착안하여 재정학적 관점에서 분류하는 것이 주류를 이루고 있다. 이는 그와 같은 재정학적 분류가 조세의 본질이나 내용을 이해하는 데 있어 유익할 뿐 아니라 순수 법률적 관점을 기준으로 하는 분류로서 세법학상 의미를 가지는 것이 적다는 점에서 연유한다(임승순, 2003; 8). 이러한 관점에 따라 일반적으로 현행 조세체계는 조세를 부과하고 징수하는 과세주체에 따라 국세와 지방세로 구분된다.

그리고 국세는 다시 교역에 대한 통관절차의 필요성의 유무에 따라 관세와 내국세로 구분되며, 내국세는 다시 법상의 납세의무자와 실제의 조세부담자가 일치하느냐의 여부, 즉 조세전가(租稅轉嫁) 여부에 따라 직접세와 간접세로 구분된다. 또한 조세수입이 일반적 지출에 충당하기 위한 것이냐 또는 특정의 목적을 위하여 지출될 것이냐에 따라 보통세와 목적세로 나뉘어지며, 그 외 독립세와 부가세, 경상세와 임시세의 구분도 있다(이태노 외, 2001; 6).

여기서는 국세와 지방세를 기반으로 하여 중심적인 조세체계만을 그 대상으로 하여 간략하게 논의하도록 하겠다.

(1) 국세와 지방세

조세의 부과권자를 기준으로 하여 국가가 부과하는 국세와 지방자치단체가 부과하는 지방세로 구분된다. 먼저 국세란 국가가 경비에 충당하기 위하여 국민에게 부과징수하는 조세, 즉 과세권(課稅權)의 주체가 국가인 조세를

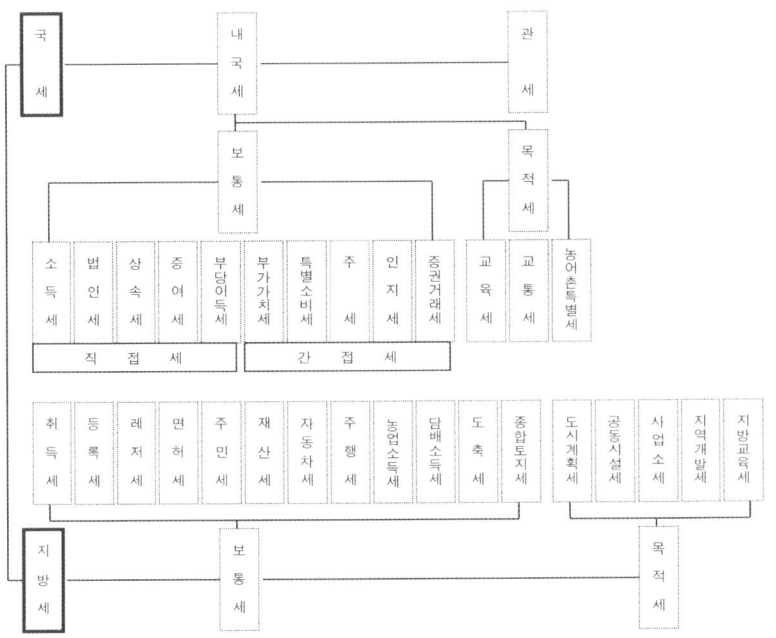

<그림 1-1> 우리나라의 조세체계

말한다. 따라서 지방자치단체가 과세권의 주체가 되는 지방세에 대응하는 개념이다. 국세의 종류는 내국세(內國稅)와 관세(關稅)로 대별되며, 국세기본법상 국세는 내국세만을 의미한다(국세기본법 2조).

한편 지방세는 지방자치단체가 국가로부터 부여받은 과세권에 기하여 지방재정수입에 충당하기 위하여 관할구역 내의 주민, 재산 또는 수익, 기타 특정행위에 대하여 아무런 대가적인 보상 없이 강제적으로 부과·징수하는 조세이다. 지방세는 과세권의 주체가 지방자치단체인 점에서 과세권의 주체가 국가인 국세(國稅)와 구별되고, 지방세는 다시 과세권의 주체에 따라 도세(道稅)와 시·군세(市·郡稅)로 구분되며, 그 수입의 용도에 따라 재원별로 구분하여

<표 1-6> 국세와 지방세의 비교

구 분	국 세	지 방 세
부과권자	중앙정부(국세청)	지방자치단체(도·시·군)
용도	국방, 치안, 교육 등	상·하수도, 소방 등
세금의 종류	법인세, 소득세, 부가가치세, 상속세 및 증여세 등	취득세, 등록세, 주민세, 재산세, 종합토지세 등

일반재원에 충당되는 것을 보통세(普通稅)라 하고, 특정목적에 충당되는 것을 목적세(目的稅)라 한다(세무용어사전, 2003).

(2) 내국세와 관세

내국세와 관세는 일반적으로 세금이 부과되는 장소에 따른 분류체계라고 할 수 있다. 내국세란 국내에 있는 과세물건에 대하여 부과하는 조세로서 국세 중에서 관세(關稅)를 제외한 모든 것을 총칭한다. 여기서 관세란 외국으로부터 수입화물에 부과되는 세금을 의미한다.

일반적으로 관세 중에서 주로 세수를 올릴 것을 목적으로 하는 것을 재정관세라고 하며, 주로 외국의 산업에 대하여 국내산업을 보호할 것을 목적으로 하는 것을 보호관세라고 한다. 내국세가 원칙적으로 국세청과 관할 세무서에 의하여 부과징수되는데 반하여 관세는 별도의 행정조직인 관세청과 세관에 의하여 부과징수된다(임승순, 2003; 8). 관세는 초창기에는 일종의 수수료 성격으로 징수되던 것이 차츰 발전하면서 현대적 의미에 적합한 경제 정책적 수단으로 적용되고 있다. 즉 관세는 국내산업의 보호 및 외국산 물품에 대한 소비억제, 국제수지정책, 소득 및 고용증대 등의 목적을 지니고 있다.

관세는 국세에 포함되어 있지만, 실질적으로 국제 간의 정치적·경제적 이해관계로 인하여 국제조약에 따른 계약을 통해 제약을 받기 때문에 국세청과

별개인 관세청에서 독자적으로 부과·징수한다. 따라서 국세에 관한 일반법인 국세기본법, 국세징수법 등의 적용에 있어서 기본적으로 배제되며, 국제조약에 의해 정하여진다는 특성상 그 적용과정에 있어서 제한되는 경우가 많다.

(3) 직접세와 간접세

직접세와 간접세는 세금의 전가유무에 따른 분류체계라고 할 수 있는데, 직접세는 납세의무자와 담세자가 일치되는 조세로서 세법상 조세의 전가를 예상하지 않고 담세자인 납세의무자에게 직접적으로 부과하는 조세를 지칭한다. 이와는 반대로 간접세는 세금을 납부할 의무가 있는 납세의무자와 세금을 최종적으로 부담할 담세자가 일치하지 않는 조세를 지칭하는 것으로 대부분의 물세(物稅)는 간접세에 속한다. 대표적인 간접세로는 부가가치세(附加價値稅)가 있는데, 부가가치세의 납세의무자는 사업자이지만 사업자는 제조·판매하는 상품의 가격에 부가가치세를 포함시켜 구입자로부터 징수하므로 실제적인 세금부담은 구입자가 하게 되는 것이다.

근래에는 전가의 유무는 반드시 조세의 종류에 따라 정해지는 것이 아니고 때에 따라서 경제적 여러 조건에 의하여 좌우되기 때문에 이를 구별의 기준으로 삼는 것은 정확하지 않으며 오히려 소득이나 재산 등과 같이 담세력을 직접 표시하는 것을 대상으로 과하여지는 조세를 직접세로, 소비나 거래 등과 같이 담세력을 간접적으로 추정시키는 사실을 대상으로 하여 과하여지는 조세를 간접세로 분류하여야 한다는 견해가 유력하다(김자, 1998; 13).

(4) 인세와 물세

납세의무자의 인적사정이 고려되는 조세인가의 여부를 기준으로 할 때 인세(personal tax)와 물세(impersonal tax)로 구분된다. 여기서 인세는 소득·재산 등이 귀속되는 사람을 중심으로 하여 과하여지는 조세를 의미하며, 물세는 귀속하는 사람을 고려하지 않고 오로지 수익 및 재산 그 자체인 물적인 측면에

주안점을 두어 과하여지는 조세라고 할 수 있다.

다시 말해서 인세에 있어서는 소득세·상속세 등과 같이 납세의무자의 인적 사정이(각종 人的控除制度) 고려되는데 반하여, 물세에 있어서는 부가가치세·특별소비세·인지세 등과 같이 납세의무자의 인적사정이 고려되지 않는다. 또한 인세는 납세의무자의 주·거소(住·居所)에 의하여, 그리고 물세는 물건 내지 사업장소재지에 의하여 과세관할이 정해지는 점에 특징이 있다(세무용어사전, 2003). 소득세·상속세 등이 인세에 속하며, 부가가치세·특별소비세·인지세 등이 물세에 속한다.

(5) 보통세와 목적세

보통세와 목적세는 조세의 사용목적에 따라 분류하는 체계로서 보통세(allgemeine steuer)는 국가가 재정을 충당할 목적으로 부과 및 징수하는 조세를 말한다. 또한 목적세(zwecksteuer)는 처음부터 특정한 사용목적에 충당하기 위하여 부과하는 조세로서 납세자의 수익 정도에 따른 보통세와는 반대되는 개념이다.

목적세는 당초부터 입법상 그 목적이 특정되어 있다는 점에서 단순한 재정상의 조치로서 세수의 전부 또는 일부를 특정사업의 재원에 충당하는 조세와는 다르다. 목적세는 특정사업의 재원을 확보한다는 의미가 있으나, 남용하게 되면 재정의 통일적 운용을 곤란하게 하고 재정의 경직화를 초래할 우려가 있게 된다(임승순, 2003; 10). 원래 조세는 일반경비의 재원에 충당하기 위하여 부과하는 것이 원칙이지만, 예외로 지방자치단체가 행하는 특정사업에 있어서 수익관계가 있는 자에 대하여 이에 필요한 경비를 충당하기 위하여 특별히 과세하는 경우가 있다. 따라서 목적세는 납세자의 수익의 정도에 대응하여 과세되어야 한다. 현행 조세법상에서는 국세 가운데 교육세·교통세·농어촌특별세와 지방세 중에서는 도시계획세·공동시설세 및 지역개발세·사업소세·지방교육세 등이 목적세에 속한다.

(6) 수득세 · 재산세 · 소비세 · 유통세

담세력을 표상하는 과세물건을 기준으로 한 분류로서, 이 분류는 과세대상 물건별로 유형화하여 조세를 부과하기 때문에 과세요건 기준을 체계적으로 살펴볼 수 있다는 장점을 가지고 있다.

수득세(收得稅, einnahmesteuer)는 사람이 수입(화폐 또는 그에 대신하는 경제가치의 취득)을 얻고 있다는 사실에 착안하여 과세하는 조세로서 수득세 중에는 어느 사람의 종합적 담세력을 표상하는 소득을 직접 대상으로 하여 과세하는 소득세(所得稅; income tax)와 어느 사람이 소유하는 생산요소로부터 발생하는 수익을 대상으로 과세하는 수익세(收益稅; pro-duct tax), 매상세(賣上稅; sales tax, turn-over tax)가 있다(세무용어사전, 2003).[6]

재산세(property tax)는 과세대상을 특정의 재산으로 한정하지 않고 소유자의 전재산에 대하여 과세하는 것을 말한다. 예컨대, 부유세(富裕稅)는 개인의 소유재산가액이 일정액 이상일 경우 그 재산가액을 과세표준으로 하여 일정한 세율로서 과세된다. 이같은 부유세가 자산의 보유에 의한 담세력에 착안하여 과세함으로써 소득세의 기능을 보완하고 부(富)의 집중억제에도 기여하는 장점이 있는 반면, 은닉재산의 파악이 완전하지 못한 경우에는 세부담의 불공평

---

[6] 양도소득세는 '재산'의 거래에서 발생하는 자본이득(capital gain)을 과세대상으로 삼는다는 점에서 이를 재산세의 일종으로 분류하는 견해도 있다. 아울러 상속세나 증여세에 관하여도 그것이 소득세의 보완세의 위치에 있는가, 아니면 재산세의 일종으로 보아야 할 것인가에 관하여 다툼이 있다. 논자에 따라서는 재산세를 취득 · 보유 · 거래의 3단계로 나누어 양도소득세는 이 중 거래과세로, 상속세 · 증여세는 취득과세로 분류하는 견해도 있다(이철성, 1993; 26). 상속세의 법적 성격에 관하여는 이를 동적 재산세로 보는 설, 소득세의 일종으로 보는 설, 과세물건을 재산의 이전으로 보는 이전과세설 등 여러 견해가 주장되고 있는데 이전과세설이 통설이다. 미국에서는 상속세를 피상속인이 재산을 무상이전하는 권리에 대한 과세로서 일종의 소비세로 보고 재산세로는 보지 않는데 이는 주로 연혁적인 이유에서 비롯된 것이다(임승순, 2003; 10).

을 초래할 우려가 있다(세무용어사전, 2003).

　소비세(consumption tax)는 사람이 재화 또는 용역을 구입·소비하는 사실에 착안하여 과세하는 조세로서 그 중에는 소비행위 그 자체를 직접 대상으로 하는 직접소비세와 제조업자나 판매상에 의하여 납부된 조세가 가격에 포함되어 소비자에게 전가될 것이 예정되어 있는 간접소비세로 나누어진다. 후자는 다시 특정의 재화만을 과세대상으로 삼는 개별소비세와 모든 재화를 과세대상으로 삼는 일반소비세로 나누어진다. 우리나라의 특별소비세·주세는 전자에, 부가가치세는 후자에 속한다. 또한 유통세는 권리의 취득·변경 또는 재화의 이전 등의 사실 또는 법률행위에 착안하여 납세자의 담세력을 간접적으로 추정하고 과세하는 세목이다. 지방세인 취득세·등록세·면허세와 국세인 인지세·증권거래세 등이 여기에 속한다(임승순, 2003; 11).

(7) 기타

　과세물건을 경제가치로 측정하는 과세표준이 금액으로 표시되느냐, 물량으로 표시되느냐에 따라 종가세(advalorem tax)와 종량세(unit tax)로 구분되며, 적용되는 세율의 성질을 기준으로 비례세와 누진세로 구분된다. 먼저 종가세란 과세할 물건의 가격에 대하여 부과하는 조세로서 대부분이 여기에 속한다고 볼 수 있는데, 종가세는 인플레이션 하에서 재정수입을 증가시키고, 공평한 과세부과를 실행하는 점에서 그 장점이 있다. 이와는 반대로 종량세는 물품의 수량·길이·면적·용량·건수·인원 등을 과세표준으로 하는 조세이다.

　다음으로 비례세(flat rate tax)와 누진세(progressive rate tax)는 앞서 언급한 것처럼 적용되는 세율의 성질을 기준으로 구분되는데, 여기서 비례세는 과세표준의 크기와는 관계없이 일정률의 같은 세율이 적용되는 조세이다. 우리나라의 부가가치세·특별소비세·주세 등이 여기에 속한다. 누진세는 과세표준금액이 증가함에 따라 적용되는 세율도 점차 높아지는 조세이다. 누진세는 납세의무자의 개인적 사정이 고려되는 조세에 많으며 소득의 재분배 기능을 수행하게 된다. 우리나라의 소득세·상속세·증여세·법인세 등 대부분의 직접세가 여기에 속한다(임승순, 2003; 11). 한편 누진세에 적용되는 세율은 기본적으로 과세표준금액이 증가함에 따라 적용되는 세율도 높아지는데, 이를 누진세율이라고 한다. 이러한 누진세율은 과세표준의 증가에 따른 세율적용에 따라 단순누진세율과 초과누진세율로 구분된다.

단순누진세율은 일률적으로 과세표준이 증가함에 따라 단순히 고율의 세율을 적용하는 것을 말하며, 초과누진세율은 과세표준을 단계적으로 구분해서 위의 단계로 진행함에 따라 순차적으로 고율의 세율을 적용하는 것을 말한다(국세청, 2003).

II. 한국의 조세제도

1. 조세제도의 변천과정

우리나라에서는 삼국시대 이래 조·용·조(租·庸·調)라는 삼세체제를 바탕으로 통치권에 의한 행정력에 의해 조세가 징수되어 왔다. 1894년의 갑오개혁에서 현대적 조세제도가 도입되면서 당시까지 물납형태로 급부되던 조세가 금납세로 바뀌었으며 비로소 조세법률주의의 원시적 모양이 갖추어지게 되었다. 1910년 이후 1945년 해방되기 전까지는 일본의 식민지통치 및 제2차 세계대전에 소요되는 재정수요를 달성하기 위한 세입증대 목적의 세제에 치중하여 새로운 세목을 신설하거나 폐지하였으며, 소득세·법인소득세·사탕소비세·자본이자세·등록세·인지세·조선은행권발행세 및 임시이득세 등 새로운 세목이 신설되어 운영되었다. 1950년 6·25 전쟁으로 인한 전비조달을 위해 1950년 12월 '조세임시증징법'과 1951년 1월 '조세특례법'을 제정하였고 같은 해 5월 7일 조세범처벌법이 제정되었으며 같은 해 9월 25일에 인플레이션의 방지를 위해 '임시토지수득세법'을 제정하여 운영하였다(재무부, 1979; 한국개발원, 1991; 장병순, 1973; 함영목, 2000; 23-25).

우리나라의 조세제도가 본격적으로 발전하게 된 시기는 1961년부터 시작된 제1차 경제개발5개년 계획과 관련된다. 이때의 조세 정책적 기조는 무엇보다 경제개발의 재원마련과 재정자립도를 제고하기 위하여 조세의 재원조달기능을 강화했던 시기이다. 제 1·2차 경제개발 5개년 계획의 실시와 함께 사회간접자본을 비롯한 성장기반 조성을 위하여 막대한 재정투자 재원이 필요했고, 또한 1960년대 들어서면서 미국의 원조가 무상원조에서 유상원조로 전환됨에 따라 세입의 해외자원조달률이 1963년 31% 수준에서 1986년에는 12%로 떨어져 재정자립도를 제고시키지 않을 수 없었다(전경련, 1968; 149).

한편 이 시기는 직접세 중심의 조세구조를 강화한 시기이기도 하다. 직접세 중심의 조세구조를 강화한다는 의미는 다양한 의미를 가질 수 있겠으나, 가장 기본적인 의미는 선진국 지향의 조세구조라는 사실이다. 일반적으로 선진국은 소득세, 법인세 등 직접세의 비중이 큰데 반해 개발도상국은 대체로 간접세 중심의 조세구조를 지향한다. 이러한 원인은 당시의 국가경제발전에 총력을 기울였던 시기였던 것만큼 재원조달이 비교적 일정한 조세구조를 지향할 수밖에 없었던 것과 연관될 수 있다.

이러한 결과는 근본적으로 소득재분배 효과면에서는 바람직한 것이라고 할 수 있으나, 궁극적으로는 정부의 적극적 노력의 소산이 아니라 개발재원의 조달을 위한 노력의 단순한 부산물에 불과하며 개발정책의 진전에 따라 악화될 가능성을 내포한 것이다(하길문, 2002; 28).

1970년대는 수출과 투자유인을 위하여 본격적인 성장세제를 구축한 시기라고 할 수 있다. 먼저 세수구조상 간접세 중심의 조세구조가 확대되었음을 그 특징으로 할 수 있는데, 이 때의 조세정책은 고세율 체계의 직접세 강화에 의하여 세수증대를 추구함으로써 기업의 조세부담을 가중시키고 투자의욕과 자본축적을 침해하였을 뿐 아니라 급속한 조세부담 증가에 따른 조세마찰과 저항을 초래하는 등 많은 부작용을 낳았다. 따라서 1971년 조세개혁에서 투자를 침해하지 않고 원활한 재정수요 충족을 위하여 간접세 확대방향으로 전환하게 되었다(전경련, 1974; 38).

이후에 경기하강에 따라 국민생활보호와 기업의 투자촉진을 위하여 직접세 부담 경감조치와 조세지원조치가 확대·시행되었으며, 개발재정팽창과 통화증발로 인한 물가상승으로 직접세 비중은 지속적으로 감소한 반면 간접세수는 상대적으로 증가되어 간접세 중심의 세수구조가 확대되어 갔다. 더욱이 1977년 부가가치세 도입에 의한 간접세 체계의 간소화는 물가상승과 상호작용하여 간접세 중심구조를 더욱 확대시키게 되었다(하길문, 2002; 29).

이 시기에 있어서의 특징적 현상은 자본중심적 세제운용이라는 점이다. 즉 수출지향적 성장모형이 정착되고 중화학공업 육성정책이 시작된 시기이다. 이에 따라 조세정책도 수출지원, 투자촉진 및 자본축적을 지원하기 위하여 조세유인조치를 강화함으로써, 자원을 성장주도부문으로 집중·배분하기 위하여 최대한 활용되었으며, 이러한 자본편향적 조세정책은 기업의 대형화를 통하여 규모의 경제를 실현하고 국제경쟁력을 향상시킴으로써 고도의 경제성장을 실현하였지만, 독점자본의 형성과 재벌형성을 용인함으로써 성장기의 소득분배를 악화시킨 한 요인이 되는 결과를 초래하였다(박홍 & 고일동, 1985; 하길문, 2002; 30).

이러한 과정 속에서 제2차 석유파동은 전반적인 경기침체 현상을 낳아 자본중심적 성장지원세제가 경기보정적 기능을 추가하는 변화를 보이기 시작하였다. 따라서 당시의 조세정책은 근본적으로 경기침체에서 벗어나기 위한 노력의 시기로서, 법인세율 인하 및 양도소득세의 탄력적 세율제도 도입 등의 조치들이 강구되었으며, 경기부양책으로서 금리인하와 법인세율 및 소득세율의 대폭적인 인하가 단행되었다.

한편 1980년대 후반부터는 경제성장과 그에 따른 무역흑자 등에 힘입어 대내외적인 여건이 크게 변화함에 따라 조세정책에 일대 개혁이 단행되기 시작한다. 따라서 이후의 조세정책은 세부담의 형평성 제고와 세율체계의 간소화, 경제사회여건 변화에 부응하는 조세지원제도 정립, 부에 대한 형평성 및 분배 개선을 통한 갈등 해소, 기술개발 및 인력개발을 통한 기업경쟁력 강화, 부동산 투기 억제를 통한 안정적인 경제기반 조성 등을 중점적으로 추진하였다.

특히 소득분배의 형평성 및 분배의 문제는 이 시기에 중점적으로 대두되었으며, 정부 또한 세제개편 때마다 조세부담의 형평성과 부의 불균형을 해소하기 위한 정책적 기조에 그 초점을 맞추었다. 이 때의 대표적인 실례로는 1993년 8월에 실시된 금융실명제와 금융소득종합과세제도 등을 들 수 있다. 비록 금융실명제와 금융소득종합과세제도가 그 효용성에 있어서 실패하였지만 이 때 당시 정부의 조세정책적 배경을 가늠하는 척도가 된다. 이후 계속해서 1994년 농어촌특별세가 신설되었고, 1996년 소득세에 이어 2000년부터는 양도소득세까지 정부부과 과세제도에서 자진신고납세제도로 전환되는 등 각종 조세제도의 정비를 거쳐 우리나라의 현재와 같은 조세체계에 이르렀다.

2. 조세제도의 특성

일반적인 차원에서 조세체계란 어느 한 국가의 조세질서를 의미하며, 이는 여러 종류의 개별조세로 구성된다. 조세가 내포하고 있는 기본원칙이 공평과 효율이라는 점을 고려할 때, 조세체계는 합리적 기준에 의해 각 세목간의 충돌을 미연에 방지할 수 있도록 균형적 배합과 조화를 통해 이루어져야 한다. 현재 우리나라의 조세체계는 크게 국세와 지방세로 구분되는데, 국세(14개 항목)는 중앙정부의 행정관서인 국세청(세무서)과 관세청(세관)에서 부과 및 징수하며, 국방과 치안 그리고 교육 등과 같은 국민전체의 이익을 위해서 사용된다.

한편 지방세(17개 항목)는 지방자치단체인 특별시와 광역시 및 도 그리고 시, 군, 구의 행정기관에서 부과 및 징수하며, 상하수도 및 소방 등과 같은

<그림 2-1> 국세청과 관세청의 국세 부과 내역

세무서	▶ 국세청 산하기관으로 국세 중 소득세, 부가가치세, 상속 및 증여세 등의 내국세를 부과 및 징수.
세 관	▶ 관세청 산하기관으로 국세 중 관세를 부과 및 징수.

자료: 국세청(2003)

지역주민의 이익과 지역발전을 위해 사용되는데, 기본적인 조세체계는 다음과 같다.

<표 2-1> 조세체계

구분		보통세	목적세
국세	내국세	소득세, 법인세, 부가가치세, 상속/증여세, 특별소비세, 주세, 인지세, 증권거래세, 부당이득세	교육세 교통세 농어촌특별세
	관 세	▶ 관세(국경을 통과하여 수입되는 물품에 부과되는 세금)	
지방세		취득세, 등록세, 재산세, 종합토지세, 주민세, 자동차세, 면허세, 담배소비세, 레저세, 도축세, 농업소득세, 주행세	공공시설세 지역개발세 도시계획세 사업소세 지방교육세

자료: 국세청(2003)

한편 우리나라의 조세제도는 과거 개발도상국이 갖게 되는 경제발전에 대한 강렬한 국민적 열망과 경제성장을 촉진하기 위한 수단 및 정책의 합리화에 그 초점을 맞추어 왔다. 따라서 분배적 정의와 공평문제보다는 우리나라의 성장 잠재력을 극대화시킬 수 있는 효율성에 지배되어 왔으며, 조세제도 또한 이러한 범주에서 크게 벗어나지 못하였다.

<표 2-2> 주요 국세 및 지방세에 대한 구분

구분		내용
주요 국세	소득세·법인세	▶ 개인 또는 법인의 소득에 대하여 부과하는 세금
	부가가치세	▶ 재화나 용역의 생산 및 유통단계에서 창출된 부가가치에 대하여 부과하는 세금
	상속·증여세	▶ 상속세는 부모 등으로부터 유산을 물려받았을 때 내는 세금이며, 증여세는 대가없이 재산을 증여받았을 때 내는 세금
주요 지방세	취득세·등록세	▶ 토지, 건물, 그리고 자동차 등 재산을 취득하고 그 재산을 등기(등록)할 때 내는 세금
	재산세	▶ 매년 6월 1일 현재 건물을 소유하고 있는 사람에게 부과하는 세금(납부기한; 7.16-7.31)
	종합토지세	▶ 매년 6월 1일 현재 토지를 소유하고 있는 사람에게 부과하는 세금(납부기한; 10.16-10.31)
	주민세	▶ 지방자치단체의 주민에게 일정액을 부과하거나 소득세액 등에 일정률로 부과하는 세금

즉 경제개발 5개년 계획에 따라 조세도 경제개발계획에 소요되는 투자재원 확보와 투자촉진 및 자본축적을 지원하기 위하여 최대한 활용되어 왔으며 그 효과 또한 지대한 것으로 평가되고 있다. 그러나 1980년대 이후, 앞서 언급한 것처럼, 분배에 대한 요구가 높아지고 고도의 경제발전이 지속되는 가운데 경제사회적으로 변화되는 여건에 맞춰 조세지원제도를 강화함으로써 조세부담의 형평성과 분배 개선을 통한 갈등해소에 주력하여 왔다. 특히 IMF 이후 3년 간의 조세정책은 외환위기를 극복하기 위한 기업회생, 구조조정 등 우리 경제의 경쟁력 강화와 생산적 복지 구현에 최우선을 두고 운영되었으며 (하길문, 2002; 25-36), 이러한 과정에서 IMF로 인한 중산층 붕괴와 이의 극복방안에 대한 끊임없는 요구 등에 따라 소득분배의 공평성 확립에 따른 중산층 구제와 이후 1999년에 접어들면서 효과적으로 IMF를 극복하고 다시 상당한 경제성장세로 돌아서면서 보다 더 가속화되기 시작하였다. 이러한 점이 현재 우리나라 조세제도가 가지고 있는 근본적 특성이라 할 수 있으며,

IMF 이후 지속적으로 수행해 오고 있는 세제 간소화가 또한 우리나라 조세제도의 특성을 내포하고 있다고 볼 수 있다.

IMF이후 조세정책의 특성을 살펴보면 다음과 같다(하길문, 2002; 36-37). 첫째, 금융·기업 구조개혁이 원활히 추진될 수 있도록 종합적·체계적인 세제지원체제를 구축하여 구조조정을 뒷받침, 둘째, 중소·벤처기업 진흥 및 지방경제 활성화를 위한 세제지원의 대폭확대, 셋째, 전화세를 부가가치세로 흡수통합하고, 정보화 투자 등 R&D에 대한 세제지원 강화 등을 통해 21세기 지식·정보화사회로의 전환을 유도, 넷째, 봉급생활자 세부담 경감, 가전제품 등 대중화된 물품에 대한 특별소비세 폐지 등으로 중산서민층의 세부담을 대폭 경감하고, 근로자 내집 마련 지원 등 재산형성을 지원, 다섯째, 금융소득 종합과세의 재실시, 부가가치세 과세 특례제도의 개편, 강화된 상속증여세 등을 통하여 고액 재산가의 음성 탈루소득에 대한 과세를 강화, 여섯째, 조세지출예산제도, 일몰제도를 도입하여 조세감면의 투명성과 효율성을 확보하고, 조세감면을 지속적으로 축소·정비, 일곱째, 에너지 세제를 개편하여 세제의 효율성을 제고하고 토지초과 이득세 폐지, 자산재평가세의 종료 등으로 세제를 간소화하였다.

3. 조세규모 및 조세부담률

2003년 현재 우리나라의 조세규모는 전반적으로 꾸준히 증가하고 있다. 경상 GNI와 GDP의 경우는 꾸준히 증가추세를 보여 각각 630조원의 규모를 넘어섰다. 또한 국세의 규모도 계속해서 증가하고 있는데, 국세는 2002년에 약 103조원에서 2003년에는 약 113조원을 추징한 것으로 나타났다. 그러나 지방세의 경우는 2002년 약 31조원에서 2003년에는 약 28조원으로 오히려 줄어든 것으로 조사되었다. 한편 조세부담률은 실질적인 추징금액의 증가에도

<표 2-3> 조세규모 및 조세부담률

구 분			'98	'99	'2000	'2001	'2002	'2003예산
규 모 (억원)	경상	GNI	4,366,418	4,765,976	5,192,274	5,500,144	5,968,812	6,373,123
		GDP	4,443,665	4,827,442	5,219,592	5,515,575	5,963,812	6,386,466
	조 세 계		849,474	942,442	1,135,353	1,224,577	1,354,935	1,424,317
	국 세		677,977	756,580	929,347	957,928	1,039,678	1,136,152
	내 국 세		512,378	563,931	711,061	740,273	822,277	898,598
	교 통 세		65,040	72,557	84,036	105,349	94,775	105,612
	관 세		38,360	46,873	57,997	59,234	66,013	71,820
	방 위 세		14	16	△29	△9	8	-
	교 육 세		52,031	52,969	57,983	37,825	35,316	39,329
	농어촌특별세		10,154	20,234	18,299	15,256	21,289	20,793
	지 방 세		171,497	185,862	206,006	266,649	315,257	288,165
부 담 률 (%)	GNI 기준	조 세	19.5	19.8	21.9	22.3	22.7	22.3
		국 세	15.5	15.9	17.9	17.4	17.4	17.8
		내 국 세	11.7	11.8	13.7	13.5	13.8	14.1
		교 통 세	1.5	1.5	1.6	1.9	1.6	1.7
		관 세	0.9	1.0	1.1	1.1	1.1	1.1
		방 위 세	-	-	0.0	0.0	0.0	0.0
		교 육 세	1.2	1.1	1.1	0.7	0.6	0.6
		농어촌특별세	0.2	0.4	0.4	0.3	0.4	0.3
		지 방 세	3.9	3.9	4.0	4.8	5.3	4.5
	GDP 기준	조 세	19.1	19.5	21.8	22.2	22.7	22.3
		국 세	15.3	15.6	17.8	17.4	17.4	17.8
		내 국 세	11.5	11.7	13.6	13.4	13.8	14.1
		교 통 세	1.5	1.5	1.6	1.9	1.6	1.7
		관 세	0.9	1.0	1.1	1.1	1.1	1.1
		방 위 세	-	-	0.0	0.0	0.0	0.0
		교 육 세	1.2	1.1	1.1	0.7	0.6	0.6
		농어촌특별세	0.2	0.4	0.4	0.3	0.4	0.3
		지 방 세	3.8	3.9	4.0	4.8	5.3	4.5

주 : 1) 한국은행 국민계정 기준년도 90→95 변경 후 수치임
　　 2) 부담률은 반올림되었으므로 각 항목별계와 합계가 일치하지 않을 때가 있음
　　 자료: 재정경제부, 《조세개요》, 2003, p. 19.

<표 2-4> 주요국의 조세부담률

구 분	일 본 ('00)	미 국 ('00)	영 국 ('01)	독 일 ('01)	프 랑 스 ('01)	이 태 리 ('01)
조 세 부 담 률	17.2	22.7	31.0	21.7	28.9	29.6
국 민 부 담 률	27.1	29.6	37.4	36.4	45.4	41.8

주 : GDP대비
자료; Revenue Statistics(OECD. 2002); 재정경제부, 《조세개요》, 2003, p. 20.

불구하고 줄어든 것으로 나타났는데, 1998년에서부터 꾸준히 증가추세를 보이다가 2002년 22.7%, 2003년 현재는 22.3%를 보여 주요 국가와의 조세부담률을 비교하였을 경우 미국이나 영국, 독일, 프랑스, 이탈리아에 비해 낮으며 일본보다는 높은 것으로 파악되고 있다.

한편 국세와 지방세의 비율관계를 살펴보면, 전반적으로 우리나라의 국세와 지방세 비율은 8대 2 정도의 비율을 보이고 있다. 2000년까지 국세가 꾸준한 증가추세를 보여 상대적으로 지방세의 비율은 줄어들었으나, 2001년에 들어서면서 국세의 비율이 78.2%, 2002년 76.7%로 줄어들면서 상대적으로 지방세가 2001년 21.8%, 2002년 23.3%로 증가하기 시작하였다. 그러나 2003년 현재 국세의 비율이 79.8%, 지방세가 20.2%로 다시 국세의 비율이 증가하는 것으로 나타났다.

주요국의 국세와 지방세 비율은 일본과 미국이 대략 6대 4의 비율을 보이고 있으며, 영국과 프랑스, 이태리 등은 대략 8대 2의 국세와 지방세 비율을 보이고 있는 것으로 조사되었다. 특히 영국의 경우는 9.5대 0.5의 비율을 보이고 있어 그 어느 나라보다도 국세의 비중이 매우 큰 것을 알 수 있다. 따라서 우리나라의 경우는 아직까지 미국이나 일본에 비해 국세에 의한 의존율이 높으며, 이탈리아나 독일, 영국 등에 비해서는 낮은 것으로 나타났다.

<표 2-5> 국세와 지방세 비율

구 분	'90	'93	'94	'95	'96	'97	'98	'99	'2000	'2001	'2002	'2003 예산
국 세	80.8	78.1 <50.5>	78.1 <50.6>	78.8 <51.3>	78.9 <50.5>	79.2 <49.6>	79.8 <46.9>	80.3 <46.5>	81.9 <48.8>	78.2 <47.0>	76.7 <46.6>	79.8 <48.5>
지방세	19.2	21.9 <49.5>	21.9 <49.4>	21.2 <48.7>	21.1 <49.5>	20.8 <50.4>	20.2 <53.1>	19.7 <53.5>	18.1 <51.2>	21.8 <53.0>	23.3 <53.4>	20.2 <51.5>

주 : < >는 양여금, 교부금, 보조금을 고려한 배정율 기준임
자료: 재정경제부, 《조세개요》, 2003, p. 20.

<표 2-6> 주요국의 국세와 지방세 비율

구 분	일 본 ('00)	미 국 ('00)	영 국 ('00)	독 일 ('00)	프랑스 ('00)	이태리 ('00)
국 세	59.7	60.4	95.1	50.7	81.5	84.0
지방세	40.3	39.6	4.9	49.3	18.5	16.0

자료 : Revenue Statistics(OECD. 2002); 재정경제부, 《조세개요》, 2003, p. 20.

4. 조세행정

아무리 훌륭한 조세제도와 조세정책이 수립되더라도 제도와 정책이 원래의 취지대로 집행되지 않을 경우에는 소기의 목적을 달성할 수 없다. 일반적으로 조세제도 및 조세정책과 조세행정은 독립적인 분야로 인식되는 경향이 있기 때문에 조세개혁에 관한 대부분의 논의는 조세제도 및 정책의 개혁에 초점을 맞추고 있을 뿐, 조세행정의 개혁과 관련된 문제에는 별로 관심을 두지 않고 있다. 하지만 조세개혁이 성공하기 위해서는 조세제도의 개혁과 함께 조세행정이 반드시 개혁되어야 하며, 조세행정의 개혁 없이 조세제도의 개혁은 이루어질 수 없다(Bird, 1999). 따라서 조세행정은 조세제도와 조세정책의 효율성을 극대화시킬 수 있는 주요 관건이라는 사실을 주지해야 할 것이다.

1) 조세행정의 의의

조세행정은 정부활동 재원을 확보하기 위한 수입행정의 일환이며, 조세가 정부수입의 대부분을 차지한다는 점에서 조세행정은 수입행정이 주를 이룬다고 할 수 있다. 조세정책을 집행하는 관리기술적 측면으로 파악한다면, 조세행정은 조세의 부과징수 및 납세자의 권리구제와 관련된 일체의 행위를 가리키는 것으로 볼 수 있고, 조세행정을 특수한 관리기술적 측면에서 파악한다면 조세행정은 조세정책(tax policy)의 집행만을 담당하는 과정으로 이해할 수 있다. 이렇게 보면 조세행정은 조세정책을 수립하는 일련의 정치적 과정의 하부기능에 지나지 않는다(홍학표, 1988; 13).

그러나 실무적인 측면에서 본다면 세금의 신고, 납세, 세무조사, 체납된 세금 징수, 납세자의 권리구제 및 보호, 납세자에 대한 안내 및 지도 등 각종 세무관련 서비스 제공과 관련된 일체의 행위를 대상으로 하는 행정 영역으로 파악할 수 있다. 이러한 조세행정의 여러 분야에 걸쳐서 오늘날 경제·사회의 발전에 따른 국민의식 수준의 향상으로 인해 좀 더 나은 조세행정 서비스 제공에 대한 욕구가 높아져가고 있고, 또한 재정규모의 확대에 따른 조세부담 증가와 함께 납세자의 협조가 더욱 중요해지고 있다.

이러한 이유로 인하여 최근 많은 국가들이 조세행정의 중요성을 크게 인식하고 조세행정의 개혁을 지속적으로 추진하고 있다. 특히 국제통화기금(IMF)과 개발도상국가들을 중심으로 조세행정의 개혁방향에 대한 정책적 논의가 활발하게 이루어지고 있는데(Bird, 1991; Jantscher & Bird, 1992), 조세행정의 기본목표는 납세자들의 국세부담액을 정확하게 산정하여 거두어들이는 것이리 할 수 있다. 그러나 납세사들에 의한 제납은 실질적으로 조세행정의 기본목표를 달성하는데 있어서 커다란 걸림돌로 작용하고 있다.

즉 조세행정은 주어진 자원을 효율적으로 배분하여 조세행정의 목표를 달성하는 데 있다. 그러나 현행 조세행정의 구조를 보면 체납에 따른 행정부담이 너무 높아 조세행정의 가장 중요한 기능인 세무조사, 납세 서비스 위주의 행정개혁을 추진하는 데 장애요인으로 작용하고 있다. 그러므로 체납에 따른 행정비용을 줄이는 정책목표는 궁극적으로 세무조사 및 납세 서비스 위주로 조세행정을 개혁하는 정책방향과 일치한다고 할 수 있다(현진권 & 임주영, 2002; 224-225).

2) 조세행정의 지도원리

조세행정은 조세제도를 납세자와 연결시켜주는 접합점과 같은 구실을 하며, 조세제도의 성패는 납세자의 성실성 여부에 달려 있다고 볼 수 있다. 즉, 조세제도의 운영은 납세자의 성실성을 일방적으로 강요하는 데 있는 것이 아니라, 조세제도에 대한 납세자의 기대를 충족시켜 줌으로써 조세에 대한 저항감을 극소화시켜 주는 데 있는 것이라고 볼 수 있다. 이러한 조세제도를 지배하는 조세행정의 지도원리는 다음과 같다.

첫 번째 지도원리는 효율성이다. 효율성이란 「산출/투입」 극대화로 정의된다(E. S Redford, 1975; 5). 이는 다시 일정한 산출을 위해서 투입을 최소화하는 것, 그리고 일정한 투입으로 산출을 최대화하는 것의 두 가지 의미로 세분할 수 있다. 조세행정에서 투입은 징수비용을 의미하고, 산출은 징수액을 의미한다. 조세행정의 효율성이란 주로 일정액의 조세를 징수하는 데 투입되는 비용의 최소화를 의미한다. 왜냐하면 조세규모가 정부의 재정규모 및 납세자의 납세능력에 의해 결정되기 때문이다.

둘째, 합법성이다. 조세는 공권력이 아무런 대가 없이 국민의 재산권 일부를 일방적이고 강제적으로 수탈하는 행위이다. 따라서 과세권의 남용을 방지하고 사유재산권을 보호하기 위해서는 반드시 법률에 의해야 한다. 그래야만 과세관청의 자의적인 과세를 배제하고 개인의 재산권을 보장해서 국민경제생활의 안정 및 예측가능성을 확보할 수 있다(백완기, 1998; 5, 안해균, 1985; 78~79).

셋째, 효과성이다. 효과성이란 목표의 달성도를 의미한다(김규성, 1998; 134). 효율성은 징세에 소요된 비용 및 노력과 성과 사이의 비율로 측정되는 데 비하여, 효과성은 실제 성과가 징세로써 기대한 효과를 충족시킨 비율로 측정할 수 있다. 효과성과 효율성은 서로 상충되는 경우도 있을 수 있으나, 서로 조화를 이루는 것이 바람직하다. 왜냐하면 효과성을 희생시킨 효율성이나 효율성을 도외시한 효과성은 모두 다 바람직하지 않기 때문이다.

넷째, 형평성이다. 조세행정에서 형평성이란 국민으로부터 경제적 가치의 일부를 조달하는 데 있어서의 공평성을 의미한다(윤성식·이문영, 1995; 336-337). 조세는 납세자의 가처분 소득에 직접적으로 영향을 미치기 때문에 납세 후 소득이 소득재분배구조를 결정짓는다. 납세 후 소득을 중요시하는 관점에서 과세형평을 논하는 경우에는 「수평적 형평」(horizontal equity)과 「수직적 형평」(vertical equity)두 가지가 모두 고려되어야 한다(R. A Musgrave and P. B Musgrave, 1989; 223).

수평적 형평은 동일한 위치에 있는 납세자들에게 동일한 과세를 하는 것이다. 따라서 징세 후 재분배 과정에서도 원래의 부의 순위가 인위적으로 바뀌지 않아야 한다. 즉 납세 전이나 납세 후에 납세자간의 상대적 위치가 변동되지 않아야 한다는 것이다. 수직적 형평은 동일하지 않은 위치에 있는 사람들에게 사회정의의 개념에 맞게끔 적절한 차별을 두는 것을 의미한다. 누진세나 역진세의 세무구조가 이 수직적 형평에 근거하고 있는 것이다.

다섯째, 민주성이다(안해균, 1985; 81-82). 조세행정의 민주성을 구성하는 첫 번째 요인은 상호신뢰성이다. 조세행정의 민주성을 기하기 위해서는 우선 과세당국과 납세자 사이의 관계가 상호 신뢰성을 바탕으로 형성되어야 한다. 또한 납세자가 조세당국의 권위를 수용해야 한다. 즉, 조세당국이 납세자를 상대로 조세를 부과하고 징수할 권리를 당연히 갖고 있지만, 그것은 이러한 권위에 대한 납세자 측의 수용을 전제조건으로 해야 한다는 것이다.

III. 과세제도와 납세자

1. 과세제도의 적용

1) 과세제도

(1) 부과과세제도와 신고납세제도

조세는 그 과세의 주체가 누가 되느냐에 따라 부과과세제도와 신고납세제도의 두가지로 나눌 수 있다(차병권, 1994; 469-470).

첫째, 부과과세제도는 조세행정청이 과세의 주체가 되는 경우이다. 즉, 부과과세제도하에서는 과세표준의 결정 및 과세산정의 일차적인 책임이 과세관청에 있으며, 납세자는 과세표준을 결정하는 데 필요한 근거자료 및 참고자료를 제출하는 보조적인 위치에 서게 된다.

둘째, 신고납세제도인데, 신고납세제도하에서는 과세의 주체가 납세자 자신이다. 즉 세액산정의 일차적인 책임이 납세자에게 있으며, 조세행정청은 과세에 관한 한 수동적인 입장에 서게 된다. 이러한 신고납세제도하에서는 납세자가 조세의 과세표준과 세액을 신고하고 세액을 자진납세함으로써 조세채무가 확정되는데, 이 경우 신고는 과세권자와 납세의무자간의 조세채권·채무관계를 발생시키는 요건이며, 신고와 납세에 대해서 정부의 어떤 처분도 불필요하다. 따라서 납세자와 정부간의 조세마찰이나 불신 등 여러 가지 폐단을 제거할 수 있고, 납세자와 정부간의 상호 신뢰 및 조세행정의 선진화를 기할 수 있게 된다는 점에서 이 제도를 '자기부과 과세제도'라고도 한다(김문환, 1994; 13-15).

신고납세제도는 조세행정청과 납세자 사이의 상호 신뢰를 바탕으로 납세자가 자신의 행위를 스스로 결정한다는 점에서 민주주의적 이념 실현이라는 의의를 찾을 수 있다. 신고납세제도의 성공여부는 납세자의 성실성과 정직성에 달려 있다고 할 수 있다. 납세의무자가 신고를 하지 않거나 불성실 신고를 하였을 때는 정부가 과세표준과 세액을 조사·결정하고 이를 납세의무자에게 통지할 뿐만 아니라 조세를 포탈할 우려가 있을 때에는 정부가 수시로 과세표준을 결정할 수 있으며(수시부과), 납세의무자가 확정신고에 의하든 정부조사 결정에 의하든 간에 그 결정 후 탈루 또는 보류가 있는 것이 발견되었을 때에 정부는 즉시 그 과세표준과 세액을 조사경정(경정결정) 할 수 있는 조세채권의 확실한 실현을 보장하기 위한 특수한 권능을 유보하여 놓았다.[1]

그러나 개개인의 사정이 각기 다른 납세자에게 공평한 과세가 행해지기 위해서는 먼저 납세자 자신의 정직하고 성실한 과세표준에 의한 신고가 요청된다. 더불어 정부가 납세의무의 이행을 국민이 자진하여 수행하여야 할 의무라고 인식시킴으로써 납세 신고의 정확성을 높이고 신고행위 자체에 납세의무 확정효과를 부여하는 것이 현대국가의 과세방법으로서 가장 바람직한 방법이라 할 수 있다(차병권, 1994; 470). 이와 같이 볼 때, 신고납세제도는 납세자에게 국가가 당면하고 있는 행정상의 제 과제를 자주적·민주적으로 분담시키는 기능을 가지며, 부과과세제도에 비하여 보다 고차원적인 윤리성을 요구하는

---

[1] 그러나 고의적 또는 과실에 의한 탈세사실의 색출을 위하여 조사하고 세금을 부과하는 정부의 결정권은 유보되어 있다(송쌍종, 1995; 193~194).

제도라고 할 수 있다.[2]

(2) 원천징수제도

원천징수제도는 법에 의하여 지정된 특정소득 지급자가 원천징수 의무자로서 일정한 소득을 지급할 때 소정의 세율을 적용하여 계산한 소득세를 징수하여 이를 국가에 납부하는 제도이다. 이는 국가의 조세징수사무의 간소화 및 능률화에 기여할 뿐만 아니라 효과적인 안정화정책을 도모하는 데 있어서도 매우 중요한 역할을 담당하고 있다.[3]

원천징수는 징세가 간단하고 탈세를 방지할 수 있으며 소득 발생에 따라 납세하므로 납세의무자의 부담을 누적시키지 않는다. 동시에 원천과세제도는 재정수요나 경기변동에 따라 세율을 변화시키면 그 효과는 세수상에 즉시 반영될 수 있다. 그러나 원천징수는 소득액에서 직접 과세액이 공제되므로 소득자의 가처분 소득이 줄어들고, 종합과세되지 않는 경우에는 그 부담이 경제적 약자에게 과중하게 나타날 수도 있다.

특히 원천징수가 적용되는 소득은 대체로 급여·이자 또는 배당 소득이며 그밖의 소득에는 적용할 수가 없기 때문에 과세상 소득을 차별대우하는 결과가 생길 수도 있다(J. F. Due and A. F. Friedlaender, 1973; 319~322).

일반사업 소득자와 근로소득 납세자간의 과세상 불만이 발생되는 문제가 여기에 있다 하겠으며 통상적으로 원천징수 소득은 완전노출되어 상대적으로 공평과세 문제가 자주 제기되고 있다.

---

[2] R. Goode는 소득세제를 성공적으로 활용하기 위한 조건의 하나로서 납세자의 자발적인 협력을 들고 있다. 또한 세법을 준수하는 납세풍토의 확립을 위하여 장기간에 실친 사회교육과 능률석이고 공성한 세부행성의 실시 능이 필요하다고 보고 있다.(R. Goode, 1952; 212~222). 또한 Shoup 사절단의 일본세제에 관한 권고에서도 신고납세제도의 기능이 강조되고 있다. 일본의 소득세제에 신고 세제도를 채택한 것은 미군정 하인 1947년이었다.

[3] 원천징수제도를 채택함으로써 세수의 소득탄력성이 높아지기 때문이다.

<표 3-1> 3분7요소설에 대한 개념과 내용

구분	요건	내용
7분설	인적 요건	▸ 과세권자; 과세주체인 국가 또는 지방자치단체를 말함 ▸ 납세의무자; 조세를 납부하는 법률상의 납세의무자를 말하며, 개별경제 주체인 자연인과 법인이 이에 해당함. 조세주체라고도 함
	물적 요건	▸ 과세대상; 과세의 목적물로서 조세부과의 목표가 되거나 과세의 원인이 되는 재산·사실·행위 등을 말함. 조세객체·과세물건·과세객체라고도 함 ▸ 과세표준; 세액을 산정할 목적으로 세율에 적용되어지는 과세대상을 말함. 수량 또는 금액으로 표현됨 ▸ 세율; 과세의 한 단위에 대하여 징수하는 조세의 비율
	관계적 요건	▸ 과세대상의 귀속관계; 과세대상이 어느 납세의무자의 지배하에 있는지를 말함. 납세의무자와 과세대상간의 사실상의 결합관계를 의미 ▸ 조세의 소속관계; 납세의무자가 어느 과세권자에게 귀속되는가를 의미
5분설		▸ 과세권자는 국가 또는 지방자치단체임이 명백하고, 조세소속관계 또한 국세인가 지방세인가에 따라 이미 명확한 것이므로 이를 제외한 나머지 5가지 요건만을 과세요건으로 하는 것. ▸ 5가지의 과세요건; 납세의무자, 과세대상, 과세대상의 귀속, 과세표준, 세율
4분설		▸ 과세대상의 귀속관계는 납세의무자와 과세대상의 결합관계를 확인하는 절차에 불과하므로 이를 과세요건에서 제외하는 견해로 조세법학에서의 통설 ▸ 4가지의 과세요건; 납세의무자, 과세대상, 과세표준, 세율

2) 과세요건

조세란 과세주체인 국가 또는 지방자치단체의 재정수요를 충족시키기 위해 또는 경제·사회 정책적 목적실현을 위하여 국가 또는 지방자치단체가 법률에 근거하여 과세요건이 충족된 다른 경제주체에 대하여 강제적으로 개별적인 반대급부 없이 부과하는 금전급부를 원칙으로 하는 것을 말한다.

이러한 조세의 정의에 비추어 볼 때 과세요건이란 국가와 납세자간에 조세 채권·채무관계를 성립하게 하는 조세실체법상의 법률요건을 말하는 것으로 정의할 수 있으며, 이러한 과세요건이 충족이 되면 추상적 납세의무가 성립되는 것이다. 사법상의 채권·채무관계는 계약자유의 원칙에 따른 당사자간의 자유로운 의사표시에 의하여 성립되나, 조세채권·채무관계는 세법상의 과세요건의 충족에 의하여 획일적이고 강제적으로 성립된다. 추상적 납세의무는 납세자의 자신신고 또는 정부의 부과결정에 의하여 이행 가능한 구체적 납세의무로 확정된다. 과세요건을 구성하는 요소의 분류에 따라 학설이 나뉘어지는데, 이는 3분7요소설이라고도 한다.

3) 국세부과와 세법적용의 원칙

(1) 국세부과의 원칙

국세부과란 추상적으로 성립한 과세요건(납세의무자, 과세물건, 과세표준 및 세율)을 구체적으로 확정시키는 행정행위를 말한다. 따라서 국세부과원칙이란 조세채권을 구체적으로 확정시킬 때 준수해야 할 원칙이다. 그리고 조세채권의 확정은 납세자나 과세권자 둘 다 확정시킬 수 있으므로 납세자와 과세권자 쌍방이 지켜야 할 원칙이다(권의만, 2000; 283-284). 즉 국세부과에 있어서 과세권자의 자의에 의하여 납세자의 재산권이 부당하게 침해되거나 과세의 불공평이 초래될 우려가 있으므로 이를 방지하기 위하여 국세부과의 원칙을 두고 있는 것이다.

이러한 국세부과원칙은 조세법에서 본래적으로 내재하는 조리(條理)로서 시인되어야 하는 것으로 조세법에 성문화된 것은 창설적인 것이 아니라 선언적 규정으로 이해해야 한다. 또한 이 원칙은 과세요건 등을 법률로 제정할 때 지켜져야 하는 입법상의 원칙이자 세법의 해석·적용 및 과세권의 행사에 있어서 준수되어야 할 원칙이다(안선현 외, 1988, 120).

(2) 세법적용의 원칙

세법적용의 원칙이란 국가가 과세권 행사를 목적으로 세법을 해석·적용함에 있어서 지켜야 할 원칙을 말하며, 이는 과세의 공정과 국민 재산권의 부당한 침해를 방지하기 위한 것이다. 세법의 적용은 해석(解釋)에 의하여 규범적(規範的) 의미가 명확해진 세법의 규정을 과세관청이나 납세자가 조사·검토·확인에 의하여 인정한 요건사실(要件事實)에 결부시키는 작용이다. 따라서 세법적용의 원칙은 세법상의 법률효과 발생을 목적으로 한 해석과 과세요건사실의 인정 및 그 적용의 과정에서 준수되어야 할 원칙으로서 국세에 관한 기본사항의 하나이며, 세법적용의 원칙·소급과세금지원칙·세무공무원재량의 한계, 기업회계의 존중 등을 규정하고 있다(국세기본법 18조, 19조, 20조).

첫째, 세법적용의 원칙으로, 세법의 해석·적용에 있어서 과세의 형평과 당해 조항의 합목적성(合目的性)에 비추어 납세자의 재산권이 부당히 침해되지 아니하여야 한다.

둘째, 소급과세금지원칙으로, 국세를 납부할 의무가 성립한 소득·수익·재산·행위 또는 거래에 대하여는 그 성립 후의 새로운 세법에 의하여 소급과세(遡及課稅)하지 아니해야 하며, 세법의 해석 또는 국세행정의 관행이 일반적으로 납세자에게 받아들여진 후에는 새로운 해석 또는 관행에 의하여 소급과세되지 아니한다.

셋째, 세무공무원재량의 한계로서, 세무공무원이 그 재량에 의하여 직무를 수행함에 있어서는 과세의 형평과 세법의 목적에 비추어 일반적으로 적당하다고 인정되는 한계를 엄수해야 한다.

넷째, 기업회계의 존중으로서, 세법에 특별한 규정이 있는 경우를 제외하고는 과세표준을 조사·결정함에 있어서 당해 납세의무자가 계속 적용하고 있는 기업회계의 기준 또는 관행으로서 일반적으로 공정·타당하다고 인정되는 것은 이를 존중해야 한다는 것이다.

2. 납세자의 의무 및 행위

1) 납세의무

　납세의무란 국가의 통치활동과 지방자치단체의 유지에 필요한 경비를 충당하기 위하여 국민이 조세를 납부할 의무를 말한다. 우리 헌법 제38조는 '모든 국민은 법률이 정하는 바에 의하여 납세의 의무를 진다'라고 규정하고 있다. 여기서 납세란 국세·지방세 등 조세뿐만 아니라, 그 명칭 여하를 불문하고 보상 없이 국가가 부과하는 일체의 경제적 부담을 말하며, 따라서 수수료나 사용료는 포함되지 않는다. 납세의무는 첫째로 재산권에 대한 일종의 제한이기 때문에 국민의 자력(資力)에 따라 공평하게 부과되어야 하며, 둘째로 행정부의 일방적이고 자의적(恣意的)인 부과를 금지하고 반드시 국회가 제정한 법률에 의해서만 부과할 수 있다는 조세법률주의(憲法 59)를 채택함으로써 국민의 재산권을 보장하고 국민생활의 안정을 기하여야 한다는 것을 근거로 하고 있다.

(1) 납세의무의 성립

　납세의무는 각 세법이 규정하고 있는 과세요건(납세의무 성립요건)을 충족하는 사실이 발생하는 때에 성립된다. 납세의무는 조세법이 정하는 과세요건의 충족에 따라 법률상 당연히 조세채권채무관계가 성립되고, 조세채권자는 납세자에 내해 추상석으로 조세나 하는 금전납부정구권을 쥐득하며, 상대방인 납세자는 이에 대응하여 이를 납부하는 의무를 지게 된다. 그러나 이것은 추상적인 조세채무가 성립되는 것뿐이고, 구체적인 납세의무에 관련된 금액이 결정되는 확정(確定)과는 구별된다(국세기본법 제21조). 다시 말해서 납세의무의 성립과 그 성립된 납세의무를 이행하는 것과는 다르므로 납세의무의 성립을 추상적 조세채무라고 하며, 국가가 이에 대하여 이행을 청구할 수 있는 구체적인 것이 되기 위해서는 그 성립된 조세채무의 내용을 구체적으로 검토·확인하는 확정절차를 밟아야 한다. 이러한 절차로서는 납세자의 신고행위 또는 과세관청의 부과처분이 있다.

(2) 납세의무의 확정

납세의무의 확정이란 성립된 납세의무의 내용을 구체적으로 확정하는 것을 의미한다. 성립된 조세채무의 내용은 과세요건인 사실을 파악하여 관계법령을 적용하고, 과세표준 및 세액을 산출함으로써 당사자가 인식할 수 있게 되는 바 이를 납세의무의 확정이라 한다. 조세에는 특정의 절차를 요하지 않고 납세의무의 성립과 동시에 확정되는 것과 일정한 확정절차(確定節次)를 필요로 하는 것이 있다. 후자의 경우의 확정절차는 신고납세제도와 부과과세제도의 2가지가 있다. 신고납세제도(申告納稅制度)란 성립된 조세채무를 납세의무자가 스스로 과세표준과 세액을 계산하여 정부에 신고함으로써 그 내용을 확정하는 제도로서 '자기부과제도'(自己賦課制度 ; self-assessment)라고도 한다. 이에 대하여 부과과세제도(賦課課稅制度)란 납세의무를 확정시키는 권한을 정부에 부여하고 있는 제도로서 납세의무자의 신고에 대하여 확정력을 부여하지 아니한다. 이 경우의 신고는 정부조사결정에 필요한 자료를 제출하는 협력의무에 불과한 것이다(국세기본법 제22조).

(3) 납세의무의 소멸

과세요건의 충족으로 인하여 추상적으로 성립된 납세의무는 신고 및 조사결정 등 세법이 정한 절차에 따라 확정된다. 확정된 납세의무는 국가의 조세채권이 실현되었거나 실현 불가능한 법정사유로 인하여 국가와 국민간의 조세채

<표 3-2> 납세의무확정을 위한 과세제도의 비교

구분		신고납세제도	부과과세제도
조세채권 확정	의의	▶ 과세표준과 세액을 납세자의 신고에 의하여 확정	▶ 과세표준과 세액을 과세관청의 결정처분에 의하여 확정
	확정주체	▶ 납세의무자	▶ 과세권자(세무서장)
	확정시기	▶ 신고서 제출시	▶ 결정고지시
	확정절차	▶ 신고서의 제출	▶ 조사·결정을 통한 고지
적용세목		종합소득세, 양도소득세, 법인세, 부가가치세, 특별소비세, 교통세, 주세, 증권거래세, 교육세	상속세, 증여세, 재평가세, 부당이득세
조사권		▶ 정부귀속	▶ 정부의 권한·의무
탈루세액에 대한 조치		▶ 추징·처벌	▶ 추징
조세포탈범의 기수시기		▶ 신고납부기한 경과시점	▶ 조사결정 후 납부기한 경과시점 (조세포탈목적의 무신고시 신고납부기한 경과시점)

권, 채무관계는 종료되는데, 이를 납세의무의 소멸이라 한다. 성립 또는 확정된 납세의무는 여러 가지 사유로 소멸된다. 그 사유는 다음과 같다(국세기본법 제26조).

첫째, 납부·충당 또는 부과의 취소가 있는 때이다. 여기서 납부란 세액을 국고에 납입하는 것으로서 궁극적인 조세채권의 실현절차이다. 조세는 특별한 규정이 없는 한 통화나 수표에 의하여 납부하여야 하며, 이를 금전납부라고 한다. 다음으로 충당이란 납세의무자가 납부할 세액과 환급세액을 상계하는 것을 말한다. 국세기본법상 국세환급금은 체납된 국세, 가산금, 체납처분비 등에 먼저 충당하고 잔여금을 환급하여야 한다. 이외 같이 국세환급금과의 충당에 의하여 납세의무는 소멸한다. 마지막으로 부과의 취소란 유효하게 성립된 부과처분에 대하여 그 성립에 흠결이 있음을 이유로 그 처분의 효력을 상실시키는 것을 말한다. 부과가 취소되면 부과한 날에 소급하여 최소의 효력이 발생하므로 납세의무는 소멸하게 된다.

둘째, 국세부과의 제척기간 만료이다. 정부부과 과세조세의 납세의무를 정부가 확정하거나, 자진신고 납세조세의 무신고 또는 오류, 탈루에 대한 과세신청의 납세의무 확정에 대한 권리를 국세부과권이라 한다. 제척기간은 일정한 권리에 관하여 법이 예정해 놓은 존속기간으로서 그 기간 내에 권리가 행사되지 않으면 그 권리는 소멸 내지 실효가 되는 기간을 말한다.

셋째, 국세징수권 소멸시효의 완성이다. 구체적으로 확정된 조세채권을 실현하기 위하여 납세자에게 그 이행을 청구하고, 자진이행이 이루어지지 않을 경우 체납처분에 의해 그 이행을 강제하는 등 세액수납과 관련된 일련의 과세권자의 권리를 징수권이라 한다. 국제징수권은 동일한 조세채권의 실현을 위한 실체적 측면과 절차적 측면으로 구분되기는 하나 동시에 진행되어지는 양면성을 갖는다. 또한 시효란 일정한 기간이 경과하는 동안에 일정한 사실상태가 그대로 계속되는 경우에 그 상태가 진실한 권리관계에 부합되는지의 여부를 묻지 않고 그 사실상태를 존중하여 그것을 그대로 권리관계로 인정하는 제도이다. 이 때 권리를 얻게 되는 경우를 취득시효라 하고 권리를 잃게 되는 경우를 소멸시효라고 한다. 따라서 국가가 확정된 조세채권의 실현을 위하여 구체화된 납세의무를 이행하도록 청구할 수 있는 권리를 국세의 징수권이라 하는데, 국세징수권의 소멸시효라 함은 그 국세의 징수를 목적으로 하는 국가의 권리가 일정기간 경과함으로 인하여 소멸하는 법적인 기간을 말한다.

(4) 제2차 납세의무

납세의무자가 조세를 체납하였을 때 그 납세의무자의 재산에 대하여 체납처분을 하여도 징수할 조세채무액을 충당하기에 부족할 경우에는 그 납세의무자와 일정한 법률관계에 있는 자에게 보충적으로 책임을 지우는 납세의무를 제2차 납세의무라고 말한다. 이러한 의무를 지는 자가 제2차 납세의무자이다. 이와 같이 제2차 납세의무자는 본래의 납세의무자는 아니지만 세법의 규정에 의해 새로운 납세법률관계의 일방 당사자가 된다고 볼 수 있다.

제2차 납세의무자의 제2차 납세의무는 민법상의 보증채무와 같이 본래의 납세의무에 갈음하는 것이므로 부종성(附從性)과 보충성(補充性)의 성질을 갖는다. 그러므로 본래의 납세의무가 소멸하면 그에 따라 제2차 납세의무도 소멸하며, 또한 제2차 납세의무책임의 한도도 본래의 납세의무자의 재산으로 충당할 수 없는 부족액에 그친다. 국세기본법에서는 해산법인의 청산인(淸算人), 법인의 과점주주(寡占株主) 등, 무한책임사원 또는 과점주주 등이 출자하고 있는 법인 및 사업의 양수인(讓受人)에 대하여 제2차 납세의무를 지게 하고 있다(국세기본법 제38조, 제39조, 제40조, 제41조).

(5) 납세의무의 승계와 연대납세의무 그리고 납세보증

납세의무의 승계란 일정한 경우에 납세자 이외의 자에게 납세의무가 이전되는 것을 말한다. 다시 말해서 이미 성립되어 있는 납세의무가 본래의 납세의무자로부터 다른 자에게로 이전하는 것을 의미한다. 이 때 납세의무를 이전받는 자가 승계납세의무자이다.

조세를 납부하는 의무는 사법상(私法上)의 채권·채무와 달리 원칙적으로 승계의 대상이 될 수 없다. 그러나 상속합병의 경우에는 사법상 권리·의무가 포괄적으로 승계(承繼)되므로 조세채무도 승계의 대상이 된다. 즉 국세기본법은 법인의 합병으로 인한 납세의무의 승계(제23조)와 상속으로 인한 납세의무의 승계(제24조)를 규정하고 있으며, 법인 합병의 경우 신설법인 또는 존속법인은 소멸법인의 납세의무(국세·가산금·대납처분비)를 승계하며, 상속인은 피상속인의 납세의무를 상속재산을 한도로 승계한다. 그리고 조세채권의 확보라는 관점에서 2인 이상의 납세의무자에게 조세납부의 연대의무를 발생시키는 경우가 있는 바, 이를 연대납세의무라 한다(국세기본법 제23조, 제24조, 제25조 2항).

이러한 연대납세의무는, 첫째, 공유물공동사업 또는 당해 공동사업에 속하는 재산에 관련된 조세채무(단, 소득세는 지분 또는 손익분배비율에 의한 납세의무), 둘째, 법인의 분할 또는 분할합병으로 인한 연대납세의무, 셋째, 2인 이상이 공동으로 과세문서를 작성하는 경우의 인지세납세의무, 넷째, 상속세 및 증여세법상 공동상속인간 및 증여자와 수증자간에 있어서 연대납세의무 등이 성립된다. 연대납세의무에 대해서는 민법규정의 연대채무에 관한 규정이 준용된다.

한편 납세보증은 납세자의 국세, 가산금 또는 대납처분비의 납부를 보증하는 것을 말하며, 이를 보증한 자를 납세보증인이라고 한다(국세기본법 제2조 제12호). 납세보증인은 민법상의 보증인이 부담하는 보증채무와 같이 주된 납세자가 이행하지 아니한 납세채무를 이행할 의무를 진다.

2) 납세자 행위

납세자 행위는 크게 순응과 불순응으로 나누어 볼 수 있다. 전자는 납세자가 조세법이 기대하고 요구하는 대로 순순히 응하는 행동인 반면, 후자는 어떠한 방식으로든 이에 대해 응하지 않는 행동을 말한다. 조세가 일방적이고 강제적인 성격을 띠고 있다는 점을 고려해보면, 납세자들로부터 전폭적인 순응을 얻어내기란 사실상 어렵다고 할 수 있다. 물론, 과거 절대주의 국가에서 조세가 아무런 대가도 없는 일방적인 헌납의 성격을 면할 수 없었던 것과는 달리, 현대국가에서 조세는 국가가 제공하는 서비스에 대한 대가적인 성격이 짙다고 할 수 있다. 그러나 납세자들이 조세를 특정 서비스나 재화 제공에 대한 대가로 인식하는 경우도 매우 드물다. 즉, 공공부문에는 특정 서비스에 대해 대가를 지불하지 않고서도 이를 향유하는 사람들이 있게 마련이며, 이로 인해 대가를 제대로 지불한 사람들이 그러한 무임승차 자들의 몫까지 떠맡아야 하기 때문에 부담이 가중될 수 밖에 없다.

납세자들이 자신의 조세부담을 경감하거나 기피하려는 행위에는 법적으로나 도덕적으로 정당화될 수 있는 것이 있는가 하면, 합법성을 띠지만 도덕성은 결여된 행위도 있고, 합법성과 도덕성 모두가 결여된 행위도 있다. 이러한 행위들을 유형별로 보면 다음과 같다.

(1) 조세순응(Tax Compliance)

조세순응은 납세자가 자신에게 부과된 조세채무를 충실히 이행하는 행위이다. 신고납세제도하에서는 이것이 성실신고를 의미한다고 할 수 있는데 즉, 납세자가 자신의 소득을 누락없이 신고하고 세액산출의 근거가 되는 관련법규를 정확하게 적용하는 행위이다. 납세자의 조세순응은 대략 다음과 같은 세 가지 상황일 때에 나타난다.

첫째, 고도의 납세윤리가 작용하는 경우이다. 이는 신고납세제도의 이상에 가장 부합되는 형태로서, 납세자가 납세의사결정 과정에서 경제적인 측면보다는 경제외적인 측면을 먼저 고려할 때 나타나는 유형이다. 납세자가 조세채무액을 산정하는 과정에서 탈세를 통해 얻는 효용보다는 세법을 어김으로써 초래될 수도 있는 손실을 회피하는 쪽으로 결정하는 것이다. 이러한 결정을 내린 납세자는 경제적인 만족감보다는 공동체에 대한 의무감에 충실함으로써 정신적·도덕적인 만족감을 우선시하는 사람이라고 볼 수 있다.

둘째, 탈세기회가 차단되어 있는 경우이다. 납세자가 탈세의사를 갖고 있다고 하더라도, 그것을 실현시킬 수 있는 방법이 전혀 없을 경우에 나타나는 유형이다. 공인된 기관이 납세자의 거래내용이나 소득액을 곧바로 파악할 수 있는 경우에는 납세자의 의도와 상관없이 성실신고가 이루어지게 된다. 근로소득의 원천징수도 이의 한 유형이라고 할 수 있다.

셋째, 납세자가 탈세의도와 탈세기회를 동시에 갖고 있지만, 탈세를 감행했을 경우에 얻는 경제적 이득에 비해 불이익을 감수해야 할 위험부담이 더 큰 경우에 나타나는 행동 유형이다. 즉, 이런 경우에는 납세자가 탈세를 포기하고 성실신고를 택하게 된다. 이때 납세자의 의사결정에 영향을 미치는 요인은 탈세 사실의 적발 가능성과 적발된 탈세행위자에 대한 제재다. 적발 가능성이 높고 제재가 심할수록 탈세억제 효과는 그 만큼 커진다고 할 수 있다. 적발 가능성은 세무조사의 빈도와 강도에 영향을 받고, 이는 탈세행위에 제재조치를 가하기 위한 필요조건이다.

결국 탈세의도를 억제하고 성실신고를 유도하기 위해서는 납세자의 윤리의식 고취, 과세당국의 제재나 제재의 강도, 탈세기회의 봉쇄 등의 수단이 필요하다고 할 수 있다.

(2) 조세포탈(Tax Evasion)

조세포탈은 세법규정을 위반해서 조세부담을 면탈하는 행위이다. 이는 범죄를 구성하는 조세범칙행위로서 세법현상 즉, 조세사실을 거짓으로 하거나 기타 부정행위를 통해 숨이는 것으로 원래 조세규정에 의하면 과세되어야 하는 조세인데 이를 면하려고 하는 것을 말한다. 우리나라의 조세범처벌법에서 규정하고 있는 조세포탈 행위에는 납세의무자가 사기 및 기타 부정한 행위로써 조세를 포탈하거나 조세를 환급·공제받는 행위(조세범처벌법 제9조1항), 그리고 조세의 원천징수 의무자가 정당한 사유 없이 그 세금을 징수하지 아니하거나 징수한 세금을 납세하지 아니하는 행위(조세범처벌법 제11조)가 있다. 여기서 '사기 및 기타 부정한 행위'란 포탈을 가능케 하는 사회통념상 부정하다고 인정되는 일체의 행위를 가리키며, 이러한 행위가 징세액을 감소시키는 결과를 낳게 하는 작위 또는 부작위를 모두 포함한다.

조세포탈에는 여러 가지 유형이 있다. 허위기장, 이중장부 작성 및 비치, 위장예금계좌 설정, 자산의 부외처리 등과 같이 소득을 은폐하는 수단을 써서 고의적으로 과소신고하는 것은 전형적인 예에 속한다. 또한 허위신고서를 제출한다든지 세무조사와 관련된 질문에 허위로 답변하는 것도 해당된다.

(3) 조세회피(Tax Avoidance)

조세포탈은 불법적인 세부담 경감 및 면탈행위로서 범죄행위에 속하는 반면, 절세는 세부담 경감이라는 동일한 효과를 낳으면서도 전혀 불법성을 띠지 않으며 납세자의 당연한 권리로 인정되는 행위이다. 다시 말하면, 탈세 행위는 그 자체가 범법성을 띠고 있으면서 행위의 결과도 바람직하지 않은 것으로 간주되지만, 절세는 조세법규가 예정한 바에 따라 합법적 수단으로 조세부담의 감면을 도모하는 행위이다.

조세회피는 탈세와 절세의 중간지점에 위치한다고 할 수 있다. 우선, 조세회피는 세법 규정의 어의에 반하지 아니하고 조세부담을 경감시키는 행위라는 점에서 절세와 유사한 점이 있다. 그러나 절세는 입법단계에서부터 과세대상에서 제외시켜 놓았다는 특징이 있는 반면, 조세회피는 세법이 규율하고자 한 영역인데 세법에 사용된 개념의 불완전성 등으로 인해 생긴 법의 결함을 이용해서 납세자가 조세부담을 경감시키는 것을 말한다(이태로·이철송, 1985; 16-17). 또한 탈세는 부정행위에 의한 조세포탈을 그 구성요건과 내용으로 한다(김연태·김중관·유지태, 1998; 173-176). 즉 사기 기타 부정한 행위에 의하여 조세를 면탈, 환급, 공제 받는 범죄 행위인 반면, 조세회피는 그 자체가 누구를 직접 속이는 것이 아니고, 세법상으로도 적법하고 유효하므로 비판받을 것이 못된다. 따라서 범죄를 구성하는 것은 아니지만, 당사자가 선택한 법률형식이 통상 선택되는 법률형식과 다르거나, 그 선택을 남용한 결과 조세부담 경감을 가져오기 때문에 세법에서 이를 인정하지 않는 것에 불과하다.

<표 3-3> 납세자행위의 유형별 비교

유 형	적법성 여부	회피형태	조사결과 형태	
절 세	적 법	불공평과세	-	
조세회피	부 당	이상한 거래 부자연스러운 거래	추징 (본세+가산세)	
조세포탈 (탈 세)	불 법	탈법거래 조작거래 불납결손	추 징 (본세+가산세)	
			벌과금	[직접세세액 3배] [간접세세액 5배]
			체 형 (體刑)	

자료: 이우택·이철재(1994), 《조세법과 세무회계》, 조세통람사, p. 41.

요컨대 납세자가 자신의 경제적 목적을 실현하기 위해 통상적인 거래 형식이나 법적 수단을 취하지 않고 이와는 다른 수단을 선택해서 조세부담을 경감시키거나 배제한다면 조세회피가 되는 것이다. 이 세 가지 조세회피 행위를 유형별로 비교해 보면 <표 3-3>과 같다.

조세회피는 분명히 탈법행위는 아니다. 탈법행위는 법에 금지된 법상의 결과를 실현시키는 것이지만, 조세회피는 법적 결과가 금지되는 것은 아니기 때문이다. 하지만 실성법상의 규정에 저촉되지 않는다고 하더라도, 조세회피 행위는 사회적으로 승인된다거나 윤리적으로 허용된 행위는 아니다. 즉 조세회피는 가벌성을 수반하는 행위는 아니더라도 사회적인 비난의 대상이 될 수 있고, 결코 바람직스러운 행위라고 볼 수 없다. 왜냐하면 조세회피는 조세부담의 불공평성을 취함으로써 조세정의 실현에 장애를 초래할 뿐만 아니라 조세도의를 저하시키기 때문이다. 이러한 의미에서 조세회피는 그 행위가 범법성은 없지만 탈규범성을 면할 수 없다고 할 수 있다. 그러나 조세회피 행위의 범위와 한계를 개념적으로는 어느 정도 설명할 수 있지만, 절세행위나 탈세행위와의 관계 및 구분은 현실적으로 쉽지 않다. 이와 관련하여 특정한 절세행위가 적법이냐 위법이냐 하는 판단기준 역시 애매하다.

아무튼 조세회피는 정당성을 결한 행위임에도 불구하고 형식상으로는 적법성을 띠기 때문에 납세자가 별다른 죄의식을 갖지 않고서도 자행할 수 있으며, 과세관청에서 조사 지적되어 현실적인 문제로 노출된다고 하더라도 쟁송에 의해 구제받을 수 있는 기회가 부여되어 있다. 이는 자본주의적 사회체제와 법의 결함이 낳은 산물이라고 할 수 있다.

결국 저자는 조세회피를 조세순응과 대비되는 모든 조세관련 회피행위로 규정한다. 즉, 절세와 협의의 조세회피, 탈세(조세포탈) 등을 모두 포함하여 합법적이든 불법적이든 상관없이 세금을 가능한 적게 납부하기 위한 모든 것을 조세회피로 규정한다. 광의의 조세회피 개념이라 할 것이다.

3. 납세자의 권리구제

1) 우리나라의 권리구제 제도

(1) 기본적 권리

조세부담이 절대적·상대적으로 증가함에 따라 납세자와 과세권자 사이의 긴장관계도 비례적으로 더하여지는 것은 당연한 현상이라 할 수 있다. 그러나 이러한 긴장관계에서 우월적 지위에 있는 과세권자가 납세자의 재산권을 존중하지 아니하거나 납세자에게 필요 이상의 불편을 끼치는 것은 민주사회의 정상적인 모습이 아니다. 과세권의 남용에 대한 항쟁을 통하여 민주주의 이념을 확립한 역사적 경험을 가진 선진 서구국가들이 이 점에 유의하여 서로 구체적인 내용에 있어서는 차이가 있으나, 납세자의 권리를 보장하기 위한 선언적 규정과 법적 장치를 마련해두고 있다(이태노 외, 2001; 115).[4] 우리나라의 경우도 세계 주요 선진국의 이와 같은 추세에 발맞춰서 납세자권리헌장에 상응하는 규정을 국세기본법과 지방세법 등에 상정하고 있는데, 여기서 납세자권리헌장은 기본적으로 납세자의 권리보호를 목적으로 제정된 것이다.

즉 납세자는 세무조사에 있어서 조력을 받을 권리, 납세자의 성실성 추정, 중복조사의 금지, 세무조사의 사전통지와 연기신청, 세무조사에 있어서의 결과통지, 비밀유지, 정보의 제공 등에 관한 내용을 담고 있으며, 세무공무원은 조세범처벌절차법의 규정에 의한 범칙사건에 대한 조사를 하는 경우나 법인세의 결정 등 부과처분을 위한 실지조사를 하는 경우 그리고 사업자등록증을 교부하는 경우에 납세자권리헌장이 수록된 문서를 납세자에게 교부하여야 한다(국세기본법 제81조 2). 이를 보다 구체적으로 살펴볼 필요성이 있는데, 여기서 세무조사에 있어서 조력을 받을 권리는 납세자가 납세에 관련된 선의의 피해를 받지 않게 하기 위한 취지로서, 납세자는 범칙사건, 소득세 및 법인세 그리고 부가가치세의 결정 또는 경정 및 상속세 또는 증여세에 대한 세무조사를 받는 경우에 변호사·공인회계사·세무사 기타 전문지식을 갖춘 자를 조사에 임하게 하거나 의견을 들을 수 있도록 하는데 있다(국세기본법 제81조 4, 국세기본법 시행령 제63조 3).

또한 납세자는 납세협력의무를 불이행하였거나 납세자에 대한 구체적인 탈세제보가 있는 경우 등을 제외하고는 성실성의 추정을 받으며, 제출한 신고서 등의 내용이 진실한 것으로 추정된다(국세기본법 제81조 5). 그러나 납세협력의무 불이행과 구체적인 탈세제보 이외의 경우에도 신고서에 명백한 탈루나 오류가 있는 경우와 신고내용이 국세청장이 정한 기준과 비교하여

---

4) 선진 주요국의 납세자 권리보장을 위한 선언적 규정으로는 미국의 납세자권리헌장(Omnibus Taxpayer Bill of Rights Act of 1988 as amened in 1996), 영국의 납세자헌장(Taxpayer's Charter), 프랑스의 세무조사에 관한 헌장(Charte du Contribuable Verifie), 독일의 조세기본법(Abgabenordnung)상의 세무조사 및 기타 납세자 보호를 위한 각 조항, 그밖에 캐나다, 오스트레일리아, 뉴질랜드 등의 납세자권리헌장이 그 예이다.

불성실하다고 인정되는 경우에는 성실성 추정이 배제된다(국세기본법 시행령 제63조 4).

한편 중복조사의 금지와 관련하여, 조세탈루의 명백한 자료가 있는 경우, 거래상대방에 대한 조사가 필요한 경우, 2년 이상의 사업연도에 걸친 잘못이 있는 경우, 기타 이와 유사한 경우로서 대통령령이 정하는 경우가 아니면, 세무공무원은 같은 세목의 같은 과세기간에 대한 중복조사를 할 수 없다(국세기본법 제82조 3). 여기서 '대통령령이 정하는 경우'라 함은 부동산투기, 매점매석 등 경제질서 교란 등을 통한 탈세의 혐의가 있는 자에 대한 조사 및 국세기본법 제81조의 4 및 국세기본법 시행령 제63조의 3에 열거된 실지조사에 의하지 아니하고 재결정하는 경우를 의미한다(국세기본법 시행령 제63조 2).

납세자는 또한 세무조사에 대해 사전통지와 연기를 신청할 수 있는 권리를 가지고 있는데, 국세기본법에 따르면, 세무공무원이 납세자의 장부서류 기타 물건을 조사하려 할 때에는 범칙사건조사 또는 증거인멸 등의 우려로 인하여 조사를 제대로 수행할 수 없다고 인정되는 경우를 제외하고는 납세자에게 조사개시 7일 전에 조사대상 세목과 조사사유 등을 통지하여야 하며(국세기본법 제81조 61항), 통지를 받은 납세자는 천재지변이나 기타 특정사유로 인하여 조사를 받기가 곤란한 경우에는 세무조사에 대한 조사연기를 신청할 수 있다(국세기본법 제81조 62항).

이와 아울러 납세자가 제출한 자료나 세무공무원이 직무상 취득한 자료 등 과세정보는 지방자치단체 등이 과세목적에 사용하기 위하여, 국가기관이 조세쟁송 또는 조세범의 소추를 위하여, 법원이 제출명령 또는 영장에 의하여, 다른 법률의 정하는 바에 따라 과세정보를 요구하는 경우를 제외하고는 오로지 과세목적 내에서만 사용되어야 하며 타인에게 누설되어서는 아니 된다(국세기본법 제81조 81항). 또한 세무공무원 이외의 자라 하더라도 위와 같은

<그림 3-1> 납세자의 권리구제 분류

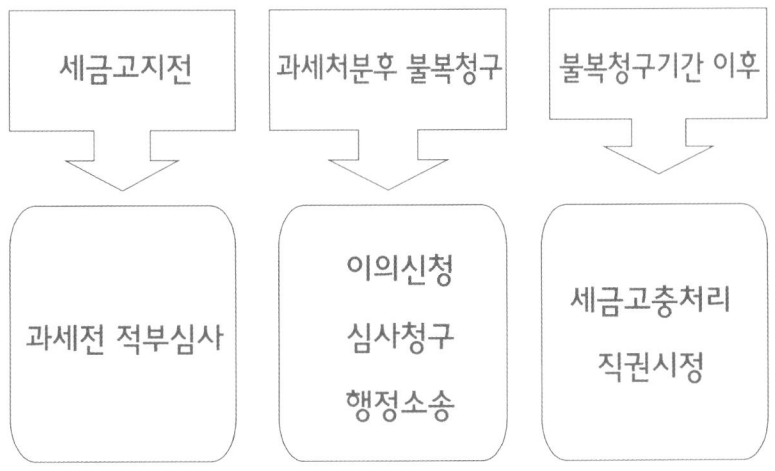

자료: 한국조세연구원(2000), "납세자권리구제제도 운용방안," 《재정포럼》, 3월호, p. 136., 재구성.

공식적인 경로를 통해 과세정보를 알게 된 경우에는 그를 형법 또는 기타 법률에 의한 벌칙적용에 있어서 공무원으로 보며, 납세자가 자기의 권리의 내용이나 그 행사에 필요한 정부를 요구하면 세무공무원은 이를 신속하게 제공하여야 한다(국세기본법 제81조 85항, 국세기본법 81조 9).

(2) 납세자 권리구제의 유형

납세자의 권리구제는 크게 세금고지전, 과세처분후 불복청구, 그리고 불복청구기간이 지난 잘못된 세금 등으로 구분할 수 있다. 먼저 세금고지전의 구제제도로서는 과세전 적부심사청구가 있으며, 과세처분후 불복청구에는 이의신청, 심사청구, 행정소송 등이 있다. 또한 불복청구기간 이후의 잘못된 세금에 대해서는 직권시정, 세금고충처리(납세자보호담당관 전담) 등이 있다.

가. 세금고지전 - 과세전 적부심사제도

① **과세전 적부심사제도 개요**

세무조사를 받은 납세자에게 세무조사결과에 따른 과세처분을 하기 전에 과세할 내용을 미리 납세자에게 통지하여 그 통지내용에 이의가 있는 납세자로 하여금 과세하는 것이 적법타당한지 여부를 심사하여 줄 것을 청구할 수 있도록 하는 사전적인 권리구제 장치이다(국세청, 2003). 이 제도는 1996년 4월 세정선진화의 일환으로 국세청훈령에 의해 도입·운영하여 왔으나 2000년 1월부터는 납세자권리구제의 실효성을 확충하기 위해 국세기본법 제81조 10에 과세전 적부심사제도에 대한 법적 근거규정을 신설하였고 새로운 법령체계에 맞게 사무처리규정을 전면 개편하였다(한국조세연구원, 2000; 136).

우리나라 국세기본법은 세무공무원이 범칙사건의 조사, 법인세의 결정 또는 경정을 위한 조사 등 부과처분을 위한 실지조사를 마친 때에는 그 조사결과를 서면으로 납세자에게 통지하여야 함을 규정하고 있다(국세기본법 제81조 10, 제82조 7).

한편 통지를 받은 납세자는 통지된 내용에 대해 이의가 있을 경우에 해당 세무서 또는 지방국세청에 통지내용에 대한 적법성 여부를 다시 심사하도록 요청하는 적부심사를 청구할 수 있으며, 이때 심사청구는 서면통지를 받은 날로부터 20일 이내에 문서로 제출하여야 한다(국세기본법 제81조 10 1항). 그리고 청구서가 접수되면 해당 세무서·지방국세청에서는 접수받은 날로부터 30일 이내에 과세전 적부심사위원회의 심의를 거쳐 결과를 알려준다(국세기본법 제81소 10 3항). 다만 심사정구의 내용이 법령과 관련하여 국세청장의 유권해식을 변경하어야 하거나, 빕령 또는 국세정장의 훈령·예규·고시 등과 관련하여 새로운 해석이 필요한 경우이거나, 세무서 또는 지방국세청에 대한 지방국세청장 또는 국세청장의 업무감사 결과에 따라 세무서장 또는 지방국세청장이 행하는 과세예고통지에 대하여는 국세청장에게 과세전 적부심사청구를 할 수 있으며, 심사청구기간은 당해 세무서장·지방국세청장 또는 국세청장에게 심사청구서가 제출된 때에 심사청구가 있는 것으로 규정하고 있다(국세기본법 제81조 10, 국세기본법 시행령 63조 81항).

또한 과세전 적부심사청구가 허용되지 않는 경우도 국세기본법에 규정되어 있는데, 예컨대, 체납·파산·경매·해산 등 납기전 징수사유가 있거나 무신고 장기휴폐업 등 수시부과 사유가 있는 경우, 조세범칙사건을 조사한 경우, 세무조사 통지를 하는 날로부터 국세부과제척기간의 만료일까지의 기간이 3월 이내인 경우, 국제조세조정에 관한 법률에 따라 조세조약을 체결한 상대국이 상호합의절차의 개시를 요청한 경우에는 과세전 적부심사청구가 허용되지 않는다(국세기본법 제81조 102항, 국세기본법 시행령 제63조 83항).

② 과세전 적부심사제도 주요 내용

과세전 적부심사제도는 적부심사청구 대상자, 적부심사청구기관, 청구기간, 적부심사 결정절차, 과세전 적부심사위원회의 구성, 적부심사결정의 효력 등으로 구분하여 살펴볼 수 있는데, 이에 따른 주요 내용을 살펴보면 <표 3-1>과 같다.

자료: 한국조세연구원(2000), "납세자권리구제제도 운용방안,"《재정포럼》, 3월호, p. 137., 재구성.

나. 과세처분후 불복청구

① 이의신청

이의신청이라 함은 세법에 의한 처분으로서 위법 또는 부당한 처분을 받거나 필요한 처분을 받지 못함으로써 권리 또는 이익의 침해를 받은 자가 처분청(또는 관할지방국세청장)에게 그 처분의 취소·변경이나 필요한 처분을 청구하는 불복절차를 말한다(국세기본법 제66조 1항). 이러한 이의신청에는 국세기본법상의 이의신청과 지방세법상의 이의신청이 있는데, 국세기본법상의 이의신청은 납세자가 이의신청절차를 거칠 것인가에 대하여 자유로운 선택이 가능하며, 이를 거치지 아니하고 심사청구(審査請求) 및 심판청구를 할 수도 있다. 또한 이의신청인지 여부는 반드시 그 명칭에 구애되는 것은 아니며 실질에 의해 판단되어야 한다.[5] 이러한 것은 납세자의 편의를 위해 두는 제도이다.

이와는 다르게 지방세법상의 이의신청은 지방세법상 심사청구를 제기하기 위해서는 반드시 필요한 절차로서, 도세(道稅)에 대한 불복은 도지사에게, 시·군세(市·郡稅)에 대한 불복은 시장·군수에게 하는 것을 말한다(지방세법 제73조).

한편 세무서장은 이의신청의 대상이 된 처분이 지방국세청장이 조사·결정 또는 처리하거나 하였어야 할 것인 경우에는 이의신청을 받은 날로부터 7일 이내에 당해 신청서에 의견서를 첨부하여 당해 지방국세청장에게 송부하고 그 뜻을 이의신청자에게 통지하여야 하며(국세기본법 제66조 2항), 제1항의 규정에 의하여 지방국세청장에게 하는 이의신청을 받은 세무서장은 이를 받은 날로부터 7일 이내에 당해 신청서에 의견서를 첨부하여 지방국세청장에게 송부하여야 한다(국세기본법 제66조 2항, 임승순, 2003; 280). 또한 이의신청에 대한 결정은 세무서장이 조사·결정·처리하거나 하였어야 할 사항에 대하여는 이의신청을 받은 세무서장이나 소관지방국세청장이 하고(국세기본법 제66조 1항 본문), 지방국세청장이 조사·결정·처리하거나 하였어야 할 사항에 대하여는 당해 지방국세청장이 심리·결정한다. 이의신청에 대한 심의를 위하여 세무서장을 위원장으로 하는 이의신청심사위원회가 구성되어 있다(국세기본법 시행령 제54조 2). 이의신청은 이의신청을 받은 날로부터 30일 이내에

---

[5] 납세의무자가 제출한 양도소득세 해명자료제출서를 이의신청서로 본 사례와 관련하여서는 재판 97.11.28, 97누13627 참조할 것.

<표 3-1> 과세전 적부심사제도 주요 내용

구분	주요 내용

적부심사 청구대상자	• 세무조사결과통지서를 받은 자.
	• 감사지적사항에 대한 과세예고통지서를 받은 자.
	• 적부심사청구대상에서 제외되는 경우
	  - 체납·파산·경매·해산 등 납기전 징수사유가 있거나 무신고 장기휴폐업 등 수시부과 사유가 있는 경우
	  - 조세범칙사건을 조사한 경우
	  - 국세부과제척기간만료일까지의 기간이 3월 이내인 경우
	  - 조세조약체결상대국이 상호합의절차 개시를 요청한 경우

적부심사 청구기관	• 세무조사를 하고 그 결과를 통지한 세무서장에게 청구. • 지방청 조사국에서 조사한 것과 지방청의 감사지적사항에 대하여는 지방국세청장에게 청구. • 법령에 관한 유권해석사항이나 국세청의 감사지적사항에 대하여는 국세청장에게 청구.
청구기간	• 세무조사결과통지서 또는 감사결과 과세예고통지서를 받은 날로부터 20일 이내에 당해 세무서 또는 지방청에 청구. • 국세청장에게 청구하는 것은 소관세무서 또는 지방청을 경유하거나 국세청에 직접 청구.
적부심사 결정절차	• 적부심사청구를 받은 세무관서장은 납세자보호담당관으로 하여금 사실관계확인 증거서류 등을 정밀하게 심리토록 하고, 그 내용을 관서별로 설치된 과세전 적부심사위원회에 상정. • 이때에 당해 세무소사담당과장에게는 과세의 법적 근거와 청구인 주장에 대한 의견서를 제출토록 함. - 청구일로부터 30일 이내에 과세전 적부심사위원회의 심의를 거쳐 청구내용에 대한 채택여부를 신속하고 공정하게 결정하고 그 결과를 청구인에게 통지.

과세전 적부 심사위원회 의 구성	• 세무서 과세전 적부심사위원회
	  - 위원장: 세무서장
	  - 위원(7인): 세무서과장 3인과 민간위원 4인
	• 지방국세청 과세전 적부심사위원회
	  - 위원장: 지방청장
	  - 위원(7인): 지방청국장 3인과 민간위원 4인
	• 국세청 과세전 적부심사위원회
	  - 위원장: 국세청차장

	• 위원(9인): 국세청국장 4인과 민간위원 5인 • 민간위원(임기2년)은 변호사 · 공인회계사 · 세무사 · 대학교수 · 경제사회 및 시민단체 임직원 중에서 세법과 회계에 관한 학식과 경험이 풍부한 각계의 인사를 위촉.
적부심사 결정의 효력 등	• 세무조사결과통지내용 등에 대한 과세전 적부심사청구주장이 위원회 심의결과 채택결정된 경우 과세할 수 없음. • 청구내용이 불채택결정된 경우에는 추후 납세고지서를 받은 날로부터 90일내에 이의신청 · 심사청구 또는 심판청구 등의 불복청구를 할 수 있음. • 과세전 적부심사청구가 있는 경우 결정이 있을 때까지 과세처분이 유보됨. • 청구인은 당해 관서에 관계서류 열람 및 의견진술을 신청할 수 있고 청구대리인을 선임할 수 있음.

결정하여야 하며 기타 이의신청의 신청기간(국세기본법 제61조 1항), 이의신청의 보정요구(국세기본법 제63조), 이의신청에 대한 결정의 구분(국세기본법 제65조 1항), 결정의 통지(국세기본법 제65조 3항), 보정기간의 결정기간 불산입(국세기본법 제65조 4항) 등에 관하여는 심사청구에 관한 규정을 준용한다(국세기본법 제66조 6항, 임승순, 2003; 281).

② 심사청구와 심판청구

심사청구라 함은 세법에 의한 처분으로서 위법 또는 부당한 처분을 받거나 필요한 처분을 받지 못함으로써 권리 또는 이익의 침해를 받은 자가 국세에 있어서는 국세청장, 지방세 중 도세(道稅)에 있어서는 행정자치부장관, 시·군세(市·郡稅)에 있어서는 도지사 또는 행정자치부장관에게 그 처분의 취소·변경이나 필요한 처분을 청구하는 불복절차를 말한다. 국세기본법상의 심사청구는 국세불복(國稅不服)에 대한 행정심판에 있어서 원칙적으로 제1심급(第1審級)이며, 청구인이 이에 앞서 이의신청절차를 선택하여 그 결정을 받았을 경우에는 제2심급(第2審級)이 된다. 그러므로 이의신청(異議申請)을 하였으나 그 결정에 불복하는 경우 심사청구를 제기할 수도 있고, 이의신청을 하지 않고 바로 심사청구를 제기할 수도 있다. 그러나 지방세법상 심사청구는 반드시 이의신청을 거쳐야 한다(국세기본법 제55조, 지방세법 제74조).

세법상 심사청구기간은 국세기본법상의 심사청구기간, 지방세법상 심사청구기간, 감사원에의 심사청구기간으로 구분하여 살펴볼 수 있다. 먼저 국세기본법상의 심사청구기간은, 이의신청(異議申請)을 거치는 경우는 이의신청에 대한 결정통지를 받은 날로부터 90일 이내에, 그리고 이의신청에 대한 결정통지를 결정기간 내에 받지 못한 경우에는 그 결정기간이 경과한 날부터 90일 이내에 심사청구를 할 수 있다. 그리고 이의신청(異議申請)을 거치지 않는 경우는 처분의 통지를 받은 때 또는 처분이 있는 것을 안 날로부터 90일 이내에 할 수 있다(국세기본법 제61조, 지방세법 제74조).

한편 지방세법상 심사청구기간은 이의신청결정의 통지를 받은 날 또는 이의신청결정기간이 경과한 날로부터 90일 이내에 하여야 하며, 행정자치부장관에게 제기하는 제3심(第3審)인 심사청구의 경우에도 90일 이내에 하여야 한다. 조세처분에 대하여 감사원에 심사청구하는 경우에도 국세기본법 및 지방세법의 규정에 따라 처분이 있는 것을 안 날 또는 처분의 통지를 받은 날로부터 90일 이내에 당해 세무서장을 거쳐 감사원장에게 제기하여야 한다(국세기본법 제61조, 지방세법 제74조).

국세에 관한 불복청구기간은 원칙적으로 처분이 있는 것을 안 날(처분의 통지를 받은 때에는 그 받은 날)로부터 90일이다(국세기본법 제61조, 제68조). 처분의 상대방이나 법령에 의하여 처분의 통지를 받도록 규정된 자 이외의 자의 경우에는 '당해 처분이 있는 것을 안 날'이, 그 처분의 상대방의 경우에는 '처분의 통지를 받은 날'이 각 심사청구의 초일이 된다. '처분이 있는 것을 안 날'이라고 함은 당사자가 통지·공고 기타의 방법에 의하여 당해 처분이 있었다는 사실을 현실적으로 안 날을 의미한다(임승순, 2003; 269).[6]

---

[6] 국세징수법상의 압류처분 및 공매처분에 있어서 납세자는 처분의 직접 상대방이므로 그 위법을 다투는 심사청구의 기산일은 처분의 통지를 받은 날이다(재판 98.9.22,

처분청 또는 재결청은 이의신청에 대하여는 30일 이내(국세기본법 제66조 6항 단서), 심사청구에 대하여는 60일 이내(국세기본법 제65조 2·3항), 심판청구에 대하여는 90일 이내(국세기본법 제81조)에 각 청구에 대한 결정의 통지를 하여야 하는데, 그 결정기간 내에 결정의 통지를 받지 못한 경우에는 결정의 통지를 받기 전이라도 그 결정기간이 경과한 날부터 심사청구 또는 심판청구를 할 수 있다(국세기본법 제61조 2항 단서, 제68조 2항). 그러나 이 경우 심사청구나 심판청구를 제기할 수 있다고 하여 그 때부터 불복청구기간이 진행되는 것이 아니고 재결정정본을 송달받을 때까지는 제소기간이 진행되지 아니한다. 위 기한 내에 우편으로 제출한 청구서가 청구기간을 경과하여 도달하여도 그 기간 만료일에 적법한 청구가 있었던 것으로 보고, 기한이 공휴일에 해당하는 때에는 그 공휴일의 다음 날을 기한으로 한다(국세기본법 제5조). 또한 천재·지변 등과 같은 불가항력적 사유로 기한연장을 받은 경우에는 그 사유가 소멸한 날로부터 14일 이내(국세기본법 제61조 4항, 제66조 6항, 제81조)에 위 각 청구를 할 수 있다(임승순, 2003; 269-270).

한편 1999년 12월 말까지는 조세 관련 불복절차가 선택적 3심제(이의신청은 임의절차, 심사청구와 심판청구는 필수절차)였으나 2000년 1월 1일부터는 선택적 2심제(이의신청은 임의절차, 심사청구와 심판청구는 택일)로 바뀌었다. 즉 종전에는 '국세청 심사청구'를 거친 후 '국세심판원 심판청구'를 필수적으로 거쳐야만 행정소송을 제기할 수 있도록 돼 있었다. 그러나 2000년 1월 부터는 이의신청의 경우 종전처럼 거쳐도 되고 안거쳐도 되는 임의절차로 존속시켰지만, '심사청구'와 '심판청구'는 두 가지 가운데 하나만 선택적으로 제기할 수 있노록 했다. 심사청구와 심판청구의 경우 하나를 제기하면 나머지

91누5259). 그러나 소유자에게는 위 공매통지가 송달되는 것이 아니어서 공매처분이 있은 것을 알지 못하고 있던 중 참가인으로부터 배분계산서를 송달받고서야 공매처분 사실을 알게 되었고, 그 때로부터 60일 이내에 심사청구를 제기하였다면, 위 심사청구는 그 청구기간 내에 적법하게 제기된 것이다(재판 98.3.13, 97누8236).

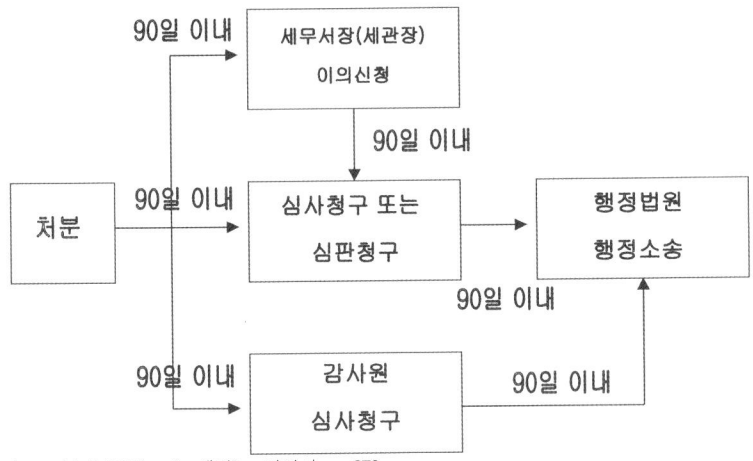

<그림 3-2> 과세처분후 불복청구 절차

자료: 임승순(2003), 《조세법》, 박영사, p. 270.

하나는 제기할 수 없도록 제도가 바뀜으로써 심사청구(혹은 심판청구)만을 거쳐 바로 행정소송을 제기할 수 있게 돼 그 만큼 신속한 구제절차가 가능해졌다. 심사청구는 국세청에 제기하는 심사청구와 감사원법에 따라 감사원에 제기되는 심사청구 등 두 가지가 있지만 심판청구는 재정경제부 산하 국세심판원에만 제기하도록 돼 있다.

이처럼 국세 불복제도를 개편한 것은 심사청구와 심판청구가 행정소송의 필수적 전치주의로 돼 있어 권리구제절차가 복잡하고 소요기간도 장기화되고 있는 데다, 1998년 3월 행정법원의 신설로 조세관련 행정소송이 종전 2심제(고등법원→대법원)에서 3심제(행정법원→고등법원→대법원)로 강화돼 행정심급제도의 개선이 필요해진 데 따른 것이다. 이 같은 국세 불복절차의 간소화와 더불어 심판의 신속공정·전문화 장치도 함께 마련했다. 종전에는 심판결정을 심판원장이 했으나 개선 이후에는 합의제 의사결정기구인 국세심판관회의에서 결정, 업무량 분산에 따른 신속처리가 가능해졌다. 또 종전에는 국세심판관 회의에서 참석 심판관의 찬반의견이 동수일 경우 주심 심판관의 의견에 따라 결정하던 것을 개선 이후에는 반드시 과반수 이상의 의견으로 의결토록 해 공정성을 높였다. 또 개정된 국세기본법에서는 심판청구 사건의 조사를 담당하는 조사관의 자격요건 규정을 신설, 전문성도 높였다.(임승순, 2003; 269-270).

③ 행정소송

행정소송이란 행정법상의 법률관계에 관한 분쟁에 대하여 법원이 정식의 소송절차에 의하여 행하는 재판을 말한다. 여기서 행정법상의 법률관계라 함은 행정상의 법률관계인 공법관계(행정법관계)에 속하는 분쟁만이 행정소송의 대상이 됨을 말하고, 법원이 행하는 재판이란 구체적 분쟁에 대한 판단작용인 법원의 재판으로 행정기관이 행하는 재판인 행정심판과 구별되며, 또 정식의 소송절차에 의한 재판이란 원고와 피고의 대심절차(對審節次)를 취하여 당사자에게 구두변론(口頭辯論)의 기회를 주며 지위가 독립한 법관에 의해 재판을 받는 정식재판을 의미한다. 과세처분에 대한 행정소송은 행정심판절차를 거친 후 행정법원(미설치지역 : 지방법원 본원합의부)에 제기할 수 있도록 하고 있다(국세기본법 제56조, 국세청, 2003).

다. 불복청구기간 이후

우리나라는 불복청구기간 이후의 납세자에 대한 권리구제를 위해 직권시정 및 세금고충처리를 위한 납세자보호담당관을 두고 있다. 고충처리대상으로는 첫째, 세금부과처분, 둘째, 세금과 직접적인 관련은 없으나 세무행정으로 인한 온갖 불편 및 애로사항, 셋째, 세금행정과 관련된 개선 및 건의사항 등이 있다 (국세청, 2003).

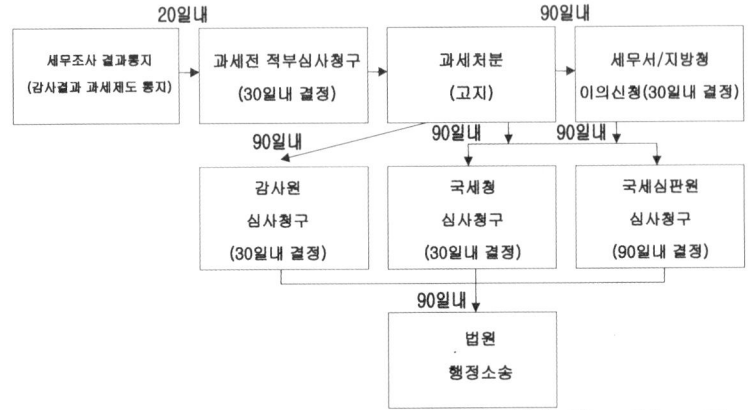

<그림 3-3> 납세자 권리구제 절차

자료: 한국조세연구원(2000), "납세자권리구제제도 운용방안," 《재정포럼》, 3월호, p. 139.

2) 주요국의 권리구제 제도

(1) 미국

미국의 권리구제 제도와 관련하여 기반적인 근간은 1988년에 제정된 포괄적인 납세자권리보장법(omnibus taxpayer's bill of right act of 1988)이라 할 수 있다. 미국이 이러한 납세자권리보장법을 제정한 이유는 기본적으로 1986년에 이루어진 조세개혁이후 납세자의 협력이 무엇보다도 필요하다는 인식은 물론 그 동안 세무조사나 대납처분절차 등의 세무행정과 관련해서 여러 가지 권리남용이 이루어졌기 때문이다(Shaya, L.A., 1988; 445-489). 미국에서는 행정심판과 사법적 심사를 구하는 소송으로 구분되지만, 양자의 관계는 불복전치주의에 입각한 우리나라의 쟁송절차와는 크게 다르다. 우선 과세행정기관에 대한 불복은 조세소송 전 임의적 절차로 조세행정청과 납세자간의 협의절차(conference)가 있을 뿐이고, 바로 사법적 심사를 구할 수도 있다. 또한 사법적 심사를 위한 소송의 형태도 다양하게 인정되고 있다(김경수, 2001; 19).

협의절차로는 30-Day Letter[7])와 90-Day Letter[8]) 2가지가 있는데, 과세기관과 납세자 사이에 대화를 통하여 세액을 확정하려는데 그 목적이 있다. 이는 우리나라의 행정불복심사제도인 이의신청, 심사청구, 심판청구 등 행정소송에 앞서는 조세불복절차와는 기본적으로 다르며, 이러한 협의절차는 미국 국세청(IRS) 내의 심사국(office of appeals)에서 행한다. 조세소송은 납세제가 연방조세법원, 연방지방법원 및 연방청구법원 중 택일하여 제소하도록 되어 있는데, 세금을 납부하지 않는 경우에는 1심으로 조세법원(tax court), 2심으로 항소법원, 최종심(3심)으로 최고법원에 제기하며 세금을 납부한 후에는 1심으로 지방법원에 제기하고, 2심으로는 연방항소법원에 제기하며, 최종심은 최고법원이 된다(Duncan, W.A., 1994; 115, 김경수, 2001; 19).

한편 국세청과의 협의를 거치지 않거나 세법의 해석이나 사실의 여부를 놓고 국세청과의 의견조정에 실패한 납세자는 연방지방법원(federal district court), 연방청구법원(U.S. court of claims), 연방조세법원(U.S. tax court)중

---

7) 30-Day Letter를 받은 납세자는 다음과 같은 방법을 임의적으로 선택할 수 있는데, 첫째, 30-Day Letter를 받은 후에 조사공무원이 제시하는 불복세액에 승복하는 동의서에 서명하고 그 부과처분을 받아 그 부족세액을 납부함으로써 종결할 수 있고, 둘째, 그 부족세액의 일부만을 납부하여 이자세를 면하면서 잔액에 대하여는 불복을 할 수도 있으며, 셋째, 불복청구도 하지 아니하고 30일을 초과하면서 90-Day Letter를 발부 받을 수도 있고, 넷째, 30일 내에 불복심판소에 심사청구를 제기할 수도 있다. 불복심사절차에서의 조정결과에 대하여 납세의무자가 동의를 하면 동의서에 서명하여 이를 제출하고 과세관청은 그 조정결과에 따라 부족세액에 대한 과세처분을 하게 된다(한국조세연구원, 1996; 125-131).

8) 90-Day Letter를 받은 납세자는 다음과 같은 방법 중 하나를 선택할 수 있다. 첫째, 과세관청이 통지한 부족세액을 납부하고 환급청구를 한 다음 과세관청에 의하여 그 환급청구가 거부되는 경우 불복심판소에의 불복질차를 거쳐서 청구법원이나 또는 지방법원에 소를 제기할 수 있다. 둘째, 조세법원에 바로 소송을 제기할 수 있다. 그리하여 90-Day Letter를 조세법원으로 가는 표라고 하기도 한다. 이 기간에 동의도 하지 아니하고 조세법원에 소송을 제기하지 아니하면 과세관청은 조사된 내용대로 부족세액을 과세한다(한국조세연구원, 1996; 125-131).

택일하여 제소할 수 있다. 연방지방법원이나 연방청구법원에의 제소는 일단 통지된 부족세금을 납부한 후 국세청에 대하여 환급신청을 하고 그 신청이 6개월이 지나도록 인용되지 아니할 경우 제소하며 배심제도로 운영되고 있다(김경수, 2001; 21). 이러한 미국의 조세행정심판제도에는 다음과 같은 특징을 가지고 있는데(김완석, 1989; 75-76), 첫째, 과세처분을 하기 전에 납세의무자에게 자기의 권익을 주장할 수 있는 충분한 기회를 보장하고 있다.

둘째, 조세심판은 조세소송을 제기하기 위한 필요적 전치절차가 아니므로 임의적 절차라고 할 수 있다.

셋째, 조세를 납부한 후에는 조세심판이나 조세소송의 제기가 불가능하고, 과세관청에 대한 과오납환급 신청을 거쳐서 연방지방법원이나 연방청구법원에 반환청구소송을 제기할 수 있다.

넷째, 과세관청의 강제징수를 방지하기 위하여 연방조세법원의 판결이 확정되기까지는 부과 및 징수처분을 할 수 없도록 하고 있다. 다만, 세금납부의 지연을 목적으로 한 소송 등의 남발을 예방하기 위하여 납세의무자가 패소할 경우 연체이자를 지급하도록 되어 있다.

(2) 영국

영국의 조세행정심판제도는 행정심판전치주의가 적용되는데, 다시 말해서 조세행정심판은 과세청이 담당하지 않고 독립기관인 일반위원회, 특별위원회, 중재위원회, 행정심판소가 담당한다. 위 기관들은 조세행정심판에 관한 동급의 심판기관이며, 다만 그 심리대상을 달리하고 있을 뿐이다. 즉 원칙적으로 과세조정관의 과세처분에 대한 이의신청은 일반위원회가 이를 관할하고, 관세청 직원이 행한 과세처분에 대한 것은 특별위원회가 이를 관할하며, 중재위원회는 감가상각률에 대한 심사를, 행정심판소는 조세회피금지 규정에 관한 불복사건을 전담하고 있다(법무부, 1993; 37). 따라서 조세행정심판을 담당하는 각 기관들이 과세청으로부터, 혹은 서로의 기관으로부터 각각 분리되어 있기 때문에 납세자의 분쟁을 공정하고 빠르게 해결할 수 있다는 장점을 가지고 있다.

행정심판절차는 원칙적으로 단심이나 조세회피금지 규정에 한하여 예외적으로 2심제를 채택하고 있다. 즉 조세회피금지 규정에 기한 처분에 불복하는 자(者)는 특별위원회에 이의신청을 할 수 있고, 나아가 특별위원회의 결정에 불복하는 자는 당해 결정일의 다음날부터 30일 이내에 행정심판소에 심사청구를 할 수 있다(김경수, 2001; 26). 한편 영국은 조세법원이나 행정법원도 없고, 고유한 세무소송제도도 두지 않고 있으며 대부분의 조세불복 사건은 행정심판 단계에서 해결된다. 근래 조세행정 불복심사 절차로서 행정위원회를 중심으로 한 행정심판제도가 발전하고 있으나, 조세분쟁의 사실관계는 행정불복 심사결정의 단계에서 확정되고, 일반법원은 법률문제만을 심판의 대상으로 하고 있는 점이 우리나라와는 근본적으로 다른 점이라 할 수 있다(이성정, 2001; 34).

(3) 일본

일본의 경우는 국가에서 정한 납세자권리보장에 관한 법이나 헌장은 없다. 다만 민간단체들이 '납세자의 권리선언', '납세자의 권리헌장' 등을 만들어 이의 채택을 호소하고 있는 실정이다. 특히 일본에서는 1986년에 '자유인권협회'에서 '납세자의 권리선언'을 발표하였는데, 이 단체에 따르면, 납세자의 기본권은 헌법에서 직접 유래한 것으로 보고 모든 납세자는 헌법에 적합한 내용과 절차에 의해서만 납세의 의무를 진다는 이른바 "침해받지 않는 고유의 권한을 가진다"고 규정하고 있다(北野弘久, 1992; 284).

일본의 행정구제절차는 우리나라의 구제절차와 비슷한 면을 보이고 있는데, 이는 일본이나 우리나라 모두 대륙권법으로 독일의 영향을 많이 받고 있기

<표 3-2> 일본의 권리구제 제도

구분			내용
행정 구제 제도	이의 신청 제도	이의신청 (국세통칙법 제10조, 제75조))	• 처분청에서 재고의 기회를 주기 위하여 원처분청을 상대로 신청하며, 열거주의가 아닌 개괄주의에 의해 불복대상을 정하고 있음. • 불복의 주체자격 · 조세처분에 불복하고 또 불복신청에 관하여 법률상 이익이 있는 사람만이 할 수 있으며, 세무사 및 변호사 등을 대리인으로 선임 가능하며, 대리인은 불복신청에 관한 일체의 권한을 가지지만 복대리인의 선임과 취하에는 특별수권을 요구.
		이의신청기간 (국세통칙법 제105조)	• 처분의 통지를 받은 경우에는 그 날로부터, 그렇지 않은 경우에는 그 처분이 있은 날로부터 2월 이내이며 원처분청에 일정사항을 기재한 서면으로 제출. • 이의신청은 원칙적으로 그 대상인 경정처분 등의 효력이나 징수관계에 영향을 미치지 아니하지만 압류물건의 환가처분은 특별한 이유가 없는 한 이를 집행할 수 없음. • 이의신청인의 신청 또는 직권으로 징수유예를 하거나 이의신청인의 담보제공에 의한 압류해제의 길이 있음.
		'심리 (국세통칙법 제83조, 제84조 4항)	• 비공개를 원칙으로 하며 먼저 이의신청의 절차요건이 불비하거나 보정불능인 경우는 이를 각하. • 절차요건이 적법할 경우 제출자료를 조사하여 원처분의 취소 및 변경 등의 인용결정을 하고, 이유없다고 판단될 경우에는 기각.
	심사 청구 제도	심사청구대상	• 부동산 등에 관한 등록세에 대한 가격인정처분은 이의신청을 거치지 아니하고 직접 심사청구만 할 수 있음. • 청색신고자가 세무서장이나 세관장으로부터 경정처분을 받은 경우, 세무서장 또는 세관장으로부터 이의신청의 교시를 받지 못한 경우, 이의신청을 거치지 않고 심사청구를 함에 정당한 이유가 있는 경우.
		심사청구기간 (국세통칙법 제77조 1항, 2항)	• 이의신청을 거친 경우에는 그 결정을 받은 날로부터 1월 내, 이의신청을 거치지 않고 직접 심사청구를 하는 경우에는 원처분통지일 또는 처분이 있음을 안 날로부터 2월이내 • 일정사항을 기재한 서면으로 제출.
		기타 (국세통칙법 제105조)	• 심사청구를 하였어도 원처분의 집행이 정지되지 아니하지만 국세불복심판소장이 필요하다고 인정할 때에는 직권으로 또는 심사청구인의 신청에 의하여 징수권한이 있는 세무서장, 세관장 등의 의견을 들어 그 국세의 전부 또는 일부의 징수를 유예하거나 심판청구인의 담보 제공에 의한 압류해제하는 방법이 존재.

조세 행정 소송	• 근거 - 국세통칙법의 규정 • 기간 - 이의신청, 심사청구 등의 행정심판을 먼저 거쳐야 하여, 처분이나 재결이 있는 것을 안 날로부터 3월 이내에 제기. 이 기간이 지나면 취소소송을 제기할 수 없으며, 제기하여도 부적법을 이유로 각하당함(행정소송법 제14조 1항). 또한 처분 또는 재결이 있었던 날로부터 1년이 경과한 때에는 정당한 이유가 없는 한 소송을 제기할 수 없음(행정소송법 제14조 3항). • 처분의 무효 - 과세처분의 부존재 또는 무효확인소송에 있어서는 제소기간의 제한이 없으므로 언제든지 그 처분의 무효를 주장할 수 있으며, 처분청 소재지관할 지방법원이 제1심을 담당하며 3심제로 진행

자료: 김경주(2001), "조세구제제도에 관한 연구," 건국대학교 행정대학원 석사학위논문, pp. 22-25., 재구성.

때문인 것으로 파악할 수 있다.

납세자의 권리구제제도로는 행정심판전치주의를 택하여 이의신청 등을 거쳐 행정소송을 제기하도록 하고 있는데, 행정구제에 대하여는 국세통칙법과 국세징수법 등에 이의신청, 심사청구제도를 두고 있으며, 행정소송은 처분청 소재지를 관할하는 지방법원에서 1심을 담당하고 3심제로 진행된다. 일본의 권리구제제도와 관련하여 행정구제제도와 조세행정소송으로 구분하여 자세하게 살펴보면 <표 3-2>와 같다.

4. 납세자의 성실성

납세의무자 개개인은 신고대상 소득금액, 소득이나 세액 공제대상 항목, 세금신고서의 제출여부 등에 대한 의사결정을 하게 되며, 이때 여러 요인들이 납세의무자의 의사결정에 영향을 준다. 이를 납세성실성 혹은 세법준수성이라고 하는데, 이처럼 사람들이 세금을 신고 납부하거나 혹은 신고 납부를 회피하는 이유, 그리고 조세회피금액의 국가 전체적인 규모 등은 학계, 연구기관 및 정부당국의 중대한 관심사가 되어 왔다(최용곤, 1996; 154).

납세성실성 내지 세법준수현상을 보는 두 가지 주요 이론적 관점은 경제적 억제(economic deterrence)이론과 재정 심리(fiscal psychology)이론이다 (Milliron and Toy, 1988; Fischer et al, 1992). 이 외에도 전망이론, 대리이론, 분석적 연구모델 등 그 밖의 여러 이론들이 존재하나 여기서는 그 다양성으로 인하여 논외로 하겠다. 최용곤은 경제적 억제이론과 재정 심리이론에 대해 언급하고 있는데, 그가 정리한 내용을 바탕으로 두 이론에 대해 언급하면 다음과 같다(1996; 156-158).

(1) 경제적 억제이론

경제적 억제이론은 범법행위 혹은 바람직스럽지 못한 행위에 대한 처벌 및 처벌위협의 제반영향과 관계된다. 이 이론에서 인간은 보상의 극대화 및 비용의 최소화를 가져다 줄 활동을 선택한다고 전제된다. 따라서 처벌확률이 아주 높고, 그 비용이 어떤 행위의 보상을 초과할 정도로 충분히 높다면 사람들은 그러한 행위를 하지 않을 것이다. 많은 범법행위들을 고찰해 볼 수 있는 기초로 억제이론이 이용되었다.

'경제적 억제'란 용어는 억제이론 관련 변수들의 분석모델을 기술하는데 사용되며 초기의 경제적 억제모델들은 납세자들을 도덕성과 완전 무관한, 위험중립적인 혹은 위험 회피적인 인간으로 보았다. 또한 비용을 초과하는 기대효익이 있으면 언제나 조세회피 행위를 선택하는 효용 극대화추구형 인간으로 보았다(Allingham & Sandmo, 1972; Kolm, 1973; Yitzhak, 1974). 위험에 대한 태도나 불확실성 등에 대한 가정들의 완화(Beck & Jung, 1989; Alm, Jankson & Mckee, 1992), 특정 이슈에 초점을 맞춘다든지 혹은 보다 정교한 기법들의 활용 등을 통하여 이 계열의 연구들이 확장되어 왔다.

억제이론을 납세성실성 연구에 적용시키면 제재와 규정일탈 행위로 인한 효익을 화폐금액으로 측정해 낼 수 있는 이점이 있다. 즉 탈세자는 범죄의 비용과 효익, 벌(예컨대, 가산세 및 가산금 등)과 세금절약액을 객관적으로 식별·계량화시킬 수 있다. 이에 의거 기대효용 극대화 패러다임 하에서 잠재적인 제재의 메커니즘이 어떻게 작용할 것인가를 파악할 수 있게 된다. 그리하여 납세의무자의 관심사는 기대 순소득의 극대화이며, 이 틀에서 세율·적발확률·처벌구조 등이 납세성실성 비용의 화폐금액을 결정해 준다. 그리고 이 금액은 준수행동을 조정하게 한다.

납세의무자의 납세성실성 행동이 적발과 처벌에 의해 영향을 받는다는 실증적 연구결과들이 발표되고 있다. 그렇지만 경제적 억제이론이 납세의무자의 납세성실성에 대한 영향요인들 모두를 설명해 주지는 못한다(Cowell, 1990).

(2) 재정 심리이론

재정심리학은 재정활동의 심리적 배경과 관련된 연구분야를 다룬다. 슈몰더(Schmolders, 1970)는 세법의 집행을 행동적 측면의 문제로 보며, 소득세의 성공여부는 납세자의 협력(예컨대, 조세구조의 공평성에 대한 지각)에 달려 있다고 보았다.

실증연구들에 의하면 납세자의 준수성 결정인자들은 경제적 억제모델에 내포된 것보다 훨씬 많을 뿐 아니라 이들 변수들의 관계는 직선적이 아니라고 한다. 따라서 경제적 변수 외에도 사회적·심리적 변수들(Jackson & Milliron, 1986), 예컨대 인구통계적 변수(나이·성별 등), 태도 및 지각 등의 비경제적 요인들의 준수성에 대한 제반영향도 많은 연구자의 관심을 끌었다.

여러 가지 인구통계적 요인, 조세회피에 대한 준법·도덕 의식·개인간의 제재 효과, 동료들의 준수성에 대한 지각, 세법의 공평성 등이 준수성 의사결정에서의 중요 요인으로 명시적인 고찰대상이 되어 왔다(Kinsey, 1986).

재정심리학적 연구는 일반적으로 서베이 혹은 실험방법을 채택하고 있다. 재정심리학은 납세성실성에 대하여 상이한 관점을 제공해 주긴 하지만, 몇 가지 방법론적인 면이 고려되어야 할 것이다.

  태도와 생각이란 납세의무자의 과세신고서 같은 자료에서 관찰될 수 있는 것이 아니기 때문에 이 계열연구의 주요 부분은 납세성실성 혹은 준수의도에 대한 자기보고(self-reports)에 의존하게 된다. 그렇지만 응답자의 자기통찰력 결여, 시간경과에 의한 망각, 연구관심 대상의 의사결정을 대수롭지 않게 여김 등의 이유 때문에 자기보고의 신뢰성은 높지 않을지도 모른다. 예컨대 조세회피자들이 사실대로 고백하지 않을 수도 있으며, 납세성실성 준수자들은 실제로 취하지 않은 행위를 떠벌일 가능성이 있음이 지적되고 있다(Elffers et al, 1987).

  이 외에도 재정심리학적 연구는 여러 가지 인구통계적 변수 및 태도 변수들과 납세성실성 사이의 관계의 존재 혹은 움직임을 설명해 줄 메커니즘을 제대로 식별해 내지 못한 것으로 보인다. 그러한 메커니즘의 식별과 구성개념에 대한 측정의 신뢰성 문제가 해결될 때까지 이 계열의 연구는 이론적인 정체기에 와 있는 것으로 볼 수 있을 것이다.

IV. 조세회피

1. 조세회피의 개념 및 문제점

조세는 근본적으로 일방적이고 강제적인 성격을 내포하고 있다. 이러한 점을 고려하여 볼 때, 납세자들로부터의 전폭적인 지지를 이끌어내기란 사실상 불가능하다. 따라서 조세부담을 회피하려는 경향이 나타나기도 한다. 일반적으로 조세부담을 피하는 행위에 대해서 조세회피(tax avoidance)라는 표현을 사용하는데, 조세회피는 광의의 개념과 협의의 개념으로 구분된다. 광의의 개념으로서의 조세회피는 합법적이든 비합법적이든 조세를 납부하지 않는 일체의 행위를 포함하는 개념으로 사용하며, 협의의 개념으로서의 조세회피는 탈세를 포함하여 불공정한 입법에 의한 조세부담의 기피, 경제적 과정에 따른 조세전가 등을 포함하는 개념으로 사용된다.

조세회피는 기본적으로 조세성실 혹은 성실납세(이하 성실납세)라는 개념과 대치되는 것으로서, 성실납세를 제대로 유지하지 못하는 것을 조세회피로 규정할 수 있다. 여기서 성실납세란 사람들이 국가 혹은 사회를 유지시켜 나가기 위해 서로 지켜야 할 범주에 드는 것으로 미국의 국세청은 '성실납세'를 "국세청의 개입 없이 납세자가 자신이 실제 납부해야 할 세금을 기한 내에 정확하게 신고하는 것"으로 정의(Jackson, B.R. & MIlliron, V.C, 1986;

125-165)하고 있다.

한편 조세회피행동은 어떤 경제목적을 달성하기 위한 일정한 행위를 취함에 있어서 본래대로라면 채택했을 행위형식을 채택함이 없이 조세부담의 경감 목적으로 다른 이상한 행위형식을 채택함으로써 조세부담을 부당히 경감하는 행위를 조세회피행동이라고 말한다. 이러한 조세회피행동은 기본적으로 합법적인 조세회피행동과 비합법적인 조세회피행동으로 구분할 수 있는데, 합법적인 회피행동을 절세라고 하며, 비합법적인 회피행동을 탈세라고 한다.

여기서 절세는 세법이 인정하고 있는 바에 따라서 세액의 감소 내지 경감을 도모하는 것을 말하는 것으로 통상 세법상의 각종 특혜 또는 경감조치를 활용하는 것의 총칭이다. 다시 말해서 합법적 수단으로 조세부담의 감면을 도모하는 행위로 볼 수 있다. 그러나 탈세는 납세의무자가 세법에 정한 각종 의무를 이행하지 않고 조세수입을 감소시킨 일체의 행위를 의미한다.

조세회피는 합법적인 조세회피(절세)와 비합법적인 조세회피(탈세)를 모두 포괄하는 개념으로서 조세를 납부하지 않는 일체의 모든 행위를 광의의 개념으로서의 조세회피로 보기도 한다.

그러나 조세회피행위와 탈세 및 절세의 차이점을 살펴보면, 조세회피는 비합법적인 탈세와 비교하여 합법적으로 과세요건의 충족이 없다는 점에서 차이가 있으며, 절세는 합법적이라는 점에서 조세회피와 동일하지만 세법 개념의 불완전성 등으로 인해 생긴 법의 흠결(legislative loopholes)을 이용한다는 점에서 차이가 있다(안경봉, 1993; 6-7). 결국 조세회피는 납세자가 사법상의 선택가능성을 이용하여 의도하는 바의 경제적 목적이나 성과를 달성하고 이로 인해 발생하는 조세부담을 회피하기 위하여 과세요건의 충족을 교묘히 면하려는 행위를 추구하는 속성으로 그 의미를 파악할 수 있다(이우택 & 이철재, 1998; 41). 따라서 궁극적으로 조세회피는 한편으로는 합법성을 띠는 행위이지만 또 다른 한편으로는 당연히 과세되어야 할 소득이 조세회피행동으로

말미암아 과세에서 누락된다는 비합법성을 띠고 있는 것으로 파악할 수 있다.

이와 관련하여, 맥바넷(Mcbarnet)은, 조세회피는 합법적인 행위의 영역보다는 위법적인 행위 영역에 가까운 개념이라고 언급한다(Mcbarnet, M, 1991; 323). 이러한 이유는 "국세청의 개입 없이 납세자가 자신이 실제 납부해야 할 세금을 기한 내에 정확하게 신고하는 것"이라는 성실납세의 차원에서 살펴보았을 경우, 조세회피나 절세, 탈세 등은 모두 성실납부에 위배되는 행위이기 때문이다.

따라서 조세회피는 성실납부라는 차원에서 살펴볼 경우 궁극적으로 합법적 영역보다는 위법적 영역에 훨씬 더 가까운 개념이라고 할 수 있으나, 합법적인 조세회피와 비합법적인 조세회피를 구분하기는 쉬운 일이 아니다.

한편 납세자의 조세회피 행위는 합법적이든 비합법적이든 여러 가지 문제점을 야기한다. 첫째, 조세회피는 조세수입의 감소를 초래하여 국가재정을 어렵게 한다. 국가 재정수입의 주요부분인 조세수입이 원활히 이루어지지 않으면 정부가 국민에 대하여 공공서비스를 제대로 공급할 수 없으며, 재정적자 상태에 처하게 된다.

둘째, 조세회피의 기회가 납세자마다 다르므로 결국 조세부담의 공평성이나 소득의 재분배라는 조세행정의 이상을 실현할 수 없게 된다. 조세회피는 성실한 납세자의 소득을 불성실한 납세자에게 이전시키는 효과를 가져온다. 정직한 납세자는 세금을 과소납세하는 시민이 증가하면 계속해서 더 많은 조세를 부담해야 하기 때문이다. 이러한 모순이 악순환되어 성실한 납세자의 부담이 가중되고 불공평한 상태가 계속되면 자신들이 조세회피자의 몫까지 부담한다는 사실을 깨닫게 되고, 따라서 성실한 납세자가 불성실한 납세자가 되는 과정이 되풀이되어 많은 납세자들이 법률이 요구하는 세금을 납세하지 않게 됨으로써 결국 조세제도 자체가 무너질 수도 있는 것이다.

셋째, 조세회피는 지하경제 생성의 원인이 된다. 지하경제의 번창이 초래하는 가장 큰 문제점은 정부의 조세행정조직 및 세제에 대한 신뢰성을 저하시킨 다는 것이다. 즉, 세정 및 제도의 상당 부분은 납세자의 자발적인 협조에 크게 의존하고 있는데, 납세자들 사이에서 조세제도에 대한 불신이 팽배해지고 이에 따라 조세회피 행위가 확산되면 행정 및 제도의 효율적인 운영이 크게 저하된다. 특히 직접세와 신고납세제도하에서는 납세자의 협조가 훨씬 더 많은 부분을 차지한다는 점에서 볼 때, 그 중요성은 더 커진다고 볼 수 있다.

넷째, 지하경제의 확대는 정부예산의 세입과 세출 모두에 압박을 가한다. 세제에서 누락되는 지하경제가 성장하면 지상경제의 부담이 가중되고, 지상경제가 과중한 부담을 받게 되면 더 많은 경제활동이 지하경제 활동으로 전환된다. 즉, 지하경제의 팽창은 곧 공식적 과세대상의 축소를 의미하고, 과세대상이 축소됨에 따라 정부는 일정 세수를 확보하기 위해 높은 세율 정책을 세우게 된다. 높은 세율은 조세회피 행위를 가속화시켜 결국 지하경제가 더욱 확대되는 악순환이 되풀이된다. 한편, 조세회피에 따라 지하경제가 확대되면 지상경제 수준을 낮추고, 그렇게 되면 정부는 더 높은 일반적 지출과 이전지출의 압박을 받게 된다. 왜냐하면 지하경제 활동에 종사하는 사람들은 더 많은 정부의 이전지출을 얻기 위해 자신들의 소득 중 상당부분을 숨기려 할 것이고, 이에 따라 정부는 경기활성화를 위해 정부지출이나 이전지출을 확대해야 하는 압력에 직면하게 되는 것이다. 결국 조세회피에 따른 지하경제의 확대는 세입 뿐만 아니라 세출면에서도 정부의 부담을 가중시키는 요인으로 작용한다.

다섯째, 조세회피에 따른 지하경제는 자원을 효율적으로 배분할 수 없게 된다. 일반적으로 경제가 확대됨에 따라 공공서비스에 대한 수요는 증대되고, 이를 뒷받침하기 위해서는 더 많은 세금이 징수되어야 한다. 그러나 세금징수는 지상경제에서만 이루어지므로 고율과세는 지상경제 활동으로부터 지하경제 활동으로 자원이동을 촉진하고, 이러한 자원이동은 막대한 후생손실을 초래한다. 또한 지하경제가 번창하게 되면 경제적 자원이 생산성 본위로 배분되지 않고 기회본위로 배분되어 국민경제 전체의 생산성을 저하시키는 결과를 가져온다. 통상 지하경제 부문은 지상경제 부문에 비해 생산성이 낮다고 평가된다. 따라서 지상경제 활동에 대해 고율과세를 적용하게 되면 생산력이 높은 지상경제에서 생산력이 낮은 지하경제로 자원이 이동하게 되고, 결국 경제 전체의 생산성을 하락시키는 결과를 초래하게 된다. 이러한 생산성 저하는 사회의 전반적인 복지수준을 떨어뜨리고 경제질서의 혼란을 가중시킨다.

끝으로, 조세회피가 제도적으로 차단된 원천징수제도 시행에 따른 근로소득자와 자영사업자들간의 세부담 불공평성으로 근로소득세 납세자들의 정부에 대한 불만이 팽배해지고 있는 실정이다. 이렇게 될 경우, 조세행정 뿐만 아니라 국민경제 질서가 근본적으로 흔들릴 수도 있다.

2. 조세회피의 유형 및 실태

1) 조세회피의 유형

조세를 회피하는 수단으로는 여러 가지 유형을 들 수는 있지만 그것을 일정하게 분류하여 그 유형을 제시하기는 거의 불가능하다. 조세회피의 수단에는 크게 수입누락과 가공지출의 형태로 언급할 수 있는데, 수입누락에 의한 조세회피는 가장 일반적으로 행해지고 있는 조세회피 방법이다. 따라서 우리나라의 경우도 수입누락에 의한 조세회피 비중이 매우 높다.

이러한 이유로는 수입누락이 세무조사로도 쉽게 적발되지 않으며, 거액의 탈세가 용이하기 때문이다. 이에 반하여 가공지출이나 가공부채 등의 회계처리 조작에 의한 조세회피는 기본적으로 조세 자체에 대한 전문적인 지식이 필요할 뿐만 아니라 세무조사를 통해 쉽게 적발될 수 있는 가능성이 높기 때문에 수입누락에 비해 비교적 그 비중이 낮은 편이다.

가. 과세자료의 누락 및 허위신고

과세당국은 대체로 납세자가 과세자료로 신고한 서류를 근거로 하여 과세하는 것이 원칙이다. 따라서 납세자가 성실하게 과세자료를 제출하는 것은 세금징수에 매우 중요하나 납세자가 과세자료를 누락시킴으로써 수입을 누락시키거나 조세의 일부 또는 전부를 허위로 신고함으로써 재산을 은닉하는 것은 일반적으로 행해지고 있는 조세회피수단이다.

나. 세무자료 및 세무정보의 미제출

대체로 신고과세제도를 채택하고 있는 나라에서는 필요한 세무정보를 세무당국에 성실하게 제출하게 되어 있으며, 고의든 과실이든 간에 이의 미제출은 보통 조세회피로 추정된다. 세무자료 미제출의 대표적인 예로서는 세무신고서의 미제출과 과세대상 자산이나 소득을 신고하지 않는 행위를 들 수 있다. 모든 국가가 획일적으로 세무신고서를 제출하지 않는다고 해서 조세회피로 보는 것은 아니지만 조세회피자가 가장 일반적으로 사용하고 있는 손쉬운 조세회피행위는 세무신고를 하지 않는 것이다. 우리나라의 경우는 신고납부제도를 기본 골격으로 하는 세법체계를 가지고 있으므로 세무자료나 정보의 성실제출은 조세제도를 유지 발전시키는 데 반드시 필요한 것이다.

다. 회계처리 조작

회계장부의 처리를 조작하여 조세를 회피하는 수법은 매우 보편적인 조세회피 방법으로 그 수법도 매우 다양하다. 예를 들면, 이중장부 또는 이중재무제표의 작성, 매입가격을 과대하게, 매출가격을 과소하게 계상하는 등 허위세금계산서를 발행하여 가공비용 또는 가공매입으로 부당하게 비용을 공제하는 경우 등이 있다. 또한 이와는 반대로 매출가액을 과대하게 계상하는 등 허위

세금계산서의 발행, 가공의 공급자가 허위세금계산서를 발행하고 이를 이용, 가공비용 및 가공매입으로 비용공제를 하는 경우 등 다양한 회계처리 조작을 들 수 있다.

라. 조세감면의 혜택 남용

조세의 감면이란 특정한 조세정책목적으로 달성하거나 특정의 소득에 대하여 과세하여야 할 일정한 세액을 감면하거나 면제하여 주는 것을 말하는데, 조세감면의 혜택 남용은 말 그대로 조세감면의 혜택에 특정한 편법을 적용하여 감면의 혜택 폭을 넓히는 행위를 의미한다.

예컨대, 지점이나 자회사가 소재하고 있는 외국에서 제공하는 조세감면혜택을 거주지의 자회사에서 남용하여 본점과 지점간의 기술이전비 등을 과소계상하여 모회사의 과세소득은 감소시키고 반대로 지점이나 자회사의 감면소득은 증가시키는 행위를 하는 경우를 말한다. 이에 대한 조세회피는 이전가격세제를 통하여 주로 규제되어 있다.

마. 재산(재화)의 은폐

과세대상이 되는 재산이나 재화 또는 소득을 은폐하는 것으로서, 조세회피방법으로 널리 이용되고 있는 수단이다. 예를 들어, 재산에 대한 실질적인 지배권이나 그로부터의 소득을 향유하면서 소득이나 그 자산의 법적 지배권을 면세자나 저소득자에게 형식상 이전하는 행위와 현금, 귀금속 등의 형태로 상속시킴으로써 상속재산을 은폐하는 행위 등을 말한다.

바. 소득항목의 허위보고

납세자가 조세의 일부 또는 전부를 면탈하기 위해 정상적인 과세소득을 자본이득이나 양도소득으로 변경하거나 또는 이와는 반대로 허위로 보고하는 경우이다. 예컨대, 증여세나 상속세를 포탈하기 위해 동산이나 부동산을 사실상 증여하였음에도 형식상 그것을 매매로 위장, 또는 양도소득세를 포탈하기 위하여 양도를 증여로 위장신고하는 행위, 수수료, 이자, 사용료 등을 배당지급으로 허위 신고하는 행위 등이 있다.

사. 납세자의 해외도피

조세회피를 위해 해외로 도피하는 행위도 조세회피의 일반적 방법이다. 조세회피 수단은 나라마다 다른 세법의 복잡성과 허점에 따라 각양각색이다. 일반적으로 조세회피가 납세의무의 경감을 주된 목적으로 한 행위의 결과인지 어떤 상거래의 부수적인 결과인지를 구분하는 것은 어려운 문제이지만, 현실적으로 납세자는 세법의 범위 내에서 소정의 납세의무를 경감하려는 의도 하에 가능한 모든 수단을 사용하려는 경향이 있어 납세자의 해외도피도 많이 이루어지고 있다. 이밖에도 과세공무원의 매수를 통한 탈세, 과세물품의 밀수입, 밀주제조 등이 있다.

2) 조세회피의 실태

현대국가는 정책과 활동의 재원을 조세로 충당하고 있기 때문에 국가가 보장하는 문화, 안보, 질서, 복지 등의 대가인 세금을 누가 얼마만큼 부담해야 할 것인가는 중요한 문제이다. 납세자의 입장에서 보면, 조세는 반대급부 없이 강제로 징수당하는 것이기 때문에 과세과정에서 발생할 수 있는 마찰을 줄이기 위해 반드시 법률에 의해서 부과할 수 있도록 헌법상 규정되어 있다. 그러나 조세는 경제적·재정적 현상인 동시에 사회적 세력간 정치적 타협의 산물이고, 회계적·행정적·법률적 장치이기도 한 복합적인 사회현상이라고 할 수 있다(전정구, 1986; 432-438). 따라서 인간이 있는 곳에 조세가 있고, 조세가 있는 곳에 조세회피가 있다고 할 수 있다.

특히, 민주적이며 납세자를 존중하는 제도라고 할 수 있는 신고납세제도가

<표 4-1> 연도별 종합소득세 납세인원과 과세미달인원 (단위 : 명, %)

구 분 \ 귀속연도	1997	1998	1999	2000	2001
1. 납세인원	3,437,818	3,495,183	3,407,662	3,480,371	3,808,476
① 과세미달추정인원	2,119,926	2,245,873	2,047,371	1,849,585	2,001,757
② 확정신고대상인원	1,317,892	1,249,310	1,360,291	1,630,786	1,806,719
· 과세인원비율(②/1)	38.3	35.7	39.9	46.9	47.4
2. 확정신고인원	1,299,442	1,225,614	1,342,153	1,616,244	1,782,369
① 장부·증빙에 의한 신고인원	504,933	495,045	572,904	679,536	790,224
· 근거과세인원비율①/(①+②)]	39.6	40.8	43.3	44.3	45.4
② 추계신고인원	769,726	717,950	748,762	856,124	950,665
· 추계인원비율 [②/(①+②)]	60.4	59.2	56.7	55.7	54.6
③ 사업소득·부동산 소득 이외의 종합소득자	24,783	12,619	20,487	80,584	41,480
· 비사업자인원비율(③/2)	1.9	1.0	1.5	5.0	2.3

(註) ① 납세인원에는 분리과세소득자, 원천징수대상 근로소득만 있는 자는 제외.
② 확정신고인원에는 추계신고자로서 과세미달자는 제외.
자료: 국세청(2002), 『국세통계연보』.

도입되고 있기 때문에, 납세자인 국민이 납세에 대한 올바른 의식이 없을 경우에는 갖가지 조세회피가 발생할 수 있는 여지가 확대된다. 조세회피의 몇 가지 실태를 살펴보기로 하자.

먼저, 직접세의 중심세목인 소득세의 경우 <표 4-1>을 보면 2001년도 전체 개인사업소득세 납세자 380만 명 가운데 종합소득세를 납부하지 않은 과세 미달자가 200만 명에 달하여 전체 사업자 중 47.4%만이 종합소득세를 내고 있는 실정이다. 연도별로 다소 증가 추세에 있으나 어떤 형태로든 확정신

<표 4-2> 연도별 부가가치세 과세특례자, 간이신고인원 및 과세표준
(단위 : 명, 억원, %)

구분	인 원					과 세 표 준				
	계	법인	일반	간이	특례	계	법인	일반	간이	특례
1997	2,930,116	192,333	1,004,852	490,034	1,242,897 (1,080,881)	10,859,827	8,816,471	1,751,835	132,579	158,942
1998	2,855,369	197,185	979,285	546,161	1,132,738 (1,027,177)	10,569,437	8,769,673	1,538,111	125,864	135,789
1999	2,998,956	232,474	1,059,109	5896,800	1,120,573 (1,005,170)	11,717,850	9,598,884	1,821,606	158,356	139,004
2000	3,390,772	278,657	1,442,987	1,669,128	--	13,856,522	11,369,768	2,200,326	211,875	74,553
2001	3,709,035	321,204	1,573,217	1,814,614	--	15,153,891	12,433,732	2,454,034	266,125	-

주. 연도별 인원은 ( )안의 소액부징수를 포함한 각 연도 2기 확정 신고인원임
자료: 국세청(2002), 『국세통계연보』

고대상 납세자가 50%미만이며, 사업자 중 과세신고 미달자가 50%이상이라는 현실은 자영사업자의 소득세 회피가 심각한 실태라 지적하지 않을 수 없다. 이러한 소득세 미납자들은 실질적인 영세사업자라기 보다는 매출을 줄여 실소득보다 과소 신고하는 조세회피자들이 대량 포함되어 있는 것으로 추정된다.

둘째, 간접세의 근간이 되는 부가가치세의 경우 1996년 과세대상 사업자 중 부가가치세를 한 푼도 내지 않는 납세자가 103만 명으로 전체 부가가치세 과세대상자 중 42.8%에 달한다. 이들은 6개월마다 납부하는 부가가치세가 24만원 미만인 소액일 때 「소액부징수제」의 제도로 세금을 내지 않아도 된다. 그리고 <표 4-2>에 보면, 2001년도 일반 부가가치세 납세자는 157만 명으로 42.4%를 차지하고, 세제상 혜택을 보고 있는 간이과세납세자가 181만 명으로 48.9%를 점유하고 있다는 실태를 간과해서는 안 된다. 이들 납세군들은 영세사업자 보호라는 미명으로 부가가치세 세율을 낮게 적용받고 있으며,

<표 4-3> 연도별 국세 불납결손 및 미수납액 실적 (단위: 백만원, %)

구분 연도, 세목	① 예 산 액	② 징수결정액	③ 수 납 액	④ 불납결손액	⑤ 미수납액	비 율	
						②/①	③/①
1997	65,925,400	71,371,428	63,645,889	2,941,961	4,783,578	108.3	96.5
1998	63,099,901	73,165,168	63,531,496	4,286,416	5,347,256	116.0	100.7
1999	66,722,934	80,473,915	70,476,911	4,747,974	5,249,030	120.6	105.6
2000	74,375,300	96,447,045	86,601,302	4,095,540	5,750,203	129.7	116.4
2001	88,512,400	99,605,683	89,271,712	5,058,513	5,275,458	112.5	100.9
합계	88,512,400	99,605,683	89,271,712	5,058,513	5,275,458	112.5	100.9
○ 내국세	72,100,800	84,250,422	74,027,342	5,035,109	5,187,971	116.9	102.7
- 직접세	37,241,500	40,591,236	36,759,871	2,147,526	1,683,839	109.0	98.7
· 소득세	17,121,500	21,207,904	18,662,955	1,642,483	902,466	123.9	109.0
신고분	5,251,400	7,838,078	5,454,555	1,560,941	822,582	149.3	103.9
원천분	11,870,100	13,369,826	13,208,400	81,542	79,884	112.6	111.3

자료: 국세청(2002), 『국세통계연보』

근거과세의 기초가 되는 세금계산서 등의 제출의무도 면제되어 조세회피의 온상이 되고 있는 현실이다. 이들은 「영세」 납세자라는 제도속에서 매출을 줄여 신고하는 전형적인 조세회피의 한 실태라 하겠다. 이와 같은 과세미달자나 간이납세자의 범위는 경제발전과 함께 감소되어야 함에도 정치환경 때문인지 선거 때마다 확대되어 가는 성향을 보이고 있다. 이는 정부가 공평성에 역행하는 조세정책을 시행하고 있다 하겠다.

셋째, 조세의 부과신고 측면뿐만 아니라 <표 4-3>에서와 같이 징수결정한 세액을 납부하지 않거나 결손 처리되도록 하는 것도 조세회피의 한 형태라고 할 수 있다.

<표 4-3>에서 보는 바와 같이, 2001년 회계연도에 있어서 우리나라 내국세 예산액은 88조5천124억원이었고, 징수결정액은 99조6천56억8천3백만원이었다. 그 중 수납액은 89조2천717억1천200백만원으로 징수결정액보다 10조3천339억7천100만원만큼 불납결손 및 미수납하여 그 비율이 약 10.4%에

<표 4-4> 연도별 탈세제보자료 처리 및 조세범 조사실적(단위: 건/ 백만원)

연도·지방청 \ 구분	처리대상건수			처리				연도이월 건수
	계	전년도 이월	당년도 발생	계	과세활용		불문	
					건수	추징세액		
1997	1,163	236	927	999	555	68,657	444	164
1998	2,157	164	1,993	1,800	1,013	110,505	787	357
1999	4,212	357	3,855	3,286	1,661	139,131	1,625	926
2000	7,621	926	6,695	6,604	2,912	258,610	3,692	1,017
2001	8,069	1,017	7,052	7,028	2,357	277,872	4,671	1,041
합계	8,069	1,017	7,052	7,028	2,357	277,872	4,671	1,041

연도, 지방청 \ 구분	납세자유형								처분유형			
	계			법인			개인					
	건수	추징세액	벌과금	건수	추징세액	벌과금	건수	추징세액	벌과금	계	통고처분	통고처분 불이행 고발	직고발	무혐의
1997	29	36,789	–	16	33,048	–	13	3,741	–	29	–	–	28	1
1998	83	137,975	486	49	116,618	421	34	21,357	65	83	10	2	69	2
1999	121	208,985	1,739	57	155,151	237	64	53,834	1,502	121	18	3	95	5
2000	102	338,788	363	66	327,720	166	36	11,068	197	102	8	5	87	2
2001	130	407,164	1,966	94	368,471	1,314	36	38,693	652	130	17	3	99	11

달하는 것으로 나타났다.

한편, 소득세 수납액을 별도로 신고분과 원천분으로 나누어 살펴보면 신고분의 경우, 예산액 對 신고분 징수결정액은 149.3%이나, 예산액 對 동 수납액은 103.9%이며, 신고분 징수미수납비율은 30.4%를 보이고 있다. 반면에 원천분의 경우, 예산액 對 징수결정액은 112.6%이나, 예산액 對 동 수납액은

111.3%이며, 원천분징수미납비율은 1.2%에 불과하였다. 이러한 결과는 미수납된 신고금액의 상대적 크기를 고려하지 않더라도 원천분에 비해 훨씬 더 높은 미수납 정도를 보여주는 것이다.

또한 우리나라 소득세 예산과 징수결정액의 구조를 살펴보면, 징수결정액이 예산액보다 높게 산정되었으며 실제 수납액도 예산액을 초과함으로써 이는 어느 면에서 납세자에게 지나친 부담을 갖게 할 수 있다. 이럴 경우 납세자는 징수결정액이 예산액과 유사할 경우에 비해 상대적으로 세법을 어기거나 탈세의 유혹을 털어버리기 어렵게 될 수도 있다.

이상과 같이 우리나라의 조세회피 실태는 부분적으로 알아볼 수 있는 통계 외에는 구체적인 자료가 없다. <표 4-4>에는 최근 점증되고 있는 우리나라의 조세포탈 행위에 대한 탈세제보자료와 국세청의 조세범 조사 실적이 제시되어 있다. 과세당국의 조세범 처벌 실적은 조사업체는 물론 과세실적이 미미할 뿐만 아니라, 조세범 처벌법에 의한 통고 처분 건수와 검찰에 직고발한 건수 또한 별무한 편이다. 이는 현행 우리나라 조세범 처벌법이 납세자를 최고는 징역 5년 이상 무기징역까지 선고할 수 있도록 형량이 높게 규정되어 있어 조세포탈 납세자를 고발 조치하거나 처리하는 데 국세청 당국이 인간적 연민을 배제하지 못하고 있음을 드러내고 있다. 따라서, 현행 조세범 처벌법은 조속히 현실에 적합한 처벌법으로 개정되어야겠다.

1998년 국민의 정부 수립 후, 국세청에서는 계층간 위화감을 조성하는 음성·탈루소득자에 대한 세무관리를 세정의 최우선 과제로 삼아 <표 4-5>에 나타난 바와 같이 5,984건 1조4억원을 추징 조치하였으며, 그중 96건을 검찰에 고발조치 하였다. 2003년 2월 출범한 참여정부에서도 음성·탈루소득자에 대한 세무관리를 지속적으로 강화해 나갈 방침을 천명하고 있다.

<표 4-5> 1998년 음성·탈루소득자 조사실적 (단위 : 명, 억원)

조세회피유형 \ 구분	세목	조사대상자수	추징수액
부동산임대·온천·호화사치생활자	소득세,부가세,법인세	1,239	1,100
부동산 관련 제세 불성실신고자	〃	359	750
매출누락 등 기업자금변칙유출자	〃	679	2,634
의사 등 실소득불성실신고자	〃	225	219
고가소비재·향락업소 불성실신고자	〃	720	1,813
부동산·주식변칙사전 상속증여자	증여세	863	2,950
무자료 거래자	소득세,부가세,법인세	969	1,274
부실기업주·자료상 운영자	〃	216	2,185
기타	〃	696	1,181
합계		5,984	14,106
검찰 고발자		96	
97도 실적		972	2,331
97년 대비(%)		615	605

3. 조세회피의 발생원인

1) 조세부담의 불공평성

한국납세자연합회 설문조사 결과에 따르면, 납세자들은 자신의 경제력에 비하여 조세부담이 높다고 인식하고 있고 세부담이 납세계층간에 고르지 못하다고 반응하고 있다. 그러나 2001년 자영업자 등 종합소득세 납세의무자 가운데 52.6%가 세금을 한푼도 내지 않았다고 하는데, 이는 미국이나 캐나다의 17%, 일본, 영국의 20%에 비하면 상당히 높은 수준이다. 그럼에도 불구하고 납세자들이 세금부담이 높다고 인식하는 이유는 세부담이 불공평하고 납세자들이 내는 세금에 비하여 정부의 공공서비스로부터 받는 혜택이 작다고 느끼기 때문이라고 할 수 있다(유경문, 2003; 74).

따라서 성실납부나 조세회피는 납세자들이 느끼는 인식에 따라서 결정된다고 볼 수도 있다. 이와 관련하여 중요하게 언급해야 할 개념은 공평의 개념으로서, 직접적으로 세부담에 대한 공평성 인식의 정도에 따라 성실납부와 조세회피가 결정된다.

일반적으로 공평의 개념은 조세부담이 공평하게 국민들 사이에 배분되도록 세법을 제정하여야 한다는 입법상의 조세공평과 각 당사자로서의 국민은 세법의 적용에 있어서 평등하게 취급되어야 한다는 해석적용상의 공평으로 구분된다. 따라서 공평이라는 개념은 포괄적으로 위의 두 적용상의 개념을 포함한다고 볼 수 있다.

공평은 수평적 공평과 수직적 공평으로 또 다시 구분되는데, 담세력이 증가함에 따라 납세자의 조세부담이 높아지는 수직적 공평성과 동일한 경제적 환경을 가진 납세자에게 동일한 조세가 부담되어야 한다는 수평적 공평성으로 나뉘어진다.

여기서 수직적 공평은 일반적으로 불공정한 조세구조일 경우 조세저항에 따른 조세회피가 나타나며, 공평성의 개념을 지나치게 구조화할 경우 과세구조가 복잡해지는 문제를 낳게 됨으로써, 납세자로 하여금 궁극적으로 조세회피를 유도하게 된다(Moser, D.V., Evans, J.H. & Chung K., Kim., 1995; 20). 따라서 이러한 문제점을 최소화하기 위해 높은 경제력을 가진 납세자가 보다 무거운 조세부담을 갖고, 낮은 경제력을 가진 납세자가 보다 가벼운 조세부담을 갖도록 하자는 취지에서 등장한 기준이라 할 수 있다.

이러한 수평적 공평과 수직적 공평이 제대로 적용되지 않는다고 인식될 경우 납세자에 의한 조세회피가 발생하게 되는데, 여기에는 공평성이 제대로 적용되지 않는 것에 대한 납세자의 불만과 그에 따른 스스로의 균형 회복 노력이 주요 관건이라 할 수 있다. 즉 포르카노(Porcano)에 따르면, 조세회피는 조세불공평으로 인하여 납세자가 느끼는 불이익에 대한 납세자 자신의 균형 회복 노력으로 인식된다고 언급하고 있다(Porcano, T.M., 1985; 619-635).

일반적으로 납세자들이 느끼는 불공평성은 심리적 자극에 의해 불공평이 인식되며 조세회피행동을 예측할 수 있다. 그러므로 불공평성 인식은 여타 자극이나 규제에 의해 나타나며 특정 차원에 대한 불공평성 인식이 조세회피 의도와 관련이 있다. 이와 같이 조세공평에 대한 납세자들의 인식이 호의적이지 않으면 개별적으로 공평을 찾기 위해 조세회피 등의 행위가 부단히 일어날 것을 미루어 짐작할 수 있다. 공평성이 결여된 조세정책이 시행되면 국민들이 정부의 분배정책에 대해 불신감을 가질 가능성이 높아진다. 그리고 이러한 불신감 때문에 발생하는 긴장감이 증가할수록 각종 조세문제가 늘어나는 것은 당연하다. 즉 조세회피 등의 문제가 증가하는 것은 조세구조에 대해 스트레스를 심하게 느끼기 때문이라고 볼 수 있으며(Caiden, N., 1978; 539-544), 굳맨(Guttman) 또한 대중들이 납세에 대해 낮은 윤리의식을 갖게 된다면, 납세자들의 조세회피 등의 형태로 표출된다고 언급하고 있다(Guttman, 1977; 26-27).

2) 지하경제와 사금융시장

지하경제를 정의하기 위해서는 그 측정방법을 살펴볼 필요가 있다. 먼저, 세무통계기준에 의거하여 세법상의 소득개념에 포함되지만 협의의 신고하지 않는 소득개념과 세무통계와 관계없이 세법으로는 소득이지만 광의의 신고하지 않은 소득으로 나누어 보면 <그림 4-1>과 같이 나타낼 수 있다. 여기에서 세무통계기준으로 수정된 국민소득(e)은 신고된 소득(a)과 협의의 신고하지 않은 소득(b)의 합으로 이루어지는데, 진정한 소득(f)에서 지하소득(c)이 제외되었다. 이러한 세무통계기준에 따른다면, 지하경제는 과세당국 혹은 세무통

<그림 4-1> 납세통계기준에 의한 지하경제의 개념

진정한 소득(f)			
세무통계기준으로 수정된 국민소득(e)			
신고된 소득(a)	협의의 신고하지 않은 소득(b)		지하경제(C)
	광의의 신고하지 않은 소득(d)		

계에 포착되지 않은 세법상의 은폐된 소득으로 볼 수 있다. 여기에서 협의란 어떤 형태의 진정한 소득, 혹은 대리변수를 가정해서 그것과의 차이로 측정되는 것이고, 광의란 그와 같은 것을 가정하지 않은 상태에서 측정되는 것이다(오영수 역, 1990; 181-191).

한편, 지하경제는 조세포탈 개념과 대비시켜 정의 내릴 수도 있다. 조세포탈은 합법적인 경제활동에서 생긴 소득을 불법적으로 과소신고하거나 불법적인 경제활동에 의한 소득을 신고하지 않는 것을 말하는데, 이중 특히 후자를 지하경제 활동에 의한 탈세라고 부른다. 이를 그림으로 나타내면 <그림 4-2>와 같다.

아래 그림에서 AEFD는 특정 연도에 이루어진 경제활동에 대응하는 개인소득의 통계다. 이 중에서 ABCD는 합법적인 경제활동을 통하여 얻어진 소득을 나타내며, GHCD는 각종 조세감면 및 공제혜택에 의해 신고하지 않아도 되는 소득부분이다. ABHG는 과세표준으로서 당연히 납세신고를 해야 할 소득부분인데, IJHG는 이러한 소득 중에서 여러 가지 탈법적인 수단에 의해 신고되지 않은 부분이다. 따라서 IJHG가 크면 클수록 그만큼 국고수입은 감소하고 조세의 부과로써 기대하는 경제적·사회적 효과에서 왜곡을 초래하게 된다. 즉, IJHG는 탈세에 의한 부분이라고 할 수 있다. 한편 BEFC는 법적으로 허용되지 않거나 공인받지 못하는 경제활동에서 발생하는 소득부분이다. 예를 들면 사채나 도박, 밀수, 마약제조 및 유통, 매춘, 뇌물 등에 의한 소득이 이에

<그림 4-2> 탈세의 구성요인

	A	B	E	
I	과세표준		지하경제에 의한 부분	
	탈세에 의한 부분	J		
G		H		
	면세부분			
	D	C	F	

해당한다. 지하경제 활동은 그 자체가 불법적인 것이기 때문에 국민소득에는 포함되지 않으나, 이러한 소득원도 원칙적으로 과세소득에는 포함된다. 따라서 지하경제 활동에서 발생하는 소득을 신고하지 않는 것도 탈세에 속한다 (Daniel M. Holland and Oliver Oldman, 1984; 147).

지하경제에 관한 논의에 있어서 가장 많이 대두되고 있는 문제점은 그 개념적 규정이 명확하게 정립되어 있지 않다는 점이며 이를 지칭하는 용어 또한 수없이 많다는 점이다. 이러한 원인은 기본적으로 지하경제활동으로 통칭되는 경제활동에 대해 여러 가지 용어가 중첩적으로 사용되고 있기 때문으로 파악할 수 있다.

지하경제라는 용어와 관련하여, 굳맨(Guttmann)은 지하경제의 영어적 표현으로 Subterranean economy란 용어를 처음으로 사용하고 이를 "세금으로부터 벗어난 거래"라고 정의하고 있으며, 지하소득(subterranean income)을 '탈세된 소득'과 '공식적 국민소득계정에 계측 포함되어 있지 않은 소득'이라고 언급하고 있다. 또한 파이기(Feige)는 지하경제란 용어보다는 '비정상경제' 또는 '변칙경제(irregular economy)'라는 용어를 사용했는데, 그는 변칙경제를 현 경제사회에서 측정할 수 없는 활동이라고 정의하고 있다. 그리고 국제통화기금(IMF)의 탄지(Tanzi)는 "불보고(unreporting) 또는 과소보고(underreporting), 불성실보고 때문에 정부의 공식적 추계에 반영되지 않은 국민총생산"을 지하경제로 정의하고 있다(최광, 1992; 190).

기본적으로 모든 거래가 정부의 공식적인 경제활동 통계에 반영되어야 하고 이러한 경제활동을 근거로 조세가 원활하게 징수된다는 점을 고려할 때, 지하경제는 정부의 공식통계에 산입되지 않음으로써 조세회피의 가능성이 매우 큰 영역이라 할 수 있다. 지하경제에 의한 조세회피 가능성은 실질적으로 우리나라에만 국한된 것이 아니라 세계 각국이 안고 있는 공통적인 문제라고 할 수 있다. 그러나 우리나라의 경우, 그 동안의 정치, 경제, 사회적 여건을 고려한다면 여타의 선진국보다 지하경제 규모가 훨씬 더 방대할 것으로 판단된다.

우리나라 지하경제 규모는 국내총생산(GDP)의 20～50% 수준으로, 선진국(10% 안팎)에 비해 매우 높은 것으로 추정되고 있다. 즉 한국조세연구원에 따르면, 우리나라 지하경제 규모는 대략 GDP의 20% 안팎으로 추정된다. 그러나 경제협력개발기구(OECD)와 세계은행 등 국제기구에 따르면, 한국의 지하경제 규모는 이보다 훨씬 큰 GDP의 38～50%(기준연도 1990～93년)로, 미국과 일본, 스위스 등 선진국(8～10%)보다 4～5배 높은 수준이다. 2001년 우리나라 GDP규모가 545조원인 점을 감안하면 지하경제는 대략 110조～270조원에 이르는 것으로 평가할 수 있다. OECD 보고서(2000년)에 따르면 우리나라는 아시아에서 태국(GDP의 70%) 다음으로 지하경제 규모가 큰 나라로, 필리핀과 스리랑카, 말레이시아 등과 비슷한 수준이며, 특히 우리나라 자영업자들의 소득 탈루액은 실제소득의 20.3%에 이르며, 연구자에 따라서는 45～52%까지 추정하고 있다(한국일보, 2002. 11. 29).

일반적으로 지하경제가 발생하는 원인은 높은 한계세율과 정부의 개별경제 활동에 대한 규제 때문이라고 보고 있는데, 만약 오늘날의 시장이 경제문제를 해결할 수 있는 완전한 시장이라고 가정한다면 공공부문이 존재할 필요가 없어지고 지하경제는 생성될 수 없을 것이다. 그러나 세금과 정부규제, 공공부문의 확대 및 관료들의 부패, 인플레이션, 국민의 납세의식의 저하, 사회보장제도, 납세자의 무지 등은 필연적으로 지하경제를 형성시키며 이로 인하여 조세회피가 발생하게 되는데, 지하경제를 발생하게 하는 원인을 구체적으로 살펴보면 다음과 같다(최광, 1987; 24-34).

첫째, 조세부담의 과중과 불공평으로서, 세율이 높을수록 세금을 정직하게 납부하는 납세자들이 부담하는 소위 <정직의 비용>은 높아지고 이에 따라 조세부담이 높은 납세자뿐만 아니라 조세부담이 낮아서 정직했던 많은 납세자들도 조세회피를 시도하게 되기 때문이다. 모든 납세자는 세금납부에 대해 거부감을 가지고 있으며 조세를 회피하고자 지하경제활동에 참여한다는 점에서 조세부담이 지하경제를 발생시키는 요인임에는 틀림없으나 지하경제의 주된 요인은 국가에 따라 다를 수 있다.

둘째, 정부의 개입 및 규제로서, 정부의 특정 민간경제활동에 대한 제한 또는 통제는 그 활동 자체가 불법적이거나 형사처벌의 대상이 되는 경우 또는 국가 정책적 목적을 달성하기 위해 필요한 경우에 한하는 것이 일반적이다. 각종 제한이나 규제가 합리적이고 효율적으로 수행된다면 불법적 경제활동이 처음부터 발생하지 않을 것이나 합리적이고 효율적인 통제정책을 수행하면 할수록 지하 경제화하는 경우가 많다. 예를 들어, 각국에서 법으로 금하고 있는 마약밀매, 도박, 고리대금 등의 경제행위는 정부의 강력한 규제를 받기 때문에 이러한 행위에 종사하고 있는 사람들이나 참여하려고 하는 사람들은 필연적으로 지하로 숨게 되는 것이다. 이와 같은 불법행위로 소득이나 서비스를 얻는 사람들에 대해 정부의 규제와 통제가 강화되면 될수록 회피하기 위한 노력은 더욱 집요해지고 이에 따라 규제의 목적은 무용화되는 한편 지하경제의 번성을 조장하게 된다.

셋째, 정부의 각종 복지혜택이 지하경제를 조장하는 역할을 한다. 즉 소득

수준 및 연령기준 등에 따라 정부가 제공하는 재정지원 혜택의 수혜여부가 수정되는 경우 이 기준에 해당되는 사람들이 정부의 혜택을 받기 위해 실제와는 다른 사실을 보고하거나 불법적인 자료를 제공하려 할 것이며, 이에 따라 지하경제활동이 발생되는 것이다.

넷째, 인플레이션은 지하경제를 조장한다. 인플레이션의 진행에 따라 일반적으로 명목소득은 상승하지만 실질소득은 감소하게 되므로 명목소득을 기준으로 규정된 세법이 인플레이션을 고려하여 합리적으로 개정되지 않는 한 더 높은 소득자에게 더 높은 세율을 적용하는 세법의 원칙에 따라 명목소득의 상승으로 인해 보다 높은 세율이 적용되는 과세계층에 속하게 된 납세자는 보다 많은 세금을 납부해야만 한다. 이에 따라 자연히 조세회피행위가 나타나고 이는 지하경제로 직결되는 것이다.

다섯째, 복잡한 인·허가 제도는 지하경제를 조장한다. 인·허가를 필요로 하는 사업의 경우 정부의 까다로운 절차는 생산 및 공급을 줄이게 될 것이며 공급이 수요에 미치지 못할 경우에 충족되지 않은 수요는 결국 인·허가를 받지 않은 업자들에 의해 생산공급될 수밖에 없다. 따라서 인·허가는 지하경제를 초래하는 한 요인으로 작용하게 되는 것이다.

여섯째, 관료의 부패를 들 수 있다. 국가마다 다소 차이는 있지만 관료들은 대체로 상당한 정도의 지위와 권력을 누리고 있는 것이 일반적이며, 이들 중 일부는 자신들이 가지고 있는 특권 내지는 권력을 행사하여 개인적 이익을 추구하기도 한다. 예컨대, 공권력을 이용하여 돈을 받고 공직을 매매하기도 하고 정부계약 체결시 뇌물을 받기도 하는 한편 특정 면허의 취득 또는 인·허가와 관련하여 신속한 업무처리를 위한다는 명목으로 뇌물수수 등의 비리를 빚하고 있는 것이다. 이와 같은 관료의 부패가 지하경제 형성의 한 요인으로 지적되고 있다.

일곱째, 조세회피와 이에 따른 지하경제생성은 세율이 지나치게 높은 것도 원인이 되고 있지만, 세금에 대한 국민의 지배적 인식 또한 그에 못지 않은 지하경제형성의 원인으로 작용한다. 즉 세무행정이 훌륭하고 조세회피가 죄악시되는 사회풍조가 조성된다면 한계세율이 높아도 지하경제활동은 활발할 수 없는 것이다.

여덟째, 조세회피요인을 들 수 있다. 조세회피는 지하경제활동의 대표적 형태이며 조세회피의 발생원인은 지하경제의 생성요인과 그 맥을 같이 한다.

지하경제에 관한 대부분의 연구들은 탈세를 지하경제가 존재하는 가장 중요한 요인으로 들고 있다. 세금부담이 높은 경우에는 세금을 정직하게 납세하고자 하는 납세자들도 탈세를 시도하게 된다.

또한 세부담에 대한 인식도 탈세에 영향을 준다. 세금에 대한 인식은 공공부문에 대한 인식에서 영향을 받는다. 따라서 공공지출이 비효율적이라든가 세부담이 불공평하다는 인식이 지배적이면 지하경제에 참가하려는 경향이 높아지게 마련이다. 결국, 지하경제에 대한 대응은 조세행정이 얼마나 완벽하게 조세법을 실행할 수 있느냐에 좌우된다고 볼 수 있다.

지하경제는 단순히 공평과세 측면에서 뿐만 아니라 경제정책과 사회정책을 수립하는 데도 중요한 현안이 되고 있다. 특히 경제정책을 수립하는 데 중요한 지표들이 조세행정상의 과세정보에 의존하고 있기 때문에 지하경제를 정확히 파악하고 이에 대한 대책을 수립할 필요가 있다.

한편 사금융시장 또한 여러 학자들에 의하여 연구되어 왔으나 아직까지 하나의 합의된 개념으로 정립되어 있지 못하다. 이것은 각각의 연구가 목적에 따라 사금융시장의 범위와 개념을 달리 정의하고 있고, 또한 국가에 따라 그 나라만이 가지는 특성이 다르기 때문이다. 사금융에 대한 사전적인 정의는 "공적인 금융기관을 통하지 않고 대금업자를 중심으로 자금이 공급되고 또 상환되는 것"이다. 그러나 일반적으로 사금융시장은 비조직적 금융시장, 지하금융시장, 사채시장 등으로 불리고 있다(김두철, 1997; 257-258).

여기서 비조직적 금융시장이란 금융자산의 교환에 있어서 제도금융기관이 개입되지 않은 금융시장을 말한다(Wai, 1957; 김두철, 1997; 258). 와이(Wai)는 사금융시장을 근본적으로 조직력을 갖추지 못하였으며 제도금융시장과는 독립적으로 존재하며 운용되고 있는 것으로 설명하였다. 반면 쿨리(Cole)와 박영철은 사금융시장을 진입제한, 금리규제 등 정부의 공적 규제를 받지 않는 금융시장으로 설명하였다. 즉 사금융시장은 제도금융시장과 독립적으로 존재하는 것이 아니며, 제도금융시장의 단기간접증권과 밀접한 대체재인 단기본원적증권의 거래도 있다고 지적하였다. 우리나라에서는 사금융시장을 지하금융시장(underground financial market 혹은 financial black market)이라고 지칭하는데, 이것은 우리의 사금융시장에 대한 인식을 반영하는 것이다(김두철, 1997; 258).

우리나라의 사금융시장은 오랜 역사와 나름대로의 특징을 가지고 있다. 1965년의 연구에 의하면, 사금융시장을 "경쟁력이 있고, 효율적이며, 변화하는 환경에 신속히 대응하며, 소규모 뿐만 아니라 짧은 시간 내에 거액을 동원할 수 있고, 제도금융권과 긴밀히 연계되어 있다"고 설명한다. 이러한 현상은 선진국대열에 동참하려는 현 시점에 있어서도 지속되고 있다. 그러나 우리나라의 사금융시장은 다른 나라들과 비교해 볼 때, 상당한 차이를 보이고 있는데, 이러한 차이점을 정리하면 다음과 같다(최광, 1997; 259-261).

첫째, 개발도상국에서만 사금융시장의 역할이 강조되는 것이 아니지만, 우리나라의 경우에 있어서는 경제규모가 커짐에 따라 더욱 확대일로에 있다는 점이다. 일반적으로 사금융시장은 지방, 특히 농촌지역에서 번창하는 것으로 인식되었다. 그러나 우리나라의 경우에는 오히려 도시에서의 사금융시장 규모와 활용도가 더욱 높은 것으로 나타나고 있다.

둘째, 여러 번의 붕괴위험을 겪었지만 여전히 건재하고 있다. 사금융시장의 위기는 정부의 금융정책이나 시장내부의 모순 혹은 한계에 의하여 야기되었다. 정부의 사금융시장에 대한 정책은 경제개발을 위하여 국내자본을 동원해야만 하는 필요성에 의하여 야기되었다. 따라서 정부는 사금융시장을 축소하고 양성화하려는 목적으로 경제개발의 초기단계부터 지속적인 금융정책을 시행하여 왔다. 즉 사금융시장의 자금을 제도금융권으로 흡수하려는 노력을 기울여왔다. 또한 우리나라의 사금융시장은 성장의 과정에서 자체내의 부조리나 모순이 단계마다 표출되는 사건이 발생하였다. 그러나 이러한 사건에도 불구하고 사금융시장은 일시적인 부침은 겪었지만 건재하고 있다.

셋째, 사금융시장의 구성원이 전국민화됐다는 점이다. 사금융시장은 성장과정에서 공급자와 수요자의 구성원 측면에서도 많은 변화를 경험하였다. 즉 대기업뿐만 아니라 중소기업과 민간인까지도 사금융시장의 사용자가 되었다. 또한 공급자측면에서도 거액을 굴리는 '큰손'에서부터 수백만원을 동원하는 소위 '조막손'까지 모두 망라되어 있다는 것이 여러 조사에서 판명되고 있다. 특히 최근에 이르러 "사채시장에서 움직이는 돈의 절반 이상은 서민들의 가계자금이라고 보면 틀리지 않는다"라는 것이다. 여기에서 가계자금이란 서민가계의 소액의 여유자금과 퇴직자들의 퇴직금이 주종을 이루는 것들이다. 반면 사채시장에서 움직이는 자금의 또 다른 반은 검은 돈, 즉 공직자와 기업가들의 부정행위로 축적된 돈, 부동산이나 증권투기로 만들어진 돈, 공식적인 단체인 기업체나 학교재단, 종교재단, 의료법인 등에서 변칙적으로 새어 나오는 여러 종류의 공급이 차지하는 것으로 설명되고 있다.

넷째, 사금융시장의 영역이 분업화되어 있고 종류가 다양하다. 우리나라의 사금융시장에서의 금융거래 유형은 자금공급의 형태 및 금융자산의 특성에 따라 대출, 할인, 자금조성 및 알선의 범주로 구분될 수 있다. 대출이란 자금공급자가 이자를 수취할 목적으로 차용증서를 작성하고 자금수요자에게 일정기간 자금을 대여하는 것을 말한다. 또한 할인은 자금수요자가 보유하고 있는 어음, 수표, 유가증권 등을 자금공급자가 만기가 도래하기 이전에 할인하여

매입하는 것을 말한다. 분업화되어 있는 각 영역에서 통용되고 있는 금융거래의 유형은 매우 다양해지고 있다. 특히 요즈음과 같이 거액전주들이 상당수 시장을 이탈한 반면 소액전주들이 대거 활동하고 있는 상황에서는 소비자금융이 사금융시장의 주종을 이루고 있다. 이것은 사금융시장이 제도금융기관에서 취급하지 않는 다양한 소비금융을 제공하고 있다는 것을 의미한다.

다섯째, 유통되는 자금의 규모가 거대하다. 1980년대말 지하경제의 규모를 보면 우리나라 총 통화량의 약 절반에 해당되는 15-20조원 수준으로 추정하고 있다. 더욱 놀라운 일은 사채가 지하경제의 80% 이상을 차지하고 있다고 주장하는 점이다. 이러한 막대한 자금의 출처는 절대로 신분이 노출되지 않는 소위 '큰손'들인 것으로 알려지고 있다. 이들이 막대한 자금의 동원능력을 가지게 된 것은 이들이 평소 사채시장이나 증권시장, 부동산투기에 집중적으로 개입하고 있으며, 여러 부문에 자금을 분산시켜 두었다가 사회여건이나 특별한 상황에 따라 어느 한 분야에 자금을 집중시키기 때문이다.

여섯째, 사금융시장을 제도금융권도 이용하고 있다는 점이다. 사금융시장을 제3금융권으로 부르기도 한다. 이것은 사금융시장과 제도금융권이 서로 경쟁관계에 있거나 혹은 상호보완관계에 있다는 것을 말해준다. 사금융거래의 한 형태로서 자금조성과 알선의 방법이 있다. 이것은 사채업자 혹은 전주의 자금을 자금수요자에게 직접 전달하는 것이 아니라, 금융기관 등에서 필요로 하는 예금이나 잔고 등의 거래실적 혹은 형식증명을 마련해 주거나 금융기관이 제공하는 서비스를 이용하고자 하는 수요자들을 대상으로 금융기관과의 거래관계를 알선 혹은 대행하는 것이다.

일곱째, 우리나라의 사금융시상은 매우 현실적이며 경쟁력이 있고, 경제상황변화에 민감하게 대처한다는 것이다. 사재시장에서 터무니없이 높은 금리를 요구하거나 무리한 조건을 제시하는 일은 거의 없다고 한다. 이것은 기업이나 개인이 자금을 사용할 수 있도록 이자율이나 조건이 현실적이어야 한다는 것을 뜻한다. 또한 사채시장에서 극소수의 큰손들에 의하여 분기별로 작성되는 '기업체 평가용 수첩'은 공식적으로 표출되지 않는 변수들을 정밀하고 다양하게 반영하여 어떠한 공식적인 기업에 대한 평가서보다 현실적으로 정확하게 작성된다고 한다.

4. 이론적 접근 및 실증연구 사례

1) 조세회피에 대한 이론적 연구

1970년대에 들어서면서 많은 학자들이 납세자의 조세회피 행위에 영향을 주는 요소들에 관해서 연구해 왔다. 1973년을 전후해서 M. G. Allingham과 A. Sandmo, T. N. Srinivasan, S. Yitzhaki는 여러 학자들의 연구를 종합하여 납세자의 조세회피 행위에 대한 이론적 분석모형을 개발하였다. 이들은 세율, 적발확률, 벌금률과 조세회피와의 관계를 규명해 보려고 노력하였다. 이론적 분석모형은 납세자가 기대효용함수를 극대화시키고자 한다는 가정에 입각하고 있다. 즉, 조세회피는 납세자가 자신이 소득이나 부를 극대화시키기 위한 개인적인 의사결정이라고 보는 것이다.

이 분석모형에서는 몇 가지 특징이 있는데, 우선 납세자는 불확실한 상황하에서 의사결정을 한다는 것이다. 다시 말하면, 납세자는 자신의 조세회피 행위가 적발될 것인지 아닌지를 알지 못하는 상황에서 소득액 전부를 신고할 것인지 여부를 결정한다.

둘째, 납세자는 자신의 조세회피 행위가 적발될 주관적인 확률 및 그 행위가 적발되었을 경우에 부과될 처벌에 입각해서 조세회피 의사결정을 내린다.

셋째, 납세자는 납세신고와 관련되는 한 도덕성과 윤리성이 결여되어 있다는 점이다. 요컨대 납세자는 발생가능한 모든 결과와 자신의 효용수준을 고려해서 조세회피 의사결정을 내리게 된다는 것이다.

① Allingham-Sandmo의 연구

Allingham과 Sandmo는 개별 납세자가 고의적인 과소신고에 의하여 조세회피를 할 것인가에 관해 이론적으로 분석했다. 납세자는 불확실성하에서 소득금액을 제대로 신고할 것인지 여부를 결정하는데, 소득을 실제보다 적게 신고하는 경우 과소신고 사실이 세무당국에 적발되지 않으면 실제로 신고한 경우보다 가처분소득이 크지만, 과소신고 사실이 적발되면 벌금을 물게 되고 따라서 실제대로 신고한 경우보다 오히려 가처분소득이 작아지게 된다.

Allingham과 Sandmo의 분석모형을 공식화하면 [공식4-1]과 같다. 여기에서 납세자의 실제소득 W는 외생변수이며, 납세자는 알고 있으나 과세당국은 모르고 있다고 가정한다. 신고소득 X는 납세자의 의사결정변수이며, 신고소득에 대한 실효비율 θ 는 비례세율이다. 납세자가 세무조사를 받을 확률은 p이며, 조사를 받게 되면 과소신고소득이 모두 적발된다. 적발될 경우에는 과소신고소득(W-X)에 대해서 π 의 벌금을 내야 한다고 가정한다. 이때 가처분 소득의 효용을 U라고 했을 때, 기대효용함수는 다음과 같이 나타낼 수 있다.

$$E(U) = (1-p) \, U \, (W-\theta \, X) + pU[W-\theta \, X-\pi \, (W-X)] \qquad [공식4-1]$$

E(U) = 기대효용.
p = 납세자가 세무조사를 받을 확률.
U = 가처분소득의 효용.
W = 납세자의 실제소득(순소득).
θ = 세율.
X = 신고된 소득.

π = 신고되지 않은 소득에 부과되는 벌과금.

위 공식에서 W-θ X는 조세회피 사실이 적발되지 않은 경우의 가처분소득이고, W-θ X-π (W-X)는 적발되었을 경우의 가처분소득이다. 이때 납세자의 선택기준은 기대효용의 극대화이다. 기대효용함수 E(U)는 소득의 함수이며, 한계효용은 모든 소득 수준에서 正(+)이고 강감소(strictly decreasing)함수, 즉 납세자는 위험회피 성향을 갖는 것으로 가정된다.

납세자의 조세회피 행위는 두 가지 결과 즉, 적발되어서 처벌을 받을 확률과 적발당하지 않고 무사히 넘어갈 확률에 따라서 결정된다. 각각의 결과에 대한 만족도는 조세 및 벌과금이 지불된 후에 남는 소득이 얼마나 되는가에 전적으로 달려있다. 즉, 납세자는 자신의 기대효용을 극대화시키는 방향으로 소득을 신고하게 된다.

이들은 위와 같은 가정과 함수식을 이용해서 적발확률, 벌금률, 세율과 신고소득 수준과의 관계를 논리적으로 설명하였다. 이에 따르면 적발확률과 벌금률을 높이면 신고소득 X의 수준이 증가하고, 따라서 조세회피를 감소시킨다고 결론을 내릴 수 있다. 그러나 세율의 크기와 신고소득 수준과의 관계는 명확히 밝히지 못하고 있고, 실세소득 W와 신고소득 X와의 관계를 분석하려고 했으나 위험회피의 변화에 따라 다른 결과를 얻게 되므로 분명한 결론을 내리지 못했다.

② Srinivasan의 연구

Srinivasan은 Allingham과 Sandmo의 기대효용 극대화 분석모형과 비슷한 기대소득 극대화 모형을 개발하였다. 그러나 Allingham과 Sandmo의 모형과는 달리, 이 모형에서는 납세자는 조세회피 행위 사실이 적발될 경우 부담할 세액과 벌금을 납세한 후의 기대소득을 극대화시키는 쪽으로 의사결정을 한다고 가정하고 있다. 만약 납세자가 이 조건을 고려해서 소득을 정직하게 신고하는 것이 최적이라고 생각한다면, 소득을 정직하게 신고할 것이라고 볼 수 있다.

Srinivasan의 기대소득 극대화 모형을 공식화하면 [공식4-2]와 같다. 여기에서 y는 납세자의 실제소득을 나타낸다. 납세자는 조세를 회피할 경우 적발될 확률을 알고 있으며, 그 비율이 π 다. 이 적발확률 π 는 실제소득 수준 y의 종속변인이다. 실제소득에 대한 세액은 T(y)이고, λ 는 실제소득에 대한 과소신고 비율이며, p(λ)는 벌금률이다. 과소신고소득 λ y가 적발되면, λ p(λ)y 만큼의 벌금을 내야 한다. 납세자가 세금과 벌금을 납세한 후의 기대소득 A(y)를 극대화시키는 λ 를 결정한다고 가정했을 때, 기대소득함수는 다음과 같이 나타낼 수 있다.

$$A(y) = \pi [y-T(y)-\lambda p(\lambda)y] + (1-\pi) [y-T (1-\lambda)y] \quad [공식4-2]$$

A = 기대소득.
y = 실제소득.
π = 적발확률.
T = 세액.
λ = 실제소득에 대한 과소신고 비율.
p = 벌금률.

[공식4-2]에서 y-T(1-λ)y는 과소신고하고도 과소신고 사실이 적발되지 않은 경우의 세후소득이며, y-T(y)-λ p(λ)y는 과소신고 사실이 적발되어 세금과 벌금을 모두 낸 후의 소득이다. Allingham과 Sandmo가 납세자를 위험회피적이라고 본 것과는 달리, Srinivasan은 납세자가 위험중립적인 태도를 취한다고 보았으며, 세금은 소득의 양함수, 증가함수, 볼록함수로 가정했고(즉, 비례

세율 또는 누진세율을 가정함), 벌금률 $p(\lambda)$는 과소소득신고비율 λ 의 양함수, 증가함수 및 볼록함수로 가정했다.

그는 이러한 가정과 함수식을 이용해서 소득 수준, 벌금률, 적발확률과 과소소득신고비율 λ 와의 관계를 설명했다. 누진세제일 경우, 적발확률 π 가 일정하고 납세자의 실제소득 y가 증가하면 최적 과소소득신고비율 λ 는 커진다. 즉, 누진세제도하에서 적발확률이 주어질 경우에는 소득이 증가할수록 조세회피가 증가한다는 것이다. 그러나 한계세율이 일정하고 적발확률 π 가 소득의 증가함수일 경우에는 실제소득 y가 증가할수록 최적과소소득신고비율 λ 는 작아진다. 또한 적발확률이 일정할 경우 벌금률이 증가하면 최적과소소득신고비율이 감소하며 조세회피는 감소한다. 그리고 벌금률이 일정한 경우 적발확률이 증가하면 최적과소소득신고비율이 감소하며 따라서 조세회피는 감소한다.

③ Yitzhaki의 연구

Yitzhaki는 Allingham과 Sandmo의 모형에 자신의 견해를 추가해서 분석을 실시하였다. Allingham과 Sandmo의 모형에서는 납세자가 과소신고소득에 대해 벌금률 π 를 납세해야 한다. 이 가정은 세율이 증가할 경우에는 서로 상반된 효과, 즉 소득효과와 대체효과[1]가 존재할 수도 있다는 결론을 내리고 있다. 그러나 Yitzhaki는 조세회피액에 대해 벌금이 부과되면 소득효과와 대체효과가 존재하지 않는다고 보았다. 납세자가 소득의 증가에 따라 감소하는 절대적 위험회피를 한다고 가정하면, 세율이 증가함에 따라 조세회피는 줄어든다는

---

1) 대체효과: 조세는 刺戟的 작용과 위협작용, 금지적 작용을 하는데, 구매력을 흡수하고 그 결과 소비지출과 저축을 감소시키는 등 심리적 효과를 가지고 있다. 따라서 납세자는 조세를 회피하기 위해서 다른 재화나 행위를 대체선택할 수도 있다. 그로 인해 납세자가 과세되는 행위보다는 조세를 회피하는 것이 경제적으로 유리하다고 생각하면, 그 조세는 일종의 금지적 작용을 하고 있다고 할 수 있다. 이와 같은 심리적 결과를 대체효과라고 한다(서재석, 1993; 187~188).

결론을 내릴 수 있다. 따라서 이 경우에는 대체효과가 없다. 이를 입증하기 위해 Yitzhaki는 Allingham과 Sandmo가 이용한 동일한 부호와 공식을 이용해서 분석을 실시했다.

$$E(U) = (1-p) U (W-\theta X) + pU[W-\theta X-F\theta (W-X)] \quad \text{[공식4-3]}$$

납세자는 E(U)를 극대화하기 위해서 X를 선택할 것이다. 여기에는 F는 벌금률이고(단, F>1), $Y=W-\theta X$ 그리고

$$Z=W-\theta X-F\theta (W-X) \quad \text{[공식4-4]}$$

제1차 조건은

$$\theta [-(1-p)U'(Y)=p(F-1)U'(Z)]=0 \quad \text{[공식4-5]}$$

이다. 내항의 해를 구하기 위한 조건은

$$\frac{U'(W)}{U'[W(1-F\theta)]} < \frac{p(F-1)}{1-p} \quad \text{[공식4-6]}$$

$$pF<1 \quad \text{[공식4-7]}$$

만약 $U'(0) \to \infty$ 이라면, $F\theta >1$은 항상 正(+)의 소득신고를 하도록 할 것이다.

θ 에 대해 [공식4-5]를 미분하면,

$$\frac{\delta X}{\delta \theta} = \frac{\theta}{D}(1-p)U'(Y) \{ X [RA(Z)-RA(Y)] + F(W-X)RA(Z) \} \text{[공식4-8]}$$

여기에서 D-θ 2 [(1-p)U' (Y) + p(F-1)2U' (Z)]이고 RA(Y)<RA(Z)는 $\frac{\delta X}{\delta \theta} > 0$이 되도록 한다. 이 경우 일반세율과 벌금률은 둘 다 θ 에 따라 비례적으로 증가한다. 그러므로 대체효과가 없고 순소득 효과만 존재한다. W에 대해 [공식4-5]를 미분하면,

$$\frac{\delta X}{\delta W} = \frac{F\theta RA(Z) - [RA(Z) - RA(Y)]}{F\theta RA(Z) - \theta[RA(Z) - RA(Y)]}$$ [공식4-9]

이 식에서 RA(Z) > RA(Y)는 $\frac{\delta X}{\delta \theta} < 1$ 이 되도록 하고, 따라서 신고소득은 사실보다 더 천천히 변화한다. 이러한 결과는 세율이 증가하면 조세회피도 증가한다는 일반적인 논의와는 대립된다. 이에 대해 그는 벌금이 조세회피액에 부과되면 벌금률과 마찬가지로 세율도 비례적으로 증가한다고 주장했다. 그러므로 대체효과는 없어지고 정(+)의 소득효과만 남게된다. 이것은 세율이 증가하면 납세자는 납세 후 소득이 적어지기 때문이다. 이때 납세자는 감소하는 절대위험회피의 가정하에서 소득이 감소할 때 더욱 위험회피자가 된다. 따라서 납세자는 조세회피를 줄이고 소득신고를 증가시키게 된다.

④ Christiansen의 연구

Christiansen(1980; 363-373)은 조세회피 적발확률이 높지만 벌금이 낮은 경우에 비해, 적발확률은 낮지만 발각되면 벌금이 무거운 경우가 더 효과적인 조세회피 억제수단이라고 보았다. 이러한 측면에서 그는 Yitzhaki의 논문을 수정 보완하였다. 조세회피가 없을 때 어떤 사람이 X라는 납세 후 소득을 가지고 Y만큼 세금납세를 감소시키는데 성공한다면, 그의 가처분 소득은 (X+Y)가 된다. 이를 공식화하면 [공식4-10]과 같다.

$$E = PU(X+Y) + (1-p)U(X-\pi Y) \qquad \text{[공식4-10]}$$

X = 조세회피가 없는 경우 세차감 후 소득.
Y = 조세회피를 한 소득.
X-Y = 가처분소득.
p = 적발되지 않을 확률.

위 식에서 p는 Y와 독립적인 것으로 가정한다. 만약 적발된다면 납세자는 조세회피의 π 배만큼 벌금을 납세해야 할 것이다. X, P, π 는 소득을 과소신고하는 정도에 따라 Y값을 선택하는 개인에게 주어지는 자료이며, 납세자의 행위는 기대효용정리와 일치하는 것으로 가정한다. 이와 같은 가정에서 Christiansen은 가산세가 증가할지라도 조세회피로부터 얻는 기대이득이 불변하도록 납세자를 적발하려는 노력이 조정된다면 위험회피형의 납세자는 언제나 조세회피를 감소시킬 것이라고 결론내렸다. 이러한 의미에서 본다며, 무거운 가산세는 적발확률보다 더 효과적인 조세회피 억제책이 될 수 있다.

한편, 최초의 가산세율이 충분히 작고 조세회피의 적발확률이 기대가산세를 변화시키지 않도록 조정한다면, 가산세율의 상승은 조세회피를 조장하는 유인가가 될 것이다. 이와는 반대로 최초의 가산세율이 충분히 크고 조세회피의 적발확률이 기대가산세를 변화시키지 않도록 조정한다면, 가세세율의 상승은 조세회피를 줄일 것이다. Christiansen의 모형은 세율상승에 따라 조세이탈이 증가하는지 감소하는지에 관해 해답을 제시해주고 있다. 즉, 세율이 상승할 경우에는 조세회피를 하지 않고 얻은 가처분소득 X가 납세선 소득에 비해 줄어든다. 납세자가 조세회피를 해서 얻은 소득 Y가 어떻게 변하는가는 납세자의 결정에 달렸다.

⑤ Benjamini와 Maital의 연구

Benjamini와 Maital(1985; 245-264)은 일부 납세자들이 그들의 모든 소득을 신고하는 것에 관심을 가졌다. 그들은 소득의 과소보고가 납세자에게 상당한 원가를 수반하게 할지도 모른다는 데서 그 답을 찾았다. 즉, 납세자가 부정직하게 행동함으로써 얻게 될 사회적 불명예, 불명예 원가, 그리고 효용함수를 부가적으로 분리할 수 있다고 가정했다. 그래서 이들은 납세자의 불명예 원가를 효용함수에 포함시켰다. 이를 공식화하면 [공식 4-11]과 같다.

$$U = U(Y) - V(X)$$ [공식4-11]

U = 효용.
Y = 순소득.
V = 불명예 원가.
X = 과세당국에 신고된 소득.

여기서 Y는 순소득, X는 과세당국에 신고된 소득이다. 만일 $X = W$(실제소득)라면, $V(X) = 0$이다. $X \neq W$이며 $V(X) = V$이다. 즉, 불명예 원가는 고정적이고 조세회피 정도와 독립적이다. 모든 소득이 신고될 때만이 불명예 원가가 회피될 것이다.

앞에서 언급한 연구들은 개인을 고립된 의사결정자로 간주했다. 그러나 Benjamini와 Maital은 납세자들의 의사결정이 다른 납세자의 조세회피 정도에 영향을 받는다고 보았다. 즉, 조세회피가 널리 확산되면 자신의 조세회피도 정당하다고 생각한다는 것이다. 반면에 거의 모든 사람들이 조세회피를 하지 않는다면 자신도 그 규칙을 따르고 모든 소득을 신고하는 태도를 취할 것이다. 이러한 관점에서 Benjamini와 Maital이 제시한 효용함수는 [공식

4-12]와 같다.

$$U = (-B + AN) X + CN$$ [공식4-12]

B = 조세회피와 관련된 불명예 원가.
A = 조세회피를 하는 사람들 상호간의 불명예 감소.
N = 조세회피의 수.
X = 조세회피를 할 경우에는 1, 조세회피를 하지 않을 경우에는 0.
C = 개인이 조세회피를 하는 상호간의 사람들로부터 얻는 효용이나 비효용.[2]

위 식에서, 만일 개인이 조세회피를 하지 않기로 결정하면 U = CN이 된다. 반면, 개인이 조세회피를 하기로 결정하면 U = -B +(A + C)N이 된다. 결국 개인이 조세회피를 하게 되면 불명예 원가에 따라 효용이 줄어들게 되는 것이다. 이를 바탕으로 Benjamini와 Maital은 모든 사람이 조세회피를 한다면 조세회피 억제정책은 아무런 효과를 거둘 수가 없을지도 모른다고 결론내렸다.

⑥ Spicer의 연구

Spicer(1986; 13-20)는 이론적 분석모형에 실증적인 연구를 통해 분석된 납세자의 행동결정요인을 추가하여 새로운 조세회피 의사결정모형을 제시하였다. 어떤 납세자가 조세회피를 할 것인가 아니면 조세에 순응할 것인가를 결정한다고 가정해보자. 만약 이 납세자가 조세회피 측면으로 결정을 내린다면, 여기에 영향을 미친 요인을 다음과 같이 설명할 수 있다.

$t\ \theta\ y$는 회피세액이다. 여기서는 t는 과소신고소득에 적용될 세율이고, θ는 과세소득에 대한 과소신고소득의 비율이며, y는 과세되어야 할 소득금액

---

[2] Benjamini와 Maital은 C〉0이라고 가정한다. 즉, 개인은 다른 사람들의 조세회피에서 이득을 얻는다.

이다. 납세자가 조세회피 행위를 하고 그 사실이 적발되었을 때의 가산세는 ftθy이며 적발될 확률은 π 이다. f는 벌금률로서 1보다 작다. 이때 납세자는 조세회피 행위를 함으로써 조세의미를 이해해야 한다는 사회적 규범을 지키지 못했다는 데 죄의식을 느낀다. 정신적 원가(psychic cost : pc)는 위험에 대한 고려에서 뿐만이 아니라 심리적인 부담감에서 벗어나고자 하는 욕구에서도 발생한다.

이성적인 납세자는 조세를 회피함으로써 얻는 기대이익이 적발 될 경우 부과되는 가산세와 정신적 원가라는 기대소득을 초과하는 경우에만 조세회피 행위를 할 것이다. 이를 식으로 나타내면 [공식4-13]과 같다.

$$(1-\pi)t\theta y - \pi f t\theta y - pc > 0 \qquad [공식 4\text{-}13]$$

π = 적발확률.
θ = 과소신고소득비율.
y = 소득
f = 벌금률.
t = 세율.
pc = 핑신픽 원가.

위와 같은 경우에 한해서만 조세회피 행위가 일어난다. [공식 4-13]에서 pc가 陽(+)의 상수라고 가정할 경우, (1-π)tθy-π ftθy-pc > 0 즉, 기대이익이 陽이라고 하더라도 정신적 원가가 기대이익보다 큰 경우 즉, (1-π)tθy-π ftθy < pc인 경우에는 조세회피 행위를 하지 않는다. 위 식을 과소신고소득비율 θ 에 대해 정리하면, [공식4-14]가 된다.

$$\theta > \frac{pc}{ty[1 - \pi(1+f)]} \qquad [공식4\text{-}14]$$

이와 같은 경우에 한해서 조세회피 행위를 한다. 위 공식에서 pc가 증가하지 않는다고 가정할 때, 적발확률 π 와 벌금률 f를 증가시키면 정신적 원가를 보상할 수 있는 과소신고소득비율 θ 는 증가하며, 따라서 조세회피는 감소한다. 그러나 세율 t를 증가시키면 정신적 원가를 보상할 수 있는 과소신고소득비율 θ 는 감소하게 되고, 따라서 조세회피는 증가한다. 그러나 소득 y가 증가하여도 pc가 증가하지 않는다는 가정은 할 수 없다. 따라서 이 모형으로는 소득의 변화와 조세회피의 관계를 설명할 수 없다.[3]

2) 조세회피에 대한 실증적 연구

조세회피 행위 요인에 대한 이론적 연구들은 수학적인 모형을 바탕으로 분석이 이루어지기 때문에 현실적인 상황이 많이 결여되어 있다. 납세자의 조세회피 행위를 이해하기 위해서는 이론적인 접근방법만으로는 충분치 못하며, 납세자들의 태도나 동기 등을 밝혀낼 필요가 있다. 여기서는 주로 납세자에 초점을 맞추어 진행된 실증적 연구들을 연구자별로 검토하고자 한다.

실증적 연구는 크게 조사연구와 실험연구로 나눌 수 있다. 조사연구는 관심 있는 변수들간의 관련성을 분석하기 위해 모집단에서 추출한 표본을 대상으로 신념이나 여론, 태도, 동기, 행위 등을 연구한다. 따라서 조사연구에서는 표본추출 과정이 매우 중요하다. 추출된 표본이 모집단을 대표하지 못하는 경우에는 한정된 결론을 도출할 수 밖에 없다. 또한 성실하고 신뢰성 있는 답변을 얻어내는 것도 중요한데, 납세회피에 관한 문제는 매우 민감한 성격을 띠고 있기 때문에 조사 기법상에 많은 주의를 요한다

조세회피에 관한 실험연구는 조세회피에 영향을 미치는 독립변인들을 통제

---

[3] Spicer에 따르면, 심리적 원가의 크기는 조세제도의 공평성에 대한 납세자들의 인식, 사회공동체 의식, 납세태도 및 위험에 대한 태도 등과 함수관계를 갖는다.

하거나 조작하여 조세회피 요인을 분석해내는 방법이다. 실험연구는 엄격히 통제된 상황 하에서 관심있는 몇 가지 변수들간의 관계를 알아내는 데는 유용한 방법이지만, 실제로 조세회피와 관련된 상황을 엄격히 통제하기가 어렵고, 현실 상황을 반영하지 못한다는 단점과 아울러 연구 결과를 일반화시키는 데도 상당한 한계가 있다.

한편, 외국의 경우 1960년대 후반부터 서서히 조세회피에 대한 연구가 시작되었던 것에 비해, 우리나라에서 연구자들이 조세회피에 대해 관심을 갖기 시작한 것은 상당히 늦은 1980년대부터라고 할 수 있다. 국내 연구들은 대부분 실증적 연구방법에 속하는 연구들로서, 실험연구와 조사연구를 중심으로 진행되어 왔다. 이들은 대체로 개별적인 납세자를 대상으로 조세회피 요인을 분석한 연구들이 주를 이룬다. 조세회피에 관한 국내외의 실증적 연구 결과를 연구자별로 고찰해보면 다음과 같다.

① Vogel의 연구

Vogel은 스웨덴 국립중앙통계국에서 조세제도에 관해 실시했던 여론조사 자료를 바탕으로 납세자의 태도결정 요인을 검토했다. Vogel의 연구(1974) 결과, 자영소득자의 경우에 탈세의 기회가 평균적인 경우보다 많다고 생각하는 사람이 41%였고, 자영소득자를 제외한 소득자는 25.6%가 탈세 기회가 많다고 응답한 것으로 나타났다. 또한 원천징수를 당하지 않는 추가적인 소득이 있는 사람은 31.6%가 탈세 기회가 평균 이상이라고 생각한 반면, 모든 소득이 원천징수를 당하는 사람은 25%가 그렇다고 응답했다. 이 결과는 원천징수의 유무에 따라 조세포탈의 기회가 달라진다는 점을 시사해준다. 준거집단 중에 탈세 행위를 하는 사람이 있는 사람(36%)은 그렇지 않은 사람에 비해 자신의 탈세 기회가 평균 이상이라고 생각하는 경향이 높았는데, 이는 조세회피 행위가 준거집단에 영향을 받는다는 점을 보여준다. 또한 Vogel의 연구 결과, 교육 수준이 높은 경우, 연령이 낮은 경우, 그리고 남성의 경우에 조세회피 가능성이 높은 것으로 나타났다.

② Spicer와 Lundstedt의 연구

Spicer와 Lundstedt(1976)는 설문조사방법을 이용해서 미국 오하이오주에 거주하는 130가구를 대상으로 표본조사를 실시하였다. 이들은 제재의 정도와 행정능력, 재정불공정, 사회적 규범 등의 네 가지 요인이 납세자의 조세회피에 미치는 영향을 조사하였다. 이들은 세 가지 가설을 세웠다.

첫째, 탈세에 대한 제재가 심하다고 인식되면 탈세는 감소할 것이다.

둘째, 적발확률이 높다고 인식되면 탈세는 감소할 것이다.

셋째, 정부와 납세자의 관계에서 자신이 다른 납세자에 비해 불공정하다고 인식하면 탈세는 증가할 것이다. 이러한 내용은 조세저항률(tax resistance scale)과 조세포탈 지수(tax evasion index), 불공정 지수(inequity index)를 통해 조사되었다. 여기서 조세저항률은 탈세 자체보다는 탈세를 하려는 상대적인 성향을 나타내고, 조세포탈 지수란 납세자가 어느 정도 탈세를 할 것인지를 나타내는 지수이며, 불공정 지수는 재정불공정에 대한 인식을 측정한 지수이다. 종속변인은 조세포탈 지수였으며, 독립변인은 불공정 지수, 제재의 심한 정도에 대한 인식, 적발확률에 대한 인식, 납세자 개인이 인지하고 있는 탈세 행위자 수 등이었다. 배경변수는 연령, 교육 수준, 세무조사 경험, 자가고용 여부, 소득수준, 정당가입 여부, 임금 및 연금소득비율 등이 고려되었다.

연구 결과, 불공정 지수 및 개인이 인지하고 있는 조세포탈자의 수가 조세 포탈과 正적인 상관이 있는 것으로 나타났고, 적발확률에 대한 인식과 조세저 항률은 負적인 상관이 있었으나, 조세포탈 지수와는 유의미한 관계가 없었다. 그리고 제재의 심한 정도에 대한 인식과 조세저항률, 조세포탈 지수 사이의 상관은 유의미하지 않았다. 배경변수들 중 연령과 조세저항 사이에는 負적인 상관이 있었으며, 세무조사 경험과 조세저항 사이에는 正적인 상관이 있었다. 임금 및 연금소득비율은 조세저항과 正적인 상관이 있는 것으로 나타났고, 소득 수준과 조세저항은 負적인 상관이 있었다. 소득 수준과 조세저항 간에 負적인 상관이 있다는 연구 결과는 Srinivasan의 이론적 연구 결과와는 상반된 것이다. 이러한 상이한 결과에 대해 Spicer와 Lundstedt는 고소득자와 저소득자 계층의 사람들이 합법적인 방법을 빌어 탈세를 하기 때문이라고 보았다.

③ Song과 Yabrough의 연구

송영달과 Yabrough(1978)는 North Carolina 동부지역에 거주하는 납세자들을 대상으로 조세윤리에 대한 태도와 행위를 조사했다. 이들의 연구 결과 납세신고행위를 지배하는 가장 중요한 요인이 탈세사실의 적발확률인 것으로 나타났으며, 독신생활자나 전·월세 입주자에 비해 기혼자와 자가소유자들의 납세윤리가 대체적으로 높았다. 또한 소득 수준 및 교육 수준과 납세윤리 사이에는 正적인 상관이 있는 것으로 나타났다. 이에 비해 대부분의 사람들이 탈세를 한다고 믿는 사람들, 그리고 소외감과 무력감, 불신감에 사로잡혀 있는 사람들 사이에서는 납세윤리의식이 비교적 낮은 것으로 나타났다. 교육 수준 측면에서는 이들의 연구 결과와 Vogel의 연구 결과가 상반된다.

④ Dean, Keenan, 그리고 Kenney의 연구

Dean 등(1980)은 야간대학에 나오는 성인 납세자들을 대상으로 조세납세에 대한 태도를 조사했다. 연구 결과, 사람들이 탈세를 하는 이유는 주로 세부담이 너무 무겁거나 불공평한 데 있는 것으로 나타났으며, 여기에 이기적인 이유도 포함되어 있었다. 응답자들은 대부분 탈세가 좋은 것도 나쁜 것도 아니며, 소액의 조세를 경감할 수 있는 기회가 널리 퍼져 있다고 보았다. 또한 적발될 염려만 없다면 소액의 조세부담을 줄이기 위해서 탈세를 시도할 수 있다고 생각하는 것으로 나타났다.

⑤ Ekstrand의 연구

Ekstrand(1980)는 South Bemb와 SanJose에 거주하는 납세자를 대상으로 면접조사를 실시했다. 연구 결과, 탈세 경험이 있다고 시인한 사람들은 대부분 젊은 연령층에 속했고 평균수준 이상의 교육을 받았으며, 중류 이상의 소득계층에 속하면서 부업을 가진 사람이 많았다. 그리고 납세신고를 스스로 하는 사람들일수록 다른 응답자들에 비해 탈세의 심각성을 덜 느끼고 있는 것으로 나타났다. 소득 수준 측면에서의 연구 결과를 보면, 높은 소득계층에 속한 납세자들 중 다수가 실제로 탈세 행위를 범하긴 해도 납세의무를 성실히 이행하는 것에 대해 호의적인 태도를 보인 것으로 나타났는데, 이는 Vogel의 연구 결과와 일치한다고 볼 수 있다. 그리고 세무관서와 접촉한 경험이 많은 납세자들이 탈세를 하는 경향이 짙다는 연구 결과는 송영달과 Yabrough의 연구 결과와 일치한다. Ekstrand는 이러한 현상이 불성실한 납세자들은 과거에 자신들이 보였던 조세납세 행동으로 인해 세무관서와 접촉한 경우가 더 많았기 때문에 나타난 것으로 보았다. 그러나 그는 세무조사를 받은 경험이 반드시 탈세에 대한 억지력으로 작용하는 것은 아니라고 지적했다. 왜냐하면 세무관서와 접촉한 경험이 있다고 응답한 사람들중 20% 정도만이 조세납세 행태를 바꾼 것으로 조사되었기 때문이다.

⑥ Friedland, Maital, 그리고 Rutenberg의 연구

Friedland 등(1978)은 실험연구법을 이용해서 탈세를 분석하였다. 이들은 15명의 실험 참가자를 대상으로 10회에 걸쳐 반복 실험을 했다. 이들은 세율 변화와 그 외 사회경제적인 변수들이 탈세에 미치는 영향력, 그리고 과중한 가산세와 빈번한 세무조사가 탈세 억제에 미치는 효과를 분석하였다. 종속변인은 적발확률, 미신고소득, 신고소득이었다. 연구 결과, 세율이 높아질수록 탈세를 하는 사람의 수가 늘어났고, 다른 요인이 일정한 경우 남성과 젊은

기혼자들이 소득을 과소신고하는 것으로 나타났다. 이에 비해 높은 연령층이나 독신생활자 및 여성은 탈세 경향이 낮은 것으로 나타났다. 또한 이 연구에서는 빈번한 세무조사에 비해 무거운 과징금이 더 효과적인 탈세방지책이 될 수 있는 것으로 나타났다.

⑦ Spicer와 Becker의 연구

Spicer와 Becker는 실험연구(1980)법을 이용해서 탈세와 세정불공정에 대한 인식의 관계를 분석했다. 실험에는 남자 21명과 여자 36명이 참가했는데, 상대적인 세율에 관해 잘못된 인식을 가진 집단을 설정한 후 그들의 탈세행위를 분석하였다. Spicer와 Becker는 재정이 불공정하다고 인식하는 사람들의 탈세는 증가하고 세정불공정성에서 혜택을 받고 있다고 인식하는 사람들의 탈세는 감소할 것이라는 가설을 세웠다. 연구 결과, 세금부담이 많다고 생각하는 집단은 33%가 탈세를 하고, 중간정도라고 생각하는 집단은 25%, 그리고 세금부담이 적다고 생각하는 집단은 12%가 탈세를 하는 것으로 나타났다. 이는 세정불공정성에 대한 인식과 탈세는 밀접한 관련이 있으며, 세정불공정성으로 인해 혜택을 보지 못한다고 생각하는 사람들의 탈세액은 증가하지만 거기서 혜택을 본다고 생각하는 사람들의 탈세액은 감소할 것이라는 점을 보여준다. 이러한 결과는 이론적 결과를 실증적으로 입증해 주는 것이다.

⑧ Clotefelter의 연구

Clotefelter(1983)는 실제 납세자들의 신고서를 이용하여 소득신고서와 한계세율의 관계를 검토하였다. 종속변인은 과소신고된 소득의 대수였고, 독립변인은 세차감후 소득의 대수, 개인의 한계세율, 실제 소득세의 비율에 따른 임금, 실제 소득세 비율에 따른 이자와 배당, 배우자 유무, 연령, 지역 등이었다. 분석 결과, 세후소득과 한계세율에 따라 과소신고가 증가하고, 높은 세율은 조세회피를 조장하는 경향이 있는 것으로 나타났다. 또한 임금, 이자, 배당

배율이 높은 경우에는 과소신고가 줄어드는 것으로 나타났다.

⑨ **홍학표의 연구**

홍학표(1988)는 우편 설문조사 방법을 이용해서 납세자의 조세저항 행동을 연구하였다. 그는 납세자가 조세 자체에 대해 갖는 태도, 납세자의 납세윤리, 불공평감에 대한 인식, 탈세의도 상호간의 관계, 그리고 탈세억지력과 탈세의사결정에 관한 것을 분석하였다. 그의 연구 결과에 따르면, 조세 자체에 대한 긍정적인 태도를 갖고 있는 사람은 납세윤리의식이 높고 조세회피 성향도 낮았으며, 주변에 탈세를 하는 사람이 많을수록 탈세성향이 강해졌고, 탈세기회에 많이 노출된 사람일수록 납세윤리의식은 약해지고 탈세성향은 강해지는 것으로 나타났다. 그리고 세무조사의 빈도보다는 세무조사의 엄격성이 탈세성향을 약화시킬 수 있으며, 잦은 세무조사는 오히려 탈세의도를 강화시키는 것으로 나타났다.

한편, 납세자가 인식한 공평감·불공평감과 납세자 윤리의식 사이에는 유의미한 관계가 없는 것으로 나타났는데, 불공평감을 느끼는 사람일수록 탈세성향은 강하지만, 공평감을 느낀다고 해서 반드시 성실납세를 하는 것은 아니었다. 그는 이 결과를 바탕으로 공평과세를 통해 납세윤리의식을 향상시키려는 정책이 실효를 거둘 수 있을 것인지에 대해 의문을 제기했고, 납세자의 순응을 유도하기 위해서는 탈세기회를 봉쇄하는 것이 가장 우선적이고 근본적인 대책이라고 지적했다.

기타 사회인구학적인 변수에서는 업무종사기간, 소득 수준이 탈세성향과 正적인 관계가 있으며, 학력과 탈세성향과 負적인 관계가 있는 것으로 나타났다. 직업면에서는 근로소득자의 납세윤리의식이 가장 높고, 음식숙박업자와 운송업자 및 도·소매업자의 납세 윤리는 낮은 것으로 나타났다.

⑩ **전태영의 연구**

전태영(1990)은 실험연구 방법을 통해서 소득 수준, 세율, 정부에 대한 신뢰도와 같은 변수들이 조세회피 성향, 규제에 대한 납세자의 반응, 벌칙수준정책과 어떤 관계가 있는 지를 검증하였다. 설문지는 동일한 속성을 각기 다른 수준으로 8번 반복 측정하도록 고안되었는데 소득수준, 소득세율, 정부에 대한 신뢰도 각각의 수준이 현저히 다르게 조합된 가상적인 사례를 제시하고 이에 대한 응답자의 반응을 측정하였다. 연구 결과, 저소득자가 고소득자에 비해, 세율이 높을수록, 그리고 정부에 대한 신뢰도가 낮을수록 조세회피 성향이 강한 것으로 나타났다.

추가적인 변수로는 조세행정의 공정성에 대한 인식과 세무조사 확률이 중요한 설명변수로 나타났는데. 조세행정을 불공정하다고 생각하는 여건에서는 세무조사의 확률이 높을수록 오히려 조세회피 성향이 높은 것으로 나타났다. 이는 세무조사 비율과 조세회피 성향간에 正적인 상관이 있다는 홍학표의 연구 결과와 일치한다고 볼 수 있다.

⑪ **이종환의 연구**

이종환(1992)은 납세자를 과세특례자와 일반과세자로 구분해서 납세자 유형에 따른 조세회피 성향을 조사했다. 종속변인은 납세자의 조세회피 행위였고, 독립변인은 세율, 세율구조, 적발확률, 가산세율, 재정불공정성이었다. 그는 이러한 독립변인들이 조세회피 행위에 미치는 방향성과 상대적 크기를 밝히고, 납세자의 유형에 따라 이들 요인이 유의미하게 나타나는지를 검증했다. 연구 결과, 모든 납세자에게서 세율과 조세회피 행위가 높은 상관을 보이는 것으로 나타났다. 일반과세자의 경우에서는 누진세제가 조세회피에 영향을 미치는 것으로 나타났지만, 과세특례자의 경우에는 누진세 제도가 조세회피 행위와 거의 관계가 없는 것으로 나타났다.

적발확률과 조세회피 행위와는 負적인 상관이 있는 것으로 나타났는데, 특히 일반과세자에게서 조세회피 억제 효과가 큰 것으로 나타났다. 가산세 제도 역시 조세회피 행위와 負적인 상관이 있었지만, 적발확률에 비해서는 낮았다. 이는 가산세보다는 적발확률을 높이는 것이 더 효과적인 억제책이 될 수 있음을 보여준다. 또한 재정불공정성과 조세회피 행위와의 상관관계는 모든 납세자에게서 낮게 나타났다.

⑫ 유시영의 연구

유시영(1992)은 실험연구방법을 이용해서 소득세 납세자의 조세회피 요인을 밝히고자 하였다. 실험 참가자는 잠재 납세자 집단과 사업자 집단으로 구분해서 비교 분석되었고, 종속변인은 조세회피 태도, 독립변인은 세율, 적발확률, 가산세율, 소득 수준 등이었다. 분석 결과, 소득 수준과 조세회피 행동에는 상관이 없었고, 세율과 조세회피 행동간에는 正적인 상관이 있었으며, 적발확률을 높이면 조세회피 행동이 감소하는 것으로 나타났다. 또한 가산세율을 증가시키면 납세자의 조세회피 행동은 감소했고, 조세회피 의사결정 과정에서는 가산세율에 비해 적발확률이 더 중요한 영향을 미치는 것으로 나타났다.

⑬ 이우윤의 연구

이우윤(1996)은 설문조사 방법을 이용해서 납세자의 조세포탈 성향을 연구하였다. 그는 독립변인을 조세특성 요인(세법의 복잡성과 조세지식), 조세에 대한 신념과 인식(조세포탈로 인한 기대 혜택과 불공정성에 대한 인식, 제재에 대한 인식, 상대적인 박탈감), 납세자의 인성적 특성(순응성, 책임성, 위험성향, 가치존중성), 그리고 인구통계학적인 요인(성별, 연령, 교육 수준, 소득 수준)으로 나누었고, 여기에 납세자의 직업분류(근로소득자와 자유소득자)와 탈세경험 유무라는 조절변수를 첨가했다. 종속변인은 조세포탈 성향 정도였다.

연구 결과, 세제의 복잡성은 근로소득자에 비해 자유소득자의 납세 행동에서 상대적으로 작은 영향을 미쳤고, 탈세 경험이 있는 납세자의 경우에는 세제의 복잡성과 조세포탈 성향 간에 正적인 상관이 있었고, 탈세 경험이 없는 납세자에 비해 탈세 경험이 있는 납세자의 행동에서 상대적으로 더 큰 영향을 미치는 것으로 나타났다. 인성적인 요인 중 순응성과 조세포탈 성향은 正적인 관계가 있고, 책임성과 조세포탈 성향은 負적인 관계가 있는 것으로 나타났다. 포탈로 인한 경제적 기대 혜택, 불공정성에 대한 인식과 조세포탈 성향간에는 正적인 관계가 있었다. 불공정성은 근로소득자에 비해 자유소득자의 행동에 상대적으로 더 큰 영향을 미쳤고, 탈세 유경험 납세자와 탈세 유경험 자유소득자의 행동에서는 상대적으로 작은 영향을 미쳤다. 근로소득자와 탈세 유경험 납세자의 경우에서는 제재와 조세포탈 성향이 負적인 관계에 있는 것으로 나타났다.

한편, 인구통계학적인 요인 중 성별은 탈세 유경험 자유소득자에 비해 탈세 무경험 근로소득자의 조세포탈 성향에 상대적으로 더 많은 영향을 미치는 것으로 나타났고, 소득은 전체적으로 조세포탈 성향과 正적인 상관이 있는 것으로 나타났다. 특히 소득은 탈세 무경험 근로소득자에 비해 탈세 유경험 근로소득자의 조세포탈 성향에 더 많은 영향을 끼치는 것으로 나타났다.

이상으로 납세자의 조세회피를 밝히기 위한 선행연구들을 이론적 연구와 국내외의 실증적 연구로 나누어서 살펴보았다. <표 4-6>에는 납세자의 조세회피 행위에 대한 이론적 연구의 결과가 연구자별로 제시되어 있다. 이 표에서 알수 있는 바와 같이, 이론적 연구 방법에서는 주로 세율이나 제재와 같은 조세제도적인 요인들을 중심으로 납세자의 조세회피 성향을 밝히고자 했다. 연구자에 따라 연구 변인과 연구 결과가 약간씩 다른 점이 있기는 하지만, 대체적으로 누진세 제도하에서는 세율을 높일수록 조세회피 성향은 증가하고, 세무조사 횟수나 가산세율이 높을수록 조세회피 성향은 감소하는 것을 알 수 있다.

<표 4-6> 이론적 연구 결과

연구자	연구변인	주요 결과
Allingham과 Sandmo	세무조사, 세율, 가산세율	가산세율 및 적발확률이 높아지면 신고소득이 늘어날 것이다. 세율이 신고소득에 미치는 영향은 알 수 없다.
Srinivasan	소득 수준, 적발확률, 가산세율	적발가능성을 높이면 신고소득이 늘어난다 : 누진세가 적용되고 적발확률이 소득과는 무관할 경우, 소득이 높을수록 조세회피 성향이 강해진다. 비례세가 적용되고 적발확률이 누가적으로 높아지면, 총소득의 증가와 함께 조세회피는 줄어든다.
Yitzhaki	세율	탈세액에 대해 가산금을 부과할 경우, 세율이 증가함에 따라 조세회피는 줄어든다.
Christiansen	세율, 가산세율, 적발확률	일정한 조세회피로부터의 기대소득이 일정하다면, 적발확률에 비해 무거운 가산세가 더 효과적인 조세회피 억제책이다.
Benjamini와 Maital	불명예원가, 조세회피자 수, 타인의 조세회피에서 얻는 효용	납세자의 조세회피에서 오는 불명예원가가 큰 경우에는 조세회피 행위가 줄어든다. 주변에 조세회피자 수가 증가할수록 개인의 조세회피 행위는 증가한다.
Spicer	소득 수준, 적발확률, 가산세율, 세율, 정신적 원가	적발확률과 가산세율, 세율이 높아질수록 조세회피는 증가한다. 조세회피에서 얻는 기대소득의 심리적 원가를 초과하지 않는 경우에는 조세회피를 하지 않는다. 그러나 소득 수준과 조세회피 행위와의 관계는 알 수 없다.

또한 <표 4-7>에는 조세회피 행위에 관한 국내외의 실증적 연구결과들이 제시되어 있다. 납세자의 조세회피 행위에 영향을 미치는 변인들의 중요성은 연구자에 따라 전반적으로 일치하는 것도 있고, 상이하게 나타나는 것도 있다.

연령과 납세윤리, 과세 공평성에 대한 인식, 세율, 가산세율 등의 요인과 조세회피와의 관계는 대부분의 연구 결과에서 비슷하게 나타나고 있다. 이러한 결과들에 따르면, 인구학적인 변인 중 연령과 조세회피 성향과는 負적인 상관이 있다고 결론 내릴 수 있다. 즉, 연령이 많을수록 조세회피 성향은 줄어드는 반면, 젊은 사람들 사이에서 조세회피 행위가 많이 발생한다.

또한 세율과 조세회피 성향과는 正적인 상관이 있으며, 가산세율과 조세회

<표 4-7> 국내외의 실증적 연구 결과

연구변인\연구자	나이	교육	소득수준	소득원천	동료집단	불공평성	납세윤리	對정부신뢰도	세무조사	세율	가산세율	기타	종속변인
Vogel	-	+		+								자영업자가 원천징수대상자에 비해 조세회피 성향이 강함	납세자의 조세회피
Spicer와 Lundstedt		-			+	+				-		세무조사경험(+) 임금과 연금소득비율(+)	
Song과 Yabbrough	-	-				-	-						
Dean et al						+			+				
Ekstrand	-	+	+									세무관서와의 접촉빈도(+)	
Friedland et al	-									+	-		
Spicer와 Becker						+				+			
Clotefelter										+		임금과 이자배당률(-)	
홍학표		+	+	+	+	-		+				업무종사기간(+) 공평성(?), 탈세기회(+)	
전태영		-							-	+	+	조세행정의 공평성(-)	
이종환					無				-	+	-		
유시영	?		無	+	+	-			-	+	-		
이우운	-	?	+		+			-				세제의 복잡성(?), 조세지식(-) 순응성(+), 책임성(-), 포탈로 인한 경제적 이득(+)	

피 성향간에는 負적인 상관이 있다고 할 수 있다. 즉, 세율이 높을수록 납세자들의 조세회피 행위는 증가하며, 정확한 소득을 신고하지 않은 경우에 부과되는 가산세율이 높을수록 납세자의 조세회피 행위는 감소한다. 따라서 조세회피 행위를 줄이기 위해서는 가산세율을 높이는 것이 상당히 효과적임을 알 수 있다.

이와 같은 조세제도적인 요인 외에 납세자가 인식하는 과세 공평성과 납세자의 납세윤리 등은 모두 조세회피 성향과 負적인 상관이 있다. 즉, 과세가 공평하다고 생각하고 납세윤리가 높은 납세자일수록 조세회피 행위를 하지 않는다. 이에 비해 동료집단의 납세풍토는 조세회피와 正적인 상관이 있는데, 동료집단에 조세회피를 하는 사람이 많을수록 납세자의 조세회피 행위는 증가한다고 할 수 있다.

3) 조세회피 요인분석

이상에서 살펴본 국내외 이론적 연구 및 실증적 연구들은 몇가지 측면에서 한계를 드러내고 있다. 먼저, 조세회피 요인에 관한 이론적 분석모형들은 세율이나 처벌구조가 조세회피에 대해 미치는 영향에 관해 시사점을 주고 있지만, 납세자의 행동 면에서는 이렇다 할 대안을 보여주지 못하고 있다. 우선 이론적 분석모형에서는 조세회피 행위 적발확률이나 처벌확률과 같은 객관적인 확률로 분석했다. 그러나 납세자의 조세회피 행위를 결정짓는 데는 납세자 개인이 인식하는 주관적인 확률도 중요한 작용을 할 수 있다. 또 이론적 접근법은 납세자의 행동이 순전히 경제적 동기에서만 지배되는 것으로 보았으나, 인간은 사회적인 존재이며 공동체에 대한 의무감, 공동체 유지에 필요한 규범 등의 지배를 받는다는 점을 간과했다. 이러한 점에서 납세자의 탈윤리성과 효용 극대화를 기본가정으로 하고 있는 이론적 분석모형은 제한적인 타당성을 가질 뿐이다. 마지막으로 이론적 분석모형은 수학적 모형에 입각해서 논리를 전개하기 위해 매우 까다로운 전제조건들을 부여했기 때문에 현실적인 측면들이 걸여되어 있다는 점도 한계점으로 지직힐 수 있다.

실증적 연구는 이론적 연구에서 간과했던 납세자의 동기나 태도와 같은 요인들을 조사연구나 실험연구 등을 통하여 검증하고자 했다. 이러한 연구에서는 이론적 분석과는 달리 제재나 세율 등과 같은 조세정책적인 요소 외에도 납세자의 개인적인 요소를 포함한 여러요인을 채택해서 납세자의 조세회피 요인을 분석하였다. 납세자의 조세회피 행위는 여러 가지 요인에 의해 복합적인 영향을 받는다는 점을 고려해 볼 때, 분석에 많은 요인을 포함시키면 그만큼 설명력이 강해진다고 할 수도 있다. 그러나 연구자별로 개개의 변수를 정의하는 데도 차이가 나고, 따라서 정확히 어떤 요인이 조세회피 행위에 얼마만큼 영향을 미치는 지에 관해 결론을 내리기가 어렵다. 실증적 연구는 또 대부분 실험연구의 여러 가지 제약 때문에 조사 연구를 하는 경우가 많다. 조사연구는 비교적 짧은 기간에 많은 자료를 얻을 수 있다는 경제적 용이성 때문에 자주 사용되는 방법이다. 그러나 표본 추출상의 문제점이라든가 응답의 신뢰성 등 조사연구의 한계점으로 지적되어 왔던 내용들이 분명하게 통제되었다고 확신할 만한 연구도 드물다.

연구설계와 통계적인 분석기법상의 문제점도 지적할 수 있다. 과학적이고 신뢰성 있는 연구가 진행되기 위해서는 연구설계 단계에서부터 변인설정이나 연구모형, 분석기법을 정교하게 할 필요가 있다. 그러나 지금까지 진행된 대부분의 국내연구들은 외국의 선행연구에서 밝혀진 조세회피 요인들을 단순히 재검증하는 데 그친 경우가 많았고, 납세자의 조세회피 행동을 좀 더 명확히 설명할 만한 새로운 변인을 선정해서 분석한다거나 납세자 행위 모형설정을 통해 체계화시키지 못했다. 선행연구들을 바탕으로 선정한 변인들을 검증한다고 하더라도, 납세자의 조세회피 행위에 대해 설명력을 높이기 위해서는 변인들 간의 관련성을 상세히 검토한 후 변인을 선정하고, 그것을 바탕으로 적합한 연구모형을 이끌어낼 필요가 있다.

한편, 많은 표본을 대상으로 좋은 자료를 수집했다고 해도 통계적인 분석이 적절치 않으면 아무런 쓸모가 없다. 유용한 자료를 수집했음에도 불구하고 아주 엉성하고 단편적인 분석만 해서 자료에서 얻어낼 수 있는 정보에 비해 형편없는 결과만 나온 연구도 있고, 그 연구 결과가 통계적으로 유의미한 것인지 여부를 알 수 없는 연구도 있다. 조사연구는 여러 가지 면에서 한계점을 갖기 때문에 조사자료를 분석하는 데 통계적으로 정확하고 엄격한 분석기법이 요구된다고 하겠다.

결국 납세자의 조세회피 행위에 영향을 미치는 요인은 다양한 측면에서 논의된다. 기본적으로는 납세자의 사회인구학적인 특성에서부터 조세제도적인 측면, 납세자의 태도나 동기, 조세회피 기회에 이르기까지 아주 다양한 요인들이 납세자의 조세회피 행위에 영향을 미친다.

정리하면 조세제도적 요인과 주관적 인식요인, 사회인구학적 요인으로 구분된다고 하겠다(임원식, 1998).

(1) 조세제도적 요인

㉮ 가산세

조세법은 본래의 납세의무 외에도 과세권의 행사 내지 조세채권 실현을 확보하기 위하여 신고의무, 자진납부의무, 기타 협력의무 등 많은 의무를 납세자에게 지우고 있다. 이러한 각종 의무를 불이행할 경우 행정상 제재를 세금의 형태로 과세하는 것이 가산세이다(국세기본법 제47조). 가산세는 일종의 행정벌적 성격을 가진다.

Allingham과 Sandmo(1972)는 가산세율을 높이면 신고소득이 증가하기 때문에 벌칙을 강화함으로써 조세회피를 감소시킬 수 있다고 주장했다. 가산세율과 조세회피의 관계를 연구한 Jackson과 Jones의 연구(1985; 7-17), Madeo, Schepanski, 그리고 Uecker의 연구(1987; 323-342) 등에 따르면, 조세회피율과 가산세율 사이에는 正적인 상관관계가 있는 것으로 나타났다. 이에 반해 Singh은 기대소득 극대화 모형을 이용해서 가산세율이 높아지면 조세회피가 감소한다고 보았다(1973; 257-263). 그는 조세회피가 없을 경우 각 소득 수준에 대한 적발확률의 최적값은 가산세율이 증가함에 따라 감소한다고 했는데,

이것은 가산세율이 높아질수록 조세회피에 대한 적발비용은 적어지거나 혹은 동일한 비용하에서 조세회피가 감소한다는 것을 의미한다.

요컨대, 적발확률이 가산세의 함수인 경우에는 가산세의 조세회피 억제효과가 불확실하지만, 이런 경우를 제외하면 가산세가 조세회피 억제 효과를 갖는다. 따라서 일반적으로 가산세가 조세회피를 억제한다는 견해는 이론적 근거를 갖는다고 볼 수 있다.

㉯ 세율

세율이 조세회피에 영향을 주는 요인인가 하는 문제는 많은 학자들의 연구 관심사였다. 특히 이 요인의 이론적 근거는 Allingham과 Sandmo, Yitzhaki등에 의해 제시되었으며, 이들은 세율이 조세회피에 미치는 영향을 이론적으로 분석하였다. 이들의 연구에 따르면, 조세회피액에 대해 가산세가 부과될 경우에는 세율 증가가 조세회피 행위를 감소시키고, 가산세가 미신고소득에 부과되면 그 영향이 불확실하며, 가산세가 미신고소득에 부과되고 세율 증가에 일괄이전지출의 증가들이 수반되면 세율 증가가 조세회피 행위를 증가시키는 것으로 나타났다.

한편, 실증적인 연구에서는 세율이 높을수록 조세회피 정도가 증가한다는 것이 일반적인 연구 결과이다. 납세자가 이러한 의사결정을 하는 이유는 분명치 않으나, 세율이 증가하면 납세세액이 증가하여 가처분소득이 감소하므로 조세를 회피해서 세율이 증가한 만큼의 이득을 얻고자 하는 심리적 경향을 갖기 때문인 것으로 보인다. 납세자는 소득금액 전체에 대한 실효세율[4] 보다는 한계세율[5]에 더 민감하게 반응한다. 그래서 많은 실증적 연구들은 평균적

---

[4] 실효세율: 법인 또는 개인은 소득세, 법인세 외에 방위세, 주민세 등을 납부하는데 이 같은 세금의 합계액에서 감면세액과 공제세액을 차감한 실납부세액이 개인소득 또는 법인소득에서 차지하는 비율을 말한다.

[5] 한계세율: 초과누진세율에 있어서 과세표준금액을 여러 단계로 구분한 각 단계를 과세계급(bracket)이라고 하는데 이때, 각 과세표준 금액에 적용되는 세율을 말한다.

인 실효세율보다는 한계세율을 결정변수로 하여 연구를 시행하였고, 한계세율과 조세회피 행위 사이에는 正적인 상관이 있다는 견해를 지지했다. Clotefelter(1983)는 한계세율과 조세회피가 직접적으로 관련되어 있다고 결론 내리고 있다. 그에 따르면, 납세행위에 관련된 다른 특성을 상수로 두었을 경우에는 높은 한계세율을 적용받는 납세자가 낮은 한계세율을 적용받는 납세자에 비해 자신의 과세소득을 낮게 보고했다. 그는 TCMP[6])에서 분류된 소득계층 중 3개 소득계층을 대상으로 조사하였는데, 모두 다 한계세율이 조세회피와 유의미한 정적 상관을 보이는 것으로 나타났다. 그러나 이와 상반된 연구 결과도 있다. Cox(1984; 283-288)가 조사한 바에 따르면, 조세납세 성실도는 한계소득세율이 높은 집단일수록 오히려 증가하다가 그 이상의 한계세율 증가에 대해서는 점차적으로 감소하는 것으로 나타났다. 다시 말해서 성실하지 않은 소득계층은 비교적 낮거나 높은 소득세율을 적용받는 집단이고, 가장 성실한 집단은 중간 정도의 소득세율을 적용받는 집단이라는 것이다.

그러나 한계세율과 납세의무 이행수준 사이의 관계를 분석한 연구는 타당성이 없다는 주장도 있다. Greatz와 Wilde(1985)는 세율과 조세회피율과의 상관관계 자체가 허구라고 주장했다. 세율이 낮으면 조세회피를 통해 얻어지는 납세자의 이익도 낮으며, 따라서 세율이 낮으면 낮을수록 조세회피의 효과가 작아서 조세회피는 줄어든다. 그러나 한편으로는 세율이 낮아지면 정부 입장에서도 세무조사의 금전적 효과가 낮아 세무조사를 소홀히 하게 되며, 회피사실이 적발된다고 하더라도 그에 따른 벌금 또한 낮아질 것이므로 납세자는 세무조사를 두려워하지 않게 되고 조세회피는 증가한다고 생각할 수도 있다.

Graetz와 Wilde는 조세회피 의사결정에서 중요한 변수는 조세회피 기회와

---

6) TCMP (Taxpayer Compliance Measurement Program) : Unitedstates GAO에서 개발한 납세자 불평측정 프로그램.

소득 증가에 따른 위험 성향의 변화, 사회심리적인 요인이며, 세율은 중요한 변수가 아니라고 주장했다. 그러나 세율이 다른 변수들과 복합작용을 하게 되므로 모든 경우에 세율과 조세회피율 사이에 正적인 상관이 있다고 할 수는 없지만, 일반적으로 正적인 상관관계가 있다는 주장은 옳은 것 같다. 세율이 100%라면 모든 납세자가 어떤 방식으로든 조세를 회피할 것이기 때문이다.

㉰ 세무조사

 대체로 세무조사 확률이 높을수록 조세납세 성실도가 증가한다는 결과가 많이 나와 있다. 이는 당연한 것인지도 모른다. 왜냐하면 사람들은 대부분 조사를 받을 때 불쾌한 기분을 느끼고 불안해하며, 자료를 제출하는 작업에 비용이 들고 귀찮기 때문이다. 그러나 실제 세무조사의 확률과 납세자들이 생각하는 세무조사 확률에는 큰 차이가 있다는 점을 고려해야 한다. 즉, 세무조사 확률 자체보다는 납세자가 인식하고 있는 적발확률이 조세회피 행위에 더 많은 영향을 끼칠 수 있다는 것이다. 실제로 이러한 내용은 실증적 연구로 검증된 바 있다. 그러나 홍학표의 연구(1990)는 이와는 다른 내용을 보여주고 있는데, 세무조사의 빈도는 오히려 조세회피 가능성을 증가시킬 수 있는 것으로 나타나서 잦은 세무조사가 조세 성실납세에 부정적인 영향을 끼친다는 것을 시사해준다.

 한편, 납세자가 인식하고 있는 적발확률의 크기 즉, 납세자의 적발 위험에 대한 인식 정도는 불변의 것이 아니고 수시로 변할 수 있다. Spicer와 Hero의 실험연구(1985)에 따르면, 세무조사를 받은 경험이 있는 사람은 세무조사를 받을 확률을 높게 보는 경향이 있으며, 따라서 이들의 조세회피율은 감소된다고 한다.

(2) 주관적 요인

㉮ 납세윤리

성실한 조세납세와 관련된 사회적 규범이나 역할기대가 조세회피 행위에 많은 영향을 미친다는 사실이 여러 실증적 연구를 통해 밝혀졌다. Grasmick과 Scott의 연구 결과(1982)에 따르면, 납세자의 조세회피 행위는 납세와 관련된 사회적 규범에 대해 납세자가 갖는 애착심의 강도에 영향을 받고, 납세의무에 순응하는 사람들은 일반적으로 탈세를 매우 비도덕적이거나 옳지 못한 행동으로 보는 경향이 더 짙은 것으로 나타났다. Tittle(1980)의 연구 결과에 따르면, 세법에 순응하도록 동기유발을 시키는 데는 사회적 체면의 손상과 같은 비공식적인 제재가 법적인 처벌과 같은 공식적인 제재 못지 않게 중요한 것으로 나타났는데, 이는 납세의무를 성실히 이행하는 데 납세윤리가 차지하는 비중이 크다는 것을 잘 보여주고 있다. 이러한 비공식적인 제재가 효과성을 갖는다고 하는 것은 성실한 납세를 뒷받침해주는 사회적 규범이 있어야 한다는 것을 말해준다.

㉯ 정부에 대한 신뢰도

세금 문제에서 납세자들이 정부를 신뢰한다는 것은 세금의 부담측면과 아울러 징수한 세금의 지출측면을 포함하는 의미를 가진다. 즉, 정부가 세금을 효율적으로 관리 운용하고 있는 지의 여부에 대한 태도라고 볼 수 있다. 납세자가 정부의 징세에 대해서 신뢰한다면 조세회피 경향은 줄어든다고 예상할 수 있다. 특히 지출 측면은 정부가 거둬들인 세금을 공평하고 납득할 수 있는 방법으로 지출하는가 하는 문제로서, 이러한 측면은 정부지출의 수혜자인 납세자의 입장에서 당연히 생각해볼 수 있는 요소이다. Vogel(1974)에 따르면, 납세자들은 정부가 세금을 의미없는 목적에 사용하고 있으며(56%가 동의),

불필요한 사회적 개혁에 세금을 낭비하고 있다(51.5%가 동의)고 생각하는 것으로 나타났다. 세제에 대한 긍정적인 태도 및 자발적이고 성실한 납세풍토는 세금에 의해 제공되는 이익을 깊이 이해함으로써 가능하다는 점을 고려해 보면, 납세자들의 정부에 대한 신뢰도 여부는 조세회피에 많은 영향을 미친다고 볼 수 있다.

  ㉢ 공평성

조세공평성은 거래의 공평성 및 납세자의 공평성과 관계가 있다. 거래의 공평성은 납세자의 조세부담과 정부의 조세서비스 등 혜택과의 거래관계에 대한 정도이고, 납세자의 공평성은 조세의 제1원칙인 납세자의 수직적 공평성과 수평적 공평성이라고 할 수 있다. 거래의 공평성에서 기본적인 가정은 정부의 재정지출이 국민들에게 공평하게 돌아가도록 이루어져야 한다는 것이다. 납세자는 자신이 납세한 세액과 정부지출 수혜의 정도에 따라 재정지출의 공평성에 대해 인식을 달리하게 된다. Song과 Yabrough(1978)는 조세제도가 불공평하다고 생각하는 납세자들이 그렇지 않다고 생각하는 납세자들에 비해 조세회피 성향이 높다는 사실을 입증했다. 따라서 납세자는 정부의 재정지출과 자신이 납세세액을 일종이 거래로 간주한다는 것이다

납세자의 공평성은 국가가 필요로 하는 세수를 납세자에게 공평하게 부담시켜야 한다는 원칙이다. 여기에는 수평적 공평성과 수직적 공평성이 있는데, 전자는 동일한 조건하에 있는 납세자에 대해서는 동일한 세액을 부담시켜야 한다는 원칙이고, 후자는 높은 경제력을 가진 사람은 상대적으로 무거운 조세를 부담하고 경제력이 낮은 사람은 상대적으로 가벼운 조세를 부담한다는 원칙이다. 즉, 조세부담은 모든 납세자들에게 똑같아야 한다는 내용을 기본으로 한다고 볼 수 있다. 만일 납세자 자신이 다른 사람에 비해 상대적으로 조세부담이 많다고 인식하면 조세회피로 인해 발생한 추가적 소득의 한계효용

은 증가할 것이며, 따라서 조세회피 행위는 증가할 것이다. 그러나 자신이 재정적 거래에서 다른 사람에 비해 상대적으로 이익을 보고 있다고 인식하면 죄책감을 느끼게 되고 조세회피로 인한 한계효용은 줄어들게 되며, 따라서 조세회피 행위는 줄어들게 된다.

㉔ 동료집단의 납세풍토

납세자의 조세회피 행위와 관련된 연구에서 나타난 일관된 주장 가운데 하나는 동료집단의 영향에 관한 것인데, 동료집단에 조세회피를 하는 사람이 많다고 생각하는 납세자일수록 조세회피를 하는 경향이 높다는 것이다. 동료집단에는 친구, 친척, 함께 일하는 사람, 知人, 납세자가 존경하는 사람 등 다양한 사람이 포함된다.

동료집단의 조세회피가 납세자의 조세회피 행위에 미치는 영향은 무임승차 모형으로 설명할 수 있다. 각 납세자는 자신의 이익에 기초해서 의사결정을 하기 때문에 "너는 납세를 해야 하지만 나는 조세를 회피하겠다"는 태도를 갖는다. 그러나 납세자들에게는 납세 의식이 있고, 따라서 조세회피 행위를 하게 되면 정신적 부담을 느끼게 되어 무임승차자로서의 위치를 선택하려는 유혹을 떨치게 된다. 무임승차자로서의 위치를 선택하려는 경향이 감소하면 납세자는 "네가 납세하면 나도 납세하고, 네가 회피하면 나도 회피하겠다"는 태도를 갖게 된다. 따라서 주변의 동료집단 중에 조세회피를 하려는 사람이 많다고 생각되면 납세의식은 저하되고, 따라서 납세자는 조세회피를 하고 싶은 강한 의지를 갖게 되는 것이다.

또한 납세자들은 타인이 조세회피 행위를 한다고 생각하면 자신의 조세회피 행위를 정당화하고, 조세를 회피하고자 하는 행동의지를 갖게 된다. 납세자가 자신의 마음 속에서 회피를 정당화하는 동기는 기질적 요인과 상황 요인으로 나눌 수 있다(S. E. Kaplan., P. Reckers and S. Roark, 1988; 371~389).

예를 들면, 납세자가 조세회피 행위를 하겠다고 결정했을 경우, 그 원인을 자신의 납세의식 결여에 둘 수도 있고, 조세제도의 불공정성에 둘 수도 있다. 전자의 경우는 기질적 요인이고, 후자는 상황 요인이다. 사람들은 책임문제가 발생할 경우 자신의 의지에 따라 행한 행동을 상황 요인으로 돌려서 자신의 행동을 정당화하려는 경향을 갖는다. 이러한 논리를 조세회피 행위에 적용시켜 본다면, 납세자는 주변의 여건에 따라 조세회피 행위의 원인을 상황 요인으로 돌려 자신의 조세회피 행위를 정당화시켜서 조세를 회피하고자 하는 행동의지를 갖게 된다고 할 수 있다.

(3) 사회인구학적 요인

㉮ 연령

선행연구에서는 대체로 연령과 조세회피 행위 사이에 負적인 상관이 있는 것으로 나타났는데, 즉 연령이 많을수록 조세에 순응한다는 것이다. Tittle은 그 이유를 라이프사이클과 세대차이에서 찾고 있다(1980). 젊은 납세자들은 위험을 더 선호하고 제재에 덜 민감하며(이를 라이프 사이클 차이라고 함), 그들이 성장하는 동안에 받았던 사회심리학적인 차이에 영향을 받는다(이를 세대차이라고 함).

연령과 조세회피간에는 負적인 상관관계가 있다는 사실이 자주 보고되기는 했으나, 일부 연구자들은 이 두 요인간에 유의미한 관계를 발견하지 못했다. Clotefelter의 연구에서는 가장 젊은 층과 가장 연령이 높은 층의 조세순응 정도가 가장 높은 것으로 나타났다. 그는 이를 바탕으로 연령과 조세회피 행위 사이에는 직선관계가 아니라 곡선관계가 존재할 수도 있다고 추정하고 있다. 만일 이러한 곡선관계가 정말로 존재한다면, 직선관계를 이용한 선행연구들에서는 연령과 조세순응 간의 관계가 과소평가되었을 가능성도 있다. 그러나 아직도 연령과 조세회피 행위와의 관계는 미해결로 남아 있다.

㉯ 교육수준

교육 변수에는 일반적인 재정에 대한 지식과 조세회피에 대한 특수한 지식 등이 포함되는데, 전자는 세금의 필요성을 인식시킴으로써 조세를 부담으로 여기는 사고방식을 면하게 해주는 기능을 한다. 그러나 Witt와 Woodbury의 연구 결과에 따르면, 교육 수준이 높을수록 조세회피 성향이 강한 것으로 나타났는데, 이는 두 번째 측면의 지식이 부정적인 효과를 지니고 있다는 점을 암시해준다. 따라서 교육 수준과 조세회피 행위와의 관계는 명확치 않다. 그러나 교육 수준과 소득 수준의 관계를 고려해 본다면, 교육 수준이 단일한 요인으로 조세회피 행위에 영향을 준다기보다는, 소득 수준과 복합적으로 영향을 미칠 수도 있다는 점을 고려할 필요도 있을 것 같다.

㉰ 소득수준

소득 수준이 중요한 조세회피 요인이 되는지에 관해서는 연구결과들이 서로 일치하지 않고 있다. 누진세율 체계하에서는 소득수준이 높을수록 납세자가 조세회피에 의해 많은 금액을 얻을 수 있으나, 이 금액의 경제적 효용은 낮을 수 있다. 반면 소득 수준이 낮은 납세자는 사회적 이해관계가 적고 따라서 조세회피 행위가 적발된다고 하더라도 사회적 위치에 손상받을 일이 적을 것이다. 그러나 소득 수준이 낮은 납세자는 잠재벌금의 한계효용이 상대적으로 크기 때문에 위험을 감수하려는 의욕이 저하될 수도 있다. 이러한 추론에 따르면 소득 수준만을 요소로 하는 경우 조세회피 행위에 미치는 영향은 가변적이며, 소득 수준과 납세자의 특성을 동시에 고려해서 분석을 해야 의미있는 결과가 도출될 것으로 보인다.

어떤 결과가 옳은지는 단정지을 수 없지만, 실증적 연구에서 소득 수준과 조세회피 행위와의 관계를 분명히 밝히지 못한 원인은 통계적 처리나 연구설계에 미흡한 점이 있었기 때문일 수도 있다. 대부분의 선행연구들은 선형모형의 통계기법을 사용하였다. 선형모형에서는 저소득층과 고소득층 중 어느 쪽이 조세를 더 많이 회피하는가를 비교 분석한다. 그러나 소득 수준과 조세회피 간에는 곡선관계가 있을 수도 있으며, 그럴 경우에는 선형모형을 사용하여 상관관계를 추정하는 것이 잘못된 결과를 초래할 수도 있다.

또한 많은 연구들은 전문직업을 가진 고소득층이 조세회피 정도가 높다고 지적하고 있다. 그러나 이는 소득 수준이 아니라 조세회피 기호의 차이라고 볼 수도 있다. 중간소득계층은 대부분이 원천징수 대상이 되는 봉급생활자로서 조세회피 기회가 제한되어 있으나, 저소득층이나 고소득층은 일반적으로 자영업자나 전문직업인으로 볼 수 있으므로 상대적으로 조세회피 기회가 많기 때문에 소득수준과 조세회피간에는 곡선관계가 있을 수도 있다.

㉣ 소득원

소득원이란 소득의 유형이나 본질이라고 할 수 있다. 소득세의 경우, 근로소득에 비해서 사업소득을 과소신고하는 것이 더 용이하다. 왜냐하면 근로소득은 원천징수라는 제도적인 규제로 인해 조세회피의 기회가 많이 제한되기 때문이다. 선행연구에서는 대체로 소득원천이 조세회피 행위의 중요한 설명변수라는 데 이견이 일치하고 있지만, 다른 조세회피 요인들과의 관계는 분명치 않다. 예를 들어, Cowell의 연구(1985)에서는 소득 수준과 직업, 그리고 적발확률이 소득원천과 관계가 있는 것으로 나타났고, Hotaling과 Arnold의 연구 결과(1981)는 소득원천과 납세자의 윤리, 납세자의 불공평성 간에 어떤 특수한 관계가 존재할 수도 있다는 점을 보여주고 있다.

V. 조세정책 동향 및 사례 분석

1. 국내외 조세정책

오늘날 조세행정은 매우 중요한 의미를 내포한다. 역사적으로 국가는 국민들로부터의 조세징수를 극대화하려고 노력해 왔으며, 국민들은 제도와는 관계없이 조세부담의 극소화를 추구하여 왔다. 따라서 국민들, 즉 납세자들의 조세부담에 대한 이해와 탈세 혹은 조세회피를 최소화하려는 국가의 노력은 조세행정으로 나타나며, 조세행정은 궁극적으로 조세정책이 현실에 반영될 수 있도록 하는 역할을 수행하게 된다. 조세정책의 기본적 목표는 궁극적으로 납세자들이 성실납부를 이행하도록 하는 것인데, 주요 국가나 우리나라의 경우는 납세자의 성실납부를 유도하기 위한 방안으로 '세무조사 대상 선정'이나 '가산세율의 설정' 등을 통해 납세자들의 성실납부를 유도하고 있다.

우리나라의 경우 세무조사 대상 선정 비율은 대체적으로 소득세가 0.24%, 부가가치세가 0.48% 수준으로 선진국의 1~2%에 비해 매우 낮은 수준이다. 또한 가산세율의 경우도 우리나라는 대체로 10~15% 정도 수준이지만, 주요 선진국의 경우는 가산세율이 매우 다양할 뿐만 아니라 대체적으로 우리나라보다 훨씬 높은 수준인 것으로 평가되고 있다(손광락, 1997). 물론 우리나라는 가산세율이 상대적으로 낮은 대신 조세범처벌법에 의하여 국세청에서 고발할 수 있으며, 이 때 적용되는 벌칙수준은 매우 높은 실정이지만 실제로 운영되는 실태를 살펴보면, 국세청에서 고발하는 건수는 매우 적으므로 조세범처벌법이 납세자의 성실납부에 미치는 영향은 거의 없는 것으로 판단할 수 있다(김익래, 2001; 8).

오늘날 주요 선진국에서 보다 효율적으로 납세자들의 성실납부를 유도하기 위한 기본적 모델로서 미국 국세청(Internal Revenue Service)의 기본목표를 제시하고 있는데, 국세청에 따르면(IRS, 1995), 첫째, 자유의사를 통한 성실납부 및 성실신고 수준의 증진, 둘째, 납세자 만족도 극대화 및 납세협력 비용의 극소화, 셋째, 조세행정의 생산성 증진 등이다.[1]

1990년대 이후 많은 선진국들은 강력한 세정개혁을 추진하고 있는데, 이는 기본적으로 성과 및 결과, 그리고 시민에 대한 봉사를 중시하는 행정개혁, 정보기술의 급격한 발전, 세계화 및 개방화에 따른 경제환경의 변화 등 조세환경이 급속히 변모하는데 따른 대응이라고 할 수 있으며, 납세자에 대한 서비스 개선이 그 주요 특징이라고 할 수 있다(원윤희, 2000; 260). 다음은 세계 주요국의 납세자 서비스 개선을 위한 주요 세정개혁이다(김익래, 2001; 21-32).

1) 미국

(1) 조세개혁

1990년대 이후 많은 선진국들은 강력한 세정개혁을 수립, 착수하여 왔다.

---

[1] 미국 국세청의 3대 기본목표 이외에도 5대 하위목표가 존재하는데, 첫째목표인 납세자의 자발적인 성실신고 수준을 향상시키기 위하여 미국 국세청은 1992년부터 <Compliance 2000>이라는 새로운 전략을 만들고, 다시 구체적인 연차별 사업계획을 마련하여 이를 진행시키고 있다. 다음으로 둘째 및 셋째 목표를 달성하기 위하여 국세전산망 현대화 전략(tax system modernization), 세무공무원 윤리수준 제고 전략, 납세서비스 다양화 전략, 행정관리 쇄신 전략 등의 사업이 제시되고 있다(김익래, 2001; 19).

이는 기본적으로 성과 및 결과, 그리고 시민에 대한 봉사를 중시하는 행정개혁, 정보기술의 급격한 발전, 세계화 및 개방화에 따른 경제환경의 변화 등 조세환경이 급속히 변모하는데 따른 대응이라 할 수 있다(김익래, 2001; 20-21). 특히 납세자에 대한 서비스 개선에 가장 큰 초점이 맞추어지고 있다는 특징을 보여주고 있다.

이러한 납세서비스의 강화는 조직체계의 개편, 세법 및 각종 신고서식의 단순화, 전화 및 전자신고 및 납부방식의 확대를 통한 편의성 제고 등을 주요 내용으로 하고 있는데, 이는 기본적으로 조세관계에서 능동적인 주체로서의 납세자가 그 의무를 성실히 이행하는 것을 도와주는 것이 세무행정의 가장 중요한 본질임을 의미하는 것이기도 하다(원윤희, 2000; 260). 미국의 경우는 1995년부터 약 1년 간의 논의 끝에 탄생한 'A Vision for New IRS' 보고서와 'The Internal Revenue Service Restructuring and Reform Act of 1997'이라는 법안을 그 시발점으로 납세자를 위한 조세개혁을 해오고 있다.

미국은 위의 법안이 통과되기 이전인 1995년 10월에 국세청 운영에 대한 공청회를 통해 국세청 문제점들을 파악하고 이를 기반으로 국세청 개혁에 들어가 7개의 지방국세청을 4개로 줄이는 한편 63개의 세무서를 33개로 축소 개편하였다. 또한 납세자 편의 도모를 위해 주로 전화민원을 처리하는 민원서비스 센터를 7개에서 23개로 확대하는 조직개편을 단행하였다(국세청, 1996; 23-24). 이후 미국은 납세자의 편의를 증진시킨다는 계획 아래 추가적인 조세개혁을 단행하여 왔는데, 이에 대한 상세한 개혁조치들은 다음 표에서 보는 바와 같다.

(2) 조세개혁의 초점

조세제도는 일반적으로 소득기반 과세제도(income based taxation)와 소비기반 과세제도(consumption based taxation)로 구분된다. 이러한 구분을 적용

<표 5-1> 미국의 조세개혁 전개과정

조세개혁	내 용
1996년 7월	납세자권리신장을 목표로 한 '납세자권리헌장' 제정 및 발표.
1997년 6월	'새로운 국세청에 대한 전망(A Vision for New IRS)'이라는 개혁관련 종합보고서 및 'The Internal Revenue Service Restructuring and Reform Act of 1997(미국 국세청 개혁법안)' 법률안 제출을 시발로 본격적인 조세개혁에 착수.
1997년 7월	납세자의 조세부담을 경감시키기 위하여 납세자권리구제법안 마련.
1997년 11월	'문제해결의 날' 행사를 시작하여 억울한 납세자의 권리 구제를 위하여 납세자가 관할세무서를 방문하여 애로사항을 호소하면 즉석에서 해결하도록 하는 행사를 매월 하루(토요일)를 정하여 전국 33개 세무서에서 실시. 실적위주의 국세공무원 평가방법을 폐지하고 납세자 및 종사직원의 만족도에 근거한 근무성적코드를 고안하여 직원평가에 반영. 장기적으로 직원채용, 훈련, 평가, 보상방식의 변화를 통해 국세공무원이 보다 나은 납세서비스를 제공하도록 조치.
1998년 1월	지금까지의 조직형태인 기능별, 지역별 분류에서 네 가지 납세자 유형별(봉급생활자 및 단순투자소득자, 중소기업, 대기업, 면세단체)로 재편성하여 사업시작부터 종료까지 납세자를 관리하고, 납세자의 세적이 변동되더라도 불편이 없도록 조직을 개편. 중소기업에 대하여 전화신고제를 도입하여 전국적으로 실시.
1998년 3월	전화 및 전자신고방식을 도입하고, 우편신고를 한 납세자는 은행지로로 세금을 납부할 수 있도록 조치.
1999년	세금신고기간 동안 전국의 지정 공공장소 150개소에 납세안내책자, 세금신고서식을 비치. 납세자고충처리시스템을 이용하여 납세자 불만사항의 처리여부 상시 파악. 상당기간 해결이 지체되는 경우 차상급 관리자에게 재배정하여 관리. 세법이나 회계지식이 없는 납세자도 쉽게 작성이 가능하도록 신고서식 단순화. 불필요한 납세안내문의 발송을 축소. 약 2백만 명에 달하는 저소득층 신고면세자에 대하여 신고의 불필요성을 적극적으로 홍보. 중소기업에 대한 지원을 강화하기 위하여 세무정보의 제공과 안내교육 실시.
1999년 3월	미국 국세청 현대화 계획 수립 및 추진 ・기본취지; 미국 국세청 임무를 정하여 납세자의 납세의무에 대한 이해와 이행. ・기본목표; ① 납세자는 국세청과의 접촉이 편리해야 하고, 의사소통은 명확해야 하며, 납세자의 비용과 잘못된 과세는 줄이기 위해 납세자는 정확하고 빠르게 정보를 얻고 이에 따른 회계조정을 할 수 있어야 하며, 세무조사 또는 과다한 징수를 받은 때에는 즉시 통보를 받고 합당한 권리를 누릴 수 있어야 함.

> ② 납세의무이행은 국세행정에서 필수적인 것이므로 모든 납세자는 성실하고 공평한 법 적용을 받아야 하며, 납세교육 및 홍보와 자발적인 합의, 발전된 법령의 정비, 전화를 통한 부과의 사전조정 등 납세의무이행을 더욱 잘 할 수 있는 방법을 개발하고, 징수액 뿐만 아니라 제공되는 서비스의 질적 수준을 평가하면서 납세의무 이행수준과 업무성과 측정기준을 아울러 개발.
> ③ 양질의 근무환경 제공으로 생산성을 향상시키기 위하여 최신의 기술장비를 지원하고 풍부한 훈련과 효과적인 관리, 조직목표에 적극적으로 참여할 수 있는 활동기회를 부여하고, 관리자의 의사소통을 촉진할 수 있는 분위기 조성.

자료: 국세청(1996), 《국세청 30년사》, pp. 23-32., 재구성.

하여 살펴볼 경우, 미국의 연방정부 세입기반은 전통적으로 소득기반 과세제도라고 파악할 수 있다.

조세정책의 근간으로서의 현대적인 소득세제는 1913년에 도입되었으나, 이 시기에는 개인의 소득규모가 크지 않았고, 그나마 소득파악을 위한 정부의 인프라가 정착되지 않았으므로 소득세수가 전체 세수에서 차지하는 비중도 크지 않았다. 따라서 세법에서 소득세제를 규정하는 일은 매우 간단하였다. 그러나 현재에 와서는 소득세제를 세법에서 규정하는 데 있어 매우 복잡한 용어와 과정을 통하여 규정함에도 불구하고 많은 어려움을 겪고 있으며(현진권, 2003; 19-20), 이에 따른 납세자들의 납세협력비용(compliance cost)과 세정당국의 행정비용(administrative cost)도 매우 크다는 것은 이미 잘 알려진 사실이다.[2]

---

[2] 이처럼 세제가 복잡해지면 그로 인한 사회적 비용이 급격하게 야기되는데, 그 대표적인 것으로는 납세협력비용, 조세행정비용 등이라 할 수 있다. 이에 대해 구체적으로 살펴보면, 납세협력비용은 일반적인 납세자들에게는 생소한 용어이지만, 조세전문가들에게는 세제개혁시에 고려해야 하는 중요한 개념이다. 세제가 복잡하게 되면 납세자들은 어려운 세제를 정확하게 이해하기 위해 많은 시간과 비용을 지불하게 된다. 다음으로 세제가 복잡할수록 납세자들의 납세협력비용과 함께 조세행정비용도 증가하게 된다. 재정학에서는 조세의 복잡성을 논의할 때, 납세협력비용과 조세행정비용을 합산한 비용을 조세의 복잡성을 측정하는 대리변수로 많이 사용하고 있다. 따라서 납세협력비용과 조세행정비용은 세제의 복잡성을 설명하는데 가장 중요한 요인으로 간주할 수 있다(현진권, 2003; 20).

따라서 미국은 조세의 복잡성을 나타내는 납세협력비용과 조세행정비용을 줄이기 위한 노력을 경주하여 왔다. 즉 1986년에 이루어진 미국의 조세개혁은 세계 제2차 대전이후 미국 연방소득세제에 있어서 가장 획기적인 변화로 상징되고 있다.

1986년 세제개혁의 정책방향은 "넓은 세원과 낮은 세율"로 표현할 수 있는데, 넓은 세원이란 조세지원을 최소화해서 가능한 한 세원을 넓히겠다는 것이며, 세원이 넓어지므로 세율을 낮출 수 있다는 것이다. 여기서 조세지원을 축소한다는 것은 모든 세원에 대해 같은 세부담을 부과하는 것으로 수평적 형평성을 높일 수 있다는 것이다. 또한 모든 세원에 꼭 같은 세법적용이 되므로 세법이 단순해질 수밖에 없는 것이다. 이와 더불어 낮은 세율이 의미하고 있는 것은 세제로 인한 자원배분의 왜곡을 최소화하겠다는 것을 의미한다. 따라서 세율을 감소시킨다는 것은 그만큼 경제에 주는 비효율의 크기를 대폭 감소할 수 있으며, 세율감소로 인한 또 하나의 사회적 혜택은 경제 활성화로 이어진다는 점이다. 세율이 감소함에 따라 민간경제의 주체들은 그만큼 노동공급과 투자를 증가함으로써 결과적으로 경제성장에 이바지하게 된다(현진권, 2003; 25-26).

그러나 1986년 미국의 조세개혁은 최고 한계세율을 50%에서 28%로 낮추고, 많은 조세지출 항목을 폐지하는 등 당초 목적을 부분적으로 달성하였으나(하길문, 2002; 51), 이해집단의 로비와 공무원들의 관료주의적 행위 등이 복합적으로 작용한 결과 조세지원의 확대와 세제의 복잡성이 다시 원상 복귀되었다.[3] 결과적으로 1986년의 조세개혁은 정책목표를 달성하지 못한 것으로

---

3) 이러한 비판과 관련하여, Alan Auerbach(1999)는 1986년 조세개혁은 정치적으로 안정되지 못한 것으로 나타나고 있다고 언급하고 있다. 즉 1986년의 조세개혁은 정치적 이해 속에서 다소의 조정이 필요한 비정상적인 상황에서 단행되었다고 주장하고 있다. 자세한 것은 Auerbach, A.(1999), 《Lessons form the Tax Reform Act of 1986 and Its Aftermath》, UC Berkeley Univ. 참조할 것.

평가할 수 있으며, 이에 따라 복잡한 세제, 경제성장을 저해하는 세제로 많은 비판을 받게 되었다(현진권, 2003; 27-28).

이후 잇따른 미국의 조세개혁(1990년, 1993년, 1997년)은 계속적인 실패로 인하여 1986년 이전의 비슷한 수준으로 되돌아갔으며, 1986년에 폐지되었던 조세지출항목도 새롭게 부활되었으며, 세율체계로 인한 조세제도도 1986년 이전보다 훨씬 더 복잡해졌다(하길문, 2002; 51-52). 그러나 신경제가 등장하면서 미국의 계속적인 장기호황과 함께 정부의 재정여건이 향상되고, 부시(Bush) 대통령의 당선 이후 조세감면 조치가 취해졌다.

그에 따른 감세정책의 효과는 개인소득세율의 인하, 상속 및 증여세 폐지와 자녀세액 공제 인상, 부부합산 신고자에 대한 특별공제 순 등이라 할 수 있다(하길문, 2002; 52).[4] 현재 부시 대통령은 계속해서 조세감면 정책을 추진하려는 노력을 보이고 있다. 즉 2003년 7월 21일 3,300억 달러 규모의 새로운 감세법안이 경제 회복을 촉진시킬 것이라고 언급하고, 이는 곧 더 많은 고용창출에 따른 경제성장과 상품 및 서비스에 대한 수요 증가로 인한 추가적 고용증대가 이루어질 것이라고 발표하기도 했다(파이낸셜뉴스, 2003).

2) 영국

영국은 납세자의 기본권을 존중하기 위해 1986년 7월에 '납세자 헌장'을 공포하였다. 이는 납세자의 기본권을 제일로 하는 세무행정의 확립을 위한 노력의 일환이며, 성숙된 시민사회 하에서 납세자의 자발적인 납세를 촉진하

---

[4] 이외 관련하여 폴 크루그먼 교수는 부시 대통령의 감세안은 부유층에게만 혜택을 준다고 주장한다. 그는 현재 미국에서 개인이 내는 연방세금에는 급여세, 소득세, 상속세 등이 있으나 이중 급여세는 고성세율 15.3%로 연방세금의 가장 큰 부문을 차지하고 있으면서도 이번 감세안에서 급여세 부분은 제외되었다고 주장한다. 그러나 소득세율은 대부분 10%를 넘지 않으나 고소득자의 경우 30%에 이르기 때문에 대부분의 미국인들이 내는 세금은 그대로 둔 채, 부유층이 내는 소득세와 상속세에 대해 대대적인 감면 및 폐지를 하려고 하고 있다고 주장한다(허길문, 2002; 52-53).

기 위하여 정부가 납세자의 모든 권리를 존중하는 자세를 명확히 한 것이라고 볼 수 있다. 세무행정의 민주화와 투명화를 추진하기 위한 이러한 노력은 1991년 8월에 1986년의 납세자 헌장을 계승·발전하는 형태로 '신납세자 헌장(new taxpayer's charter)'을 공포하였다(Note, 1991; 411).[5]

한편 효율적인 세정집행과 납세자에 대한 서비스 개선을 위하여 1993년부터 10년 간에 걸친 <새로운 세무서 개편계획>에 따라 종래의 부과세무서 및 징수세무서를 통합하는 새로운 형태의 세무서를 만들고 있다. 새로운 형태의 세무서 유형은 일상적인 업무를 처리하는 납세서비스세무서(Tax Service Office), 일상업무 외 조사 등 보다 복잡한 업무를 처리하는 지역세무서(Tax District Office), 납세서비스세무서와 지역세무서의 통합업무를 처리하는 통합세무서(Integrated Office), 민원·상담·수납 업무를 처리하는 납세상담센터(Tax Inquiry Center)로 구분된다(국세청, 1996; 23-32).

이에 따라 1993년까지의 부과 632개, 징수 137개 세무서 중 275개 세무서를 폐쇄하여 기존형태의 세무서 339개와 새로운 형태의 세무서 155개 등 총 494개의 세무서와 94개의 세무상담센터로 개편하였고, 이와 별도로 기존의 70개 부과세무서를 통합하여 대기업 과세업무를 담당하는 대기업세무서 15개를 만들었다. 세무서는 부과와 징세업무의 일원화를 통하여 업무처리가 간소화되고, 전산의 효과적 이용과 신고, 조사업무를 집중관리 할 수 있었다. 조직 내 관리계층의 축소로 점차적으로 종사직원에게 업무권한이 위임되어 조직의 활성화를 이룩하였다. 새로운 세무서의 개편으로 납세자에게 다양하고 광범위한 서비스 제공 즉 One Stop Service를 지향할 수 있었으며, 직원을

---

[5] 신납세자헌장에서는 납세자가 과세청에 대해서 갖는 권리로서 공정, 협력, 정보제공, 효율적 서비스 제공, 과세의 책임소재 명시를 들고 있으며, 납세자가 납득하지 않는 경우 과세청은 이의신청방법을 알려주어야 한다. 또한 납세자는 자기의 세무를 다시 한번 검토하도록 요구할 수 있으며, 독립된 심판소에서 심사를 받을 수 있다. 그리고 국회의원을 통해 옴브즈맨에 대해 고충처리를 신청할 수 있다.

본청 및 지방청 보다 새로운 형태의 세무서에 전진 배치하여 질적으로 개선된 세무상담센터를 설치하였고, 기존 세무서보다 그 규모가 커짐에 따라 과거에는 납세서비스를 제공할 수 없었던 지역에 이동상담센터를 운영할 수 있었다. 또한 업무에서는 선처리 후검증 정책의 도입으로 신속한 업무 처리로 납세편의를 증진하였다(김익래, 2001; 26-27).

한편 영국은 성실납세의 문제와 관련하여 2003년 7월 15일 영국 중도좌파 싱크탱크인 페어비언협회가 조직한 '영국 군주제의 미래 위원회'가 작성한 '영국 군주제의 미래' 보고서를 토대로 데이비드 빈 위원장이 "다른 모든 유럽 입헌군주국에서는 왕실의 역할이 법에 명시되어 있으며 탈정치화 되어 있다. 그리고 왕실의 사적 부분과 공적부분은 매우 분명하게 나뉘어 있다. 영국에도 이와 같은 원칙이 세워져야 한다"고 주장하는 한편, 마이클 자콥 페어비언 협회 사무총장도 "왕실의 공적 재산과 사적 재산은 분명하게 나뉘어야 하고 투명해야 한다. 왕실도 우리처럼 사적 재산에 대해서는 세금을 내야 한다"고 주장하면서 일반 시민들과 마찬가지로 개인적인 수입과 재산에 대해서는 세금을 납부해야 한다(프레시안, 2003)고 강조할 만큼 영국 국민의 성실한 납세 유도를 위한 사회적 분위기를 조성하고 있다.

3) 독일

(1) 조세개혁

독일은 3단계의 법인세 및 소득세 세율인하를 내용으로 하는 이른바 'Tax Reform 2000'이 2000년 7월 국회를 통과한 이후 제1단계 계획을 2001년 1월부터 시행하고 있다. 즉 3단계를 거쳐 점증적으로 법인세와 소득세의 세율을 인하한다는 것이 주요 초점으로 1단계 종료시점인 2003년 이후 2004년 1월부터 2단계를, 그리고 2005년부터 3단계를 시행하겠다는 취지를 담

<표 5-2> 3단계 법인세 및 소득세 세율인하 단계   (단위: 유로)

구분	1999년	2000년	1단계(2001년)	2단계(2004년)	3단계(2005년)
법인세율(유보소득)	40%	40%	25%	25%	25%
법인세율(배당소득)	30%	30%	25%	25%	25%
소득세율(최저세율)	23.9%	22.9%	19.9%	17%	15%
소득세율(최고세율)	53%	51%	48.5%	47%	42%
비과세소득구간	13,000	13,500	14,000	14,500	15,000
소득보전	6,681	6,902	7,206	7,426	7,664

자료: 한국조세연구원(2003), "독일 연방정부의 2003년 세제개혁안", 《조세·재정 해외동향》, 03-13, p. 1.

고 있다.

슈뢰더 독일 총리는 1998년 10월 취임이후 긴축적인 재정정책을 펴면서 세제 및 연금제도의 개혁을 추진해오고 있는데, 이를 구체적으로 살펴보면 다음과 같다(한국조세연구원, 2003; 2-8).

가. Tax Reform 2000

1998년 12월 독일연방재무성은 기업과세제도의 근본적인 개혁을 위해 Bruehler 위원회를 구성하였으며, 이 위원회는 1999년 4월에 독일정부에 세제개혁안을 제출하였다. 이를 바탕으로 2000년 7월 'Tax Reduction Act'와 함께 'Tax Reform 2000'이 연방하원을 최종 통과하였다. 그러나 연방상원의 동의를 얻는데 실패하여 상하원 합동조정위원회의 심의에서 개정된 뒤 2000년 7월에 최종통과(상원은 중소기업에 대한 세제혜택 보완을 연방정부에게 제의)하였으며, 이듬해인 2001년 1월에 1단계 계획이 실행되었다. 세제개혁의 기본 내용은 앞서 <표 5-2>에서 보여지는 것처럼, 소득세 인하와 법인세 인하에 초점을 두고 있다. 특히 법인세의 경우는 법인세의 완전전가제도 대신 2002년부터 절반소득과세제도를 도입함으로써, 배당소득에 대한 이중과세부담을 제거하였다. 또한 운영비로 인정되던 거래세를 2001년부터 비법인의 경우 거래세 공제 적용을 받게 하였으며, 세율을 낮추는 대신 넓은 과세기반 확보를 위해 감가상각 적용을 강화하였다. 더불어 소규모 개인기업이나 합명, 합자회사의 영업세를 회사소유자의 소득세에서 공제함과 아울러 1년 이상 기업이 보유한 다른 기업 지분에 대한 양도소득을 2002년부터 비과세 한다는 것을 기본 내용으로 하고 있다.

  Tax Reform 2000으로 인한 감세 효과를 살펴보면, 소득세 인하로 인하여 총 320억 유로에 달하고 있으며, 가계와 기업의 조세부담이 완화된 것으로 파악되고 있다. 즉 2001년 근로자 평균임금은 534유로로 1998년 세제개혁이 시작된 시점보다 증가하였다. 또한 고소득층보다 저소득층과 중간소득층의 수혜가 확대된 것으로 나타났다. 한편 법인세 인하로 인한 감세 효과는 2004년까지 중소기업의 조세부담이 완화될 것으로 보여지고 있으며, 공립유한회사의 경쟁력이 강화되고 세율완화로 인해 주주의 출자자본 형성 촉진 및 이로 인한 투자시장과 노동시장이 활성화될 것으로 기대하고 있다.

나. Tax Reform Act 2002

  Tax Reform Act 2002의 주요내용은 영업세 개발법, 조세개정법, 조세회피방지법에 초점을 맞추고 있다. 이 법들은 2001년 12월에 제정된 법으로 주로 합자회사 개혁을 다루고 있으며, 이와 아울러 독일정부는 2001년 8월 중소기업들에 한해 2억6천5백만 유로(2억4천만 달러) 상당의 감세정책을 발표하였으며, 이 조치가 발효되면 중소기업(외국기업 포함)들은 향후 2년간 지분처분 시 세금을 내지 않아도 되며 세무조사도 유예될 것으로 판단되고 있다.

다. 감세정책

슈뢰더 총리는 2003년 6월 2005년으로 예정된 제3단계 세제개혁을 1년 앞당겨 제2단계 세제개혁과 함께 2004년에 실행하는 방안을 제시하였다. 구체적인 방안으로는 2004년에 소득세의 최저세율 및 최고세율 인하, 소득보전금 확대, 조기시행으로 인한 세수 감소에 따른 대책과 관련하여 국가채무확대를 억제하기 위해 2010년까지 450억 유로의 각종 정부보조금 삭감 및 국영기업 민영화 계획 등이다. 이로 인하여 나타날 수 있는 감세정책의 경기부양 효과로는 첫째, 봉급생활자의 소득세 부담이 현재보다 10% 감소함에 따라 소비확대 및 소비확대를 통한 투자 촉진, 일자리 창출 가능성, 둘째, 저소득층의 조세경감 확대, 셋째, 중소기업의 감세확대로 인한 투자 및 고용 촉진 등으로 파악되고 있다. 그러나 이러한 3단계 세제개혁의 조기시행으로 인하여 연방예산에서 80억 유로에 달하는 조세수입이 감소될 전망이고, 이로 인한 독일의 심각한 재정적자 문제가 더욱 악화되어 유럽경제 전반에 악영향을 미칠 것이라는 우려가 제기되고 있다.

한편 독일의 성실납세 유도정책은 단계별로 실시되고 있는 Tax Reform 계획을 통해 이루어지고 있는 것으로 보인다. 즉 가계(고소득층보다는 중저소득층의 수혜 확대)와 기업의 조세부담 축소를 통해 탈세를 미연에 방지하고자 하는 정책적 시도를 수행하고 있다. 또한 이와 아울러 Tax Reform Act 2002의 주요내용 중의 하나인 조세회피방지법을 삽입하고 있다. 따라서 독일의 주요 성실납세 유도정책은 두 가지 측면에서 이루어지고 있는 것으로 파악되는데, 첫째, 사회적 측면에서 가계 및 기업의 조세부담을 경감시킴으로써 미연에 탈세를 방지하고, 특히 개인납세자들에 대한 소득별 납세의 차등을 둠으로써 고소득층이 저소득층 혹은 중소득층에 비해 보다 많은 납세를 하도록 유도하고 있다. 이로 인하여 향후 조세부담 경감을 통한 저소득층과 중소득층의 소득확대는 궁극적으로 조세회피나 탈세를 방지할 수 있는 가능성을 높일 것으로 판단된다.

다음으로 정책적인 측면에서는 가계 및 기업에 대한 조세부담을 완화하는 사회적 수단과 동시에 조세회피방지법을 강화하는 정책적 수단을 활용함으로써 조세회피 방지라는 시너지 효과를 유도하고 있는 것으로 판단된다.

4) 기타

(1) 뉴질랜드

뉴질랜드는 1980년대 중반에 시행한 대대적인 세제개혁을 통해 OECD 국가 중에서 가장 넓은 과세기반과 공평하면서도 효율적인 조세체계를 갖추고 있는 국가로 평가받고 있다. 그러나 OECD 국가들과 마찬가지로 뉴질랜드에서도 시간이 흐를수록 인구의 고령화와 경제 여건이 변화됨으로써 조세체제의 개혁에 대한 논의가 대두되고 있다. 뉴질랜드의 조세체제는 다른 OECD 국가들에 비해 조세와 관련된 경제적 왜곡과 불평등이 미미하기 때문에 대대적인 세제개혁은 필요하지 않으므로 뉴질랜드 정부는 현재 기본적인 조세체계는 유지하면서 경제 여건 변화에 어떻게 대응할 것인가에 개혁의 초점을 맞추고 있다(정재호, 2002).

뉴질랜드의 조세개혁과 관련된 주요 원인은 대략 두 가지 측면에서 언급할 수 있다. 하나는 경제의 대외적 개방이 커짐에 따라 그러한 여건에 보다 효율적으로 대응할 수 있는 조세체계의 확립 필요성이라 할 수 있다. 즉 조세체계의 확립 필요성은 뉴질랜드의 대외적인 경제적 여건에 잘 부합되도록 체계의 확립을 필요로 한다는 것이다.

예컨대, 조세제도는 뉴질랜드에 투자하여 사업을 하는 외국인들이 높은 수익을 얻도록 도와주면서 한편으로 국내적인 세원도 보호할 필요가 있다.

자본과 고부가가치를 창출할 수 있는 기술자의 역할 분담이 커지고 이들의 해외 이동이 빈번한 상황에서 뉴질랜드의 세제도 이에 잘 적응할 수 있도록 개편되어야 한다는 것이다(정재호, 2002; 135).

다음으로 뉴질랜드가 가지고 있는 고질적인 낮은 가계저축률 때문인 것으로 파악되고 있다. 즉 뉴질랜드의 저축률은 대부분의 OECD 국가들에 비해 현저하게 낮은 편이다. 따라서 현저하게 낮은 저축률은 궁극적으로 경상수지의 만성적자를 유발하는 원인으로 나타나고 있는 것이다.

이처럼 뉴질랜드의 가계저축률이 OECD 국가들에 비해 현저하게 낮은 원인으로는 정부에서 광범위하게 제공하고 있는 사회복지관련 편익과 서비스를 들 수 있는데, 정부에서 교육, 실업, 노후생활 등과 관련하여 충분한 편익을 제공하기 때문에 가계들이 독자적으로 이를 준비하기 위해 저축할 필요성을 못 느끼고 있다. 이와 함께 개인연금저축과 장기저축과 관련된 과세특혜폐지, 후한 연금지급 등은 뉴질랜드의 연금관련 저축과 장기저축이 다른 OECD 국가들에 비해 활성화되지 못하게 만들고 있다. 또한 뉴질랜드의 조세제도는 주택에 대한 과도한 저축(oversaving)을 유도하며 생산적 자산에 대해서는 낮은 저축(undersaving)을 유도하여 결국 뉴질랜드의 장기적인 성장잠재력을 줄이고 있는 것이다(정재호, 2002; 135-136).

따라서 뉴질랜드 정부는 이러한 문제점들을 해결하기 위한 조세개혁에 착수하고 있는데, 뉴질랜드 정부에 의해 이루어지고 있는 조세개혁에 대해 간략하게 언급하면 다음과 같다(정재호, 2002; 137-141).

첫째, 왜곡이 적은 소비세와 재산세이다. 총 조세수입의 50% 이상이 소득세로부터 조성되고 있는데, 이는 OECD 국가의 평균 35%보다 훨씬 높은 비중이며, 소비세의 비중은 총 조세수입의 1/3 이상으로 OECD 평균보다 약간 높은 편이다. 1986년에 도입된 부가가치세(value added tax)는 조세부담 비중을 소득세에서 소비세로 이동시켰다. 재산관련 조세의 비중은 OECD 국가들과 비슷하며 그 내용을 살펴보면 거래관련세제보다 보유관련세제의 비중이 상대적으로 크다. 이는 재산관련세제가 토지의 효율적 이용을 심각하게 저해하고 있지는 않음을 의미한다.

둘째, 적절한 한계세율과 광범위한 조세기반이다. 뉴질랜드 정부는 사회보장 관련 재정확보 및 분배 측면을 고려하여 최근 개인소득에 대한 최고 한계세율을 39%로 인상하였다. 이와 같은 최고 한계세율의 인상은 그 동안 견지해 온 개인과 법인의 한계세율을 일치시킨다는 원칙을 깨는 것을 의미한다. 그러나 다만 적은 수의 납세자만이 새로운 최고 한계세율의 영향을 받기 때문에 전반적으로 경제에 미치는 영향은 미미할 것으로 예상되고 있다. 또한 개인소득에 대해서는 폭넓은 과세기반을 갖추고 있다. 33%의 단일 법정세율은 OECD 국가들 중 중간정도로 OECD 평균 36%보다 약간 낮으며, 최근 법인세 수입은 GDP 대비 약 4%로 법인세 과세기반이 OECD 국가 평균 수준보다 폭넓게 분포되어 있다. 이와 아울러 부가가치세는 다른 OECD 국가에 비해 높은 효율성을 가지고 있으며, 부가가치세가 면제되는 수준은 다른 국가들보다 낮다. 또한 환경세는 OECD 평균보다 낮으며, 환경세 수입은 총 조세수입의 5% 미만을 차지한다. 주목할 만한 점은 디젤 연료에 부과되는 세금이 무연 휘발유보다 매우 낮다는 것이다. 이는 연료에 대한 세금은 환경보다는 오히려 세수에 목적을 두고 있는 것임을 보여주는 것이다.

셋째, 연금 저축과 특별급여에 대한 제한적인 세금 특혜이다. 다른 OECD 국가들과는 달리 뉴질랜드는 개인의 연금에 세제혜택을 줌으로써 보조해 주지 않는다. 연기금의 수익(benefit)은 비과세인 반면 현재 지불하는 보험료에 대해서는 과세된다. 대조적으로 대부분의 OECD 국가들은 연금 수익에 과세하는 반면 보험료에 대해서는 소득공제 등의 혜택을 주고 있다. 개인 연기금의 현재 수입에 대해 법인세율 33%가 과세되기 때문에 낮은 한계세율의 개인 납세자들은 중과세 된다. 최근 개인소득세 최고세율을 39%로 인상함과 함께 중과세되고 있는 납세 계층에게 보조금을 지급하고 있다. 뉴질랜드는 대부분의 다른 OECD 국가보다 특별급여에 많은 포괄적인 과세를 적용한다. 특별급여세는 가장 높은 한계세율로 부과되기 때문에 한계세율이 최고세율 바로 아래에 있는 피고용인에게 중과세된다는 문제점이 발생한다. 또한 최근 최고 개인세율을 인상함으로써 특별급여의 세율도 따라서 조정되어 중저소득자에게 더욱 중과세되게 되었다. 따라서 일관된 특별급여세로 형평성을 높이고자 하면 할수록 그만큼 납세 순응비용이 발생하게 된다. 이러한 문제점을 개선하기 위해 고용주에게 특별급여에 대해 단일세율 혹은 다중세율을 적용할 수 있는 선택권을 주었다.

넷째, 높은 수준의 지방정부 자치권이다. 뉴질랜드 지방세 수입은 총 세수입의 약 5%를 차지한다. 이는 단일정부로 되어 있는 OECD 국가 평균이 13%, 연방정부로 구성된 OECD 국가 평균이 30% 이상인데 비해 매우 낮은 편이다. 그러나 더욱 흥미로운 것은 뉴질랜드 지방정부는 자체예산이 균형을 이룬다면 지방세율과 세원을 설정할 전적인 권한을 가지게 된다. 이는 다른 어느 OECD 국가보다 큰 자치권을 가지고 있는 것이다. 한편 중앙정부는 도로건설 및 유지 등과 같은 몇몇 지방정부기능에 대해 기금조성에 기여할 뿐 어떤 정액교부금도 지방정부에 제공하지 않는다.

한편 뉴질랜드의 성실납세 유도정책은 크게 대내적/대외적으로 구분하여 살펴볼 수 있다. 먼저 대내적으로는 꾸준한 조세행정 개선을 통해 이루어지고 있다. 즉, 뉴질랜드의 납세자 순응비용은 GDP의 2.5%, 조세행정비용은 GDP의 0.5%를 차지하는 것으로 나타났다. 최근 순응비용을 줄이기 위해 뉴질랜드 정부는 납세자들이 쉽게 세법을 이해할 수 있도록 대폭적인 개정안을 마련하고 있으며, 전자 납세신고 시스템을 도입하여 봉급생활자가 소득세 환급을 위해 더 이상 서류를 작성하지 않도록 하였다. 그리고 이를 자영업자와 기타 비임금 소득자에게 확장시킬 계획이다. 한편 대외적인 측면에서는 조세회피를 목적으로 국내 자금이 해외로 유출되는 것을 막기 위해 피지배외국법인과 국제투자기금에 대한 제도를 실시하고 있다. 피지배외국법인 제도는 기본적으로 뉴질랜드 거주자(모회사)에게 국내보다 낮은 세율로 역외에 축적되는 소득이 없게끔 해외 계열회사에서 벌어들인 소득에 대해 발생 즉시 과세하는 것이다. 또한 국제투자기금 제도 역시 일정한 제약 하에서 국제투자기금을 통해 내국인이 투자를 하여 수입을 얻은 경우 국내보다 더 높은 유효세율로 과세한다. 이렇듯 뉴질랜드는 국내기업의 해외시장 활동의 유연성 강조보다는 국내와 국외 사이의 평등성 제고에 더 많은 비중을 두고 있다(정재호, 2002; 140-141).

(2) 노르웨이

높은 조세부담률과 한계세율, 지역간·산업간 차별적 과세정책 등으로 특징지워지는 조세체계를 유지해오던 노르웨이는 1980년대를 거치면서 빠르게 진행된 금융시장의 규제 철폐에 힘입어 금융산업 전반 특히 소비자 금융시장이 급속도로 팽창되었고, 이는 이자 지급에 대한 관용적인 공제정책과 결합하여 1980년대 후반 부채를 매개로 한 급격한 소비 지출의 증대와 부동산시장의 과열을 초래하였다. 이러한 현상은 이미 1970년대 말 금융 산업의 자유화가 논의되기 시작할 때 예견되어 부작용에 대처하기 위한 조세체계 정비의 필요성이 논의되었으나, 정작 실질적인 개혁은 1987년의 부동산시장의 극심한 침체를 겪고 나서야 취해졌다. 이때부터 도입되기 시작한 세제 개혁의 바탕이 되는 중요한 틀들을 살펴보면, 1988년 세법 개정으로 실시된 개인소득세 세원의 대폭적인 확충, 최고 한계세율의 인하, 이자지출 공제의 제한과 1990년 조세개혁 특별위원회(Aarbakka Committee)에 의해 도입이 권고되고 1992년부터 시행된 이원소득세(dual income tax) 등이 있었다(하길문, 2002; 54-55).

이원소득세 하에서는 개인에게 귀속되는 모든 종류의 소득을 그 근원에 따라 노동소득과 자본소득으로 분리하고 양자에 대해 서로 다른 과세구조와 세율이 부과된다. 1992년부터 시행된 노르웨이의 이원소득세에 따르면 자본소득은 28% 단일세율로 과세되나, 노동소득은 전통적인 누진세율의 구조를 유지하면서 자본소득보다 고율로 과세된다. 시행 초기에는 종래의 지나친 누진 소득세제의 부작용에 대한 반성으로 최고 한계 세율을 대폭 하향 조정하여 50%로 하였으나, 2000년에 새로운 과세 구간(tax bracket)의 도입으로 6% 인상하였다(하길문, 2002; 55).

한편 직무수행 관련 비용공제(work-related deduction)와 이자 지급 공제는 28%로 과세되는 자본소득에 대하여서만 인정하여 남용의 소지를 줄이는 동시에 세원을 확대하는 효과를 가져왔다. 법인세 부문의 개혁은 한마디로 조세의 중립성을 확보하기 위한 여러 조치들이 동원된 작업이었다. 이를 위해 복잡하게 얽혀 있던 각종 공제 및 소득의 원천에 따른 차별적 과세를 폐지하고 세율을 인하하며 자본소득의 이중과세를 최대한 방지함으로써 조세가 경제 주체의 의사결정에 미치는 부정적 영향을 최소화함은 물론 조세 행정을 간편화하고 조세회피를 위한 사회적 비용의 지출을 줄이는 조치들이 도입되었는데, 구체적인 내용은 다음과 같다(박창균, 2001; 47-49).

첫째, 배당소득과 이자소득, 자본이득 등 모든 자본소득에 대해 그 원천을 구분하지 않고 이자 비용의 지급과 감가상각을 공제한 후 종래보다 훨씬 낮은 28%의 단일세율로 과세하였다. 또한 배당소득과 자본이득에 대한 이중과세를 피하기 위해 개인소득세 중 앞의 두 가지에 기인한다고 인정되는 부분에 대해서는 귀속원칙(imputation principle)에 의거해서 이미 납부된 법인세만큼의 세액을 감면해 주었다. 노르웨이의 경우 법인소득과 개인소득세 중 자본소득 부분이 모두 28% 단일세율의 적용을 받으므로 이 제도 하에서 배당소득의 이중과세는 완벽히 방지된다. 자본이득의 형태로 나타나는 유보이윤(retained profits)에 대한 이중과세를 방지하기 위해 유보이윤은 이연된 배당이므로 주가에 이미 반영되었다는 관점에서 주당 유보이윤을 초과하는 자본이득에 대해서만 개인소득세를 부과한다.

둘째, 이윤의 일부를 정리기금(consolidation fund)에 배정하여 그에 해당하는 법인 소득세의 납부를 영구적으로 지연시키는 관행을 불법화하여 조세회피의 중요한 수단을 제거하였다.

(3) 호주

1994년 10월 <국세행정 현대화 계획>의 일환으로 국세청 조직을 기능별 조직에서 대기업, 중소기업 등 납세자별 조직으로 바꾸었다. 이에 따라 기존의 본청, 23개의 세무서 및 17개 지서에서 본청과 25개 세무서로 조직을 축소하였으며, 세무서당 직원수가 640명이나 되는 대세무서로 변하였다. 1997년 7월 이후에는 세무서장 직위가 없어지면서 세무서 직원이 본청의 국장 지시를 직접 받는 체제로 전환하였다. 즉 외양은 본청 및 세무서의 2단계 체계로 구성되어 있으나 사실상 본청의 단일기관체제이다(국세청, 1996).

조직개편 후 납세서비스 기능을 수행하는 납세서비스국을 폐지하였으나, 각 국(局)으로 납세서비스 업무를 편입하였고, 이와 별도로 본청 및 세무서에 상담센터를 설치하여 세무상담에 대한 답변과 각종 조세관련 자료를 비치하여 교부하였으며 모든 세무서 입구에는 자체우편함을 설치하여 각종 신고서와 서류를 업무시간 이외에도 제출할 수 있도록 하였다. 또한 세무대리인이 신고서를 PC를 통하여 On-Line으로 세무서 컴퓨터에 전송하는 전산신고제도를 도입하여 소득세 신고서 상의 소득금액과 금융기관 등에서 On-Line으로 조회된 자료와 상호대사하여 차액이 발생한 납세자에게만 우편으로 질의 및 과세함으로써 과다한 세무간섭을 배제하였다(김익래, 2001; 27-28).

다음으로 미흡한 조세행정제도를 대대적으로 정비하였는데, 정부기관마다 규제의 필요상 기업 관리번호를 자체적으로 부여하여 관리하였으나 모든 기업에게 오직 한 가지의 기업인식번호를 부여하여 정부기관에 대한 권리 및 의무 행사시 사용하도록 조치하였다. 그리고 세금납부방식에 유연성이 없고 복잡하였으나 5가지 세금납부와 1가지의 보고방법으로 통일하고 개인이든 법인이든 모든 세금을 같은 시기에 납부하도록 관련 제도를 개편하였다. 또한 신고서식을 단순화하기 위하여 각종 공제사항을 축소하고 가능한 전문가의 도움 없이 납세자 스스로 작성할 수 있도록 신고서식을 단순화하였다. 새로운 전산망의 도입으로 기존의 수동적 업무처리를 컴퓨터 이용을 통한 업무처리방식으로 전환하여 이에 따른 인력, 환경, 업무전반에 걸친 재검토 작업을 실시하고 새로운 상황에 맞는 업무지침 등을 재정립하여 타 부처보다 국세청의 경쟁력을 제고하고, 양질의 납세서비스 제공 및 업무의 전문성을 추구하고 있다(국세청, 1996; 2).

(4) 싱가포르

공정, 청렴 그리고 전문성으로 최상의 조세행정기관이 되기 위하여 국세행정의 전략적 추진방향과 주요정책을 결정하는 위원회를 구성하여 세정 개혁을 추진하였다. 먼저 1994년 7월에 세목별조직에서 기능별조직으로 전환하여 자료처리 및 납세자서비스, 조사로 분류하고 조세정책, 법무, 국제조세담당은 별도 조직을 구성하였다. 1970년대와 1990년대를 비교할 때 소득세의 납세자수와 세수는 대폭적으로 증가한 반면 직원수의 증가는 미미하여 충분한 인력 및 예산을 확보하기 위하여 국세청을 통상적인 행정부와 달리 특별법에 의하여 규율하고, 독립적인 위원회가 의사를 결정하며, 독자적인 인사와 보수체계를 갖는 특별기관으로 격상시켰다. 그 결과 10-20%의 대폭적인 보수현실화 및 일시 지급보너스, 다양한 승급체계 실시 등 성과급제도를 도입하게 되었으며, 신고서 처리의 자동화로 대부분의 직원을 심리·조사분야에 배치하는 전문직위의 재조정을 실시할 수 있었다. 또한 효율적인 세원관리와 업무의 통합 및 자동처리를 위하여 국세통합시스템(Inland Revenue Integrated System; 이하 IRIS)을 개발하였다. IRIS 도입으로 세목별 업무처리가 통합적으로 이루어져 납세자에 대한 모든 세목의 서비스 및 전자신고가 가능해졌고, 광학적으로 문자를 읽어내는 이미지 기술을 개발하였으며, 일정한 심리기준에 의해 매년 2천만건의 자료가 자동으로 처리되고 있다. 또한 신고서가 전산처리센터의 광디스크에 보관되어 종이 없는 업무환경이 조성되었다.(김익래, 2001; 30).

그리고 개인봉급자의 소득세 신고서를 간소화하고, 자영업자의 신고서에는 4줄의 신고시스템(매출, 총이익, 총공제액, 순이익)을 도입하였으며, 소득세 신고를 고정된 날짜에 하도록 하였으며, 공무원에 대하여는 소득세 자동부과 시스템을 도입하는 등 신고서 및 신고절차를 간소화하였다. 1998년 2월부터 납세자가 인터넷 또는 전화로 세무사의 개입 없이 직접 신고할 수 있는 전산신고제를 도입하였으며, 1996년 12월에 전화질의 관리시스템 도입으로 모든 질의를 5분 내 응답이 가능하도록 하였다. 또한 국세청과 종합고등학교간의 연계로 일정한 공공장소에서 신고서 작성지도를 위한 학생자원 봉사서비스를 실시하고 있으며, 매년 민간조직, 지역사회센터 및 도서관에서 납세설명회를 개최하여 각종 세금관련 홍보물을 배부하고 주기적으로 세무사협회, 변호사협회 및 상공회의소 등 세무협력단체의 회원들과 간담회를 실시하여 세정방향을 설명하고 건의사항을 수렴하여 이를 국세행정에 반영하고 있다(국세청, 1996).

한편 2003년에 들어서면서부터 감세정책을 추진하고 있는데, 기업과 인재유치를 위해 법인세 및 소득세를 인하하고 있다. 즉 법인세와 소득세를 2004년까지 20%로 인하할 계획아래 2003년 법인세를 24.5%에서 22%로, 소득세 최고한계 세율을 26%에서 22%로 인하 조치하였다. 또한 결손세수 보충을 위해 소비세(부가가치세)를 3%에서 5%로 인상하였다(한국조세연구원, 2003; 4).

2. 한국 조세제도의 과제와 개혁

1) 한국조세제도의 과제

우리나라의 소득분배 구조의 연도별 특징은 1980년대부터 1990년대 중반 이후로 구분하여 살펴볼 수 있다. 1980년대에서 1990년대 초까지는 지니계수가 완만하게 하락하면서 소득격차가 축소되던 시기이다. 1990년대 초부터 중반까지는 지니계수가 큰 변화 없이 안정화된 시기였으며, 1990년대 중반이후부터는 소득분배의 격차가 확대추세로 반전하였으나, IMF라는 경제위기를 거치면서 지니계수가 급상승한 이후 경제가 안정되면서 분배격차가 다소 축소되고 있다(한국조세연구원, 2003).

그럼에도 불구하고 소득분배의 격차는 여전히 존재하며 확대될 가능성이 높은데, 한국조세연구원의 조세재정동향을 살펴보면(한국조세연구원, 2003), 이러한 원인은 경제위기 이후의 경제구조의 변화, 디지털 경제로의 진입, 기술발진 및 정보의 비대칭성 등과 같은 경제패러다임의 변화, 세계화와 국제무역 증가, 이혼 증가 및 급속한 인구의 노령화 등이 중요한 요인으로 지목되고 있다. 선진국의 경우는 이러한 추세가 이미 1970년대 말 또는 1980년대 초부터 시작되어 현재에도 진행 중에 있다.

한편 소득세의 소득재분배 효과와 관련하여, 복지제도가 활성화되어 있는 선진국에서는 재정지출 또는 사회이전지출을 통한 소득재분배 효과(10~28%)가 소득세의 재분배 효과(4~10%, 일본은 3%)보다 더 큰 것으로 나타나고 있다(세전·세후 지니계수의 하락률 기준). 우리나라의 소득세의 소득재분배 효과는 현재 약 3~4% 정도로 선진국보다 낮은 것으로 파악되고 있는데,

<표 5-3> 소득재분배 효과의 국제비교(세전·세후 지니계수 하락률)

구분	한국(2002)	일본(1996)	미국(1999)	영국(1999)	뉴질랜드(1996)	캐나다(1998)
조세	2.9~3.6%	2.6%	4.7%	5.7%	6.4%	9.6%
사회이전지출	1.2%	15.7%	10.9%	28.3%	18.7%	18.3%

주: 추정방법에 따라 우리나라 조세의 소득재분배 효과는 다소 차이가 있음.
자료: 한국조세연구원, "소득재분배의 관점에서 본 세제개편방향," 《조세재정동향》, 2003, p. 2.

이는 비록 우리나라 소득세의 누진도가 선진국보다 높지만, 소득세의 세수규모가 낮기 때문인 것으로 평가된다(한국조세연구원, 2003). 선진국의 예를 볼 때, 소득재분배를 위한 정책은 조세보다는 재정지출이 더 효과적인 것으로 평가되고 있다.

급격한 국내외적 경제환경의 변화는 조세행정에 있어서 개혁적인 조치를 요구하고 있다. 우선 외환위기 이후 안정적 세원이 감소하고 있으며, 세원이 투명한 부분을 중심으로 하는 세수 확보가 점차 경제적 왜곡을 가중케 하는 시점에 빠르게 도달하고 있다. 사회안전망의 확충에 따른 보험료 부담 또한 조세의 일종으로 인식하는 경향이 있어 공평과세에 대한 수요가 매우 높아졌다고 할 수 있다. 더불어 조세행정의 위상이 과거 세수 확보와 공평과세의 실현에서 추가적으로 효율적 자원배분을 유도하도록 요망하고 있다(이철인, 2001).

Smith는 바람직한 세제가 갖추어야 할 특성으로 공평성(equality), 확실성(certainty), 편리성(convenience), 그리고 경제성(economy) 등을 제시하고 있다. 이후 학자들마다 제각기 세제가 지향해야 할 특성들을 열거하였지만, 그 내용을 살펴보면 대동소이함을 알 수 있다. 오늘날 재정학자들은 이상적인 조세제도가 갖추어야 할 특성으로 형평성(equity), 효율성(efficiency), 단순성

(simplicity), 유연성(flexibility) 등을 들고 있다(김재진, 2002; 20). 이러한 이상적 조세제도의 특성 중에서 가장 많이 연구되어 온 분야가 형평성과 효율성이며, 그 만큼 매우 중요한 특성임을 상정하고 있다. 특히 형평성과 효율성은 긍정적인 소득재분배 구조를 낳게 하는 핵심적 사항이라는 점에서 조세회피의 문제를 극복할 수 있는 지향점이라 할 수 있다. 앞서 언급한 것처럼, 조세회피에는 다양한 원인이 있지만 조세제도가 불공정하다고 인지할수록 조세회피가 발생할 수 있는 가능성이 높은 만큼 납세자들에게 조세제도의 공정성에 기반한 소득재분배에 대한 인식형성은 매우 중요하지 않을 수 없다.

공정한 소득재분배 기능과 관련하여, 앞서 언급했던 노르웨이의 사례는 현재 우리나라의 조세제도 과제와 관련하여 훌륭한 시사점을 제공한다.

노르웨이는 기본적으로 사회보장과 분배의 공평성을 사회통합의 중요한 과제로 간주하고 있다. 이와 같은 나라에서 특기할 만한 사실은 일반적으로 분배에 부정적 영향을 끼치며, 후진국에서 가장 큰 비중을 차지한다는 간접세의 비중이 매우 높다는 사실이다. 이는 그만큼 간접세의 특성에 기인한 활용의 극대화가 중요하다는 사실을 의미한다.

먼저 간접세는 징세가 간편하고 조세행정 비용이 저렴할 뿐 아니라 경제주체들의 저축과 투자 결정을 상대적으로 덜 왜곡시키는 조세이다. 이에 더하여 가장 비중이 큰 간접세인 환경세는 생산과 소비 과정에 존재하는 외부효과를 내부화시켜 효율적인 자원배분을 촉진시키기도 한다. 또한 간접세의 상당 부분이 주류, 담배, 승용차 등과 같이 사회 정책으로 소비를 억제하려는 재화나 사치재라고 간주되는 특정 물품에 선택적으로 무겁게 부과되어 오히려 소득재분배에 긍정적으로 기여하는 측면도 있다.

우리나라의 경우는 환경세가 세목에 없으며 부가가치세가 간접세의 큰 부분을 차지하고 있다. 또한 직접세보다는 간접세의 비중이 큰 것도 사실이다. 따라서 우리나라가 노르웨이로부터 본받는다면 간접세를 소득분배에 부정적인 영향이 덜 미치도록 운영하여야 한다는 것이다. 또한 21세기 글로벌경제 시대에 있어서 환경문제는 반드시 경제의 발목을 잡을 화두가 될 것이다. 때문에 노르웨이의 환경세처럼 자원배분을 저해하지 않는 긍정적인 부분을 받아들이는 것도 좋은 방법이다. 더욱이 상대적 빈곤감을 크게 느끼는 현실에서 간접세의 차별적 적용, 즉 사치재에 더욱 중과세하는 것도 소득재분배에 긍정적으로 기여할 수 있도록 해야 할 것이다.

또한 조세회피의 방지와 관련하여 조세제도의 단순성 또한 매우 중요한 사항이라 할 수 있다. 세제의 단순성은 세제의 복잡성과 상반되는 개념으로 이에 대하여 본격적으로 관심을 가지게 된 것은 1980년대에 들어와서다. 이러한 변화가 발생하는 것은 무엇보다도 세제가 복잡함으로 인하여 우리 사회가 부담해야 하는 비용이 엄청나다는 것을 뒤늦게나마 깨닫기 시작했기 때문이다(김재진, 2002; 20).

1986년 미국에서 발표된 <Tax Reform Act 1986>에서도 기본철학으로 '낮은 세율, 넓은 세원, 중립적이고 획일적인 세제'를 추구하여 세제의 단순화가 가장 중요한 문제임을 직시하고 있다. 영국은 1996년부터 직접세 조문을 단순화하기 위하여 <Tax Law Rewrite Project>를 추진해오고 있으며, 호주는 소득세법을 이해가 쉽게 하기 위하여 1993년말부터 <Tax Law Improvement Project>를 추진하다가 1998년도 말에 일단 중단하고 현재는 각종 기업관련 세제개혁을 우선적으로 추진하고 있다. 세제를 단순화하기 위한 선진국의 이러한 노력은 세제가 복잡함으로 인하여 우리 사회가 부담해야 하는 비용이 매우 크다는 문제를 시정하기 위해서만이 아니라, 조세제도와 정책도 결국 주인인 납세자를 위한 것이어야 한다는 시대적 자각이 바탕에 깔려 있다(김재진, 2003; 21).

이는 곧 세제의 단순화 과정을 통해 우리 사회가 부담해야 할 비용이 궁극적으로는 납세자의 이익과 소득재분배 과정의 극대화를 지향하는 데 중요한 역할을 수행할 것이라는 점을 의미하는 것이며, 이는 궁극적으로 조세회피를 극복할 수 있는 마지막 최선의 방책이라고 할 수 있다.

2) 사례분석: 2001년 언론사 세무조사

'23개 언론사 1조 3584억원 세금탈루와 5056억원 추징, 6개사 법인 및 3개사 사주의 검찰고발, 13개사 공정거래 위반 과징금 242억원 부과'

지난 2001년 6월말 발표된 국세청과 공정거래위원회 조사결과다. 이 언론 세무조사는 사상 초유의 전면적인 조사라는 점, 추징액과 처벌수위가 천문학적이라는 점, 언론사주들에 대한 사법처리로 이어졌다는 점, 언론사에 대한 공정위 조사가 병행됐다는 점 등 여러 이유 때문에 국내 뿐 아니라 국제적으로도 엄청난 파장을 몰고 왔다.

정부는 언론사의 '경영행위'를 대상으로 한 정상적인 조치이며, 법적으로도 아무런 문제가 없다는 입장을 초지일관 유지했다. 하지만 조선·중앙·동아일보는 김대중 정부의 대북정책 등에 대한 비판론을 잠재우기 위해 언론에 재갈을 물리려는 의도가 있는 언론탄압용 기획, 표적 조사라며 거세게 반발했고, 야당인 한나라당 역시 이 문제를 쟁점화하면서 총력투쟁했다. 반면 다른 신문사와 방송사는 언론사에 대한 대대적인 세무조사 및 사법처리에 대해 대체로 중립적이거나 혹은 공감하는 자세를 취해 앞서 언급한 3개 신문사와는 대조를 보였다. 언론사에 대한 조사와 검찰고발에 대한 논란은 2001년 8월 17일 조선일보 방상훈 사장, 동아일보 김병관 명예회장, 국민일보 조희준 전 사장 등 3명이 구속됨으로써 일단락됐다.

언론사 세무조사 과정에서 야기된 주요쟁점과 정치권, 언론사, 시민사회에서 표출된 다양한 견해를 비롯해 이와 관련된 참여정부의 세정개혁 방안들을 정리해본다

<언론사 세무조사 관련일지(2001년)>
- 1. 11 김대중 대통령, 연두기자회견에서 언론개혁 필요성 언급
- 2. 1 국세청, 23개 중앙언론사 정기 법인세 조사 서면통보
- 2. 7 공정거래위, 13개 언론사 부당내부거래 및 불공정거래행위 조사계획 발표
- 2. 8 국세청, 세무조사 착수
- 2. 12 공정거래위, 불공정거래 조사 착수
- 2. 28 공정거래위, 신문고시 초안 발표
- 3. 28 규제개혁위, 신문고시 반려
- 4. 13 규제개혁위, 7월 1일부터 신문고시 시행키로 확정
- 5. 4 8개 중앙언론사 세무조사 종료,15개 언론사 6월 19일까지 세무조사 연장
- 5. 30 공정거래위, 각 언론사에 조사결과 통보
- 6. 20 국세청, 세무조사 결과 발표
- 6. 21 공정거래위, 조사결과 발표 및 과징금 부과
- 6. 29 국세청, 6개 언론사 및 3개사 사주 검찰고발
- 6. 30 서울지검, 수사 착수
- 7. 1 신문고시 시행
- 8. 8 국민일보 조희준 전 회장 등 사주 3명 소환
- 8. 10 조선일보 방상훈 사장, 동아일보 김병관 전 명예회장 소환
- 8. 16 조선 방상훈 사장 등 5명 사전구속영장 청구
- 8. 17 조선 방상훈 사장, 동아 김병관 전 명예회장, 국민 조희준 전 사장 구속

(1) 언론사 세무조사 착수와 반발

2001년 1월 11일 김대중 대통령은 연두기자회견에서 "국민과 일반 언론인 사이에 언론개혁을 요구하는 여론이 상당히 높다는 것을 알고 있다"며 "언론계와 학계, 시민단체, 국회가 합심해서 투명하고 공정한 언론개혁을 위한 대책을 세워야 할 것"이라고 언급했고, 이후 국세청과 공정거래위원회가 언론사에 대한 조사방침을 밝혔다. 1월 31일 국세청은 23개 중앙언론사를 대상으로 정기 법인세 조사를 실시한다고 발표하면서 "성역없는 세무행정을 구현하기 위해 언론사도 다른 기업과 똑같이 세무조사를 실시하는 것일 뿐 다른 배경은

없다"고 강조했다. 1주일 후 공정거래위원회도 시장개선대책의 일환으로 언론사에 대한 공정거래조사를 실시하겠다는 방침을 밝혔다.

국세청의 세무조사 방침에 대해 한나라당과 언론계는 강력히 반발했다. 한나라당은 국세청 발표 직후 성명을 통해 "현 정권이 세무조사라는 칼을 들이대며 본격적으로 언론 길들이기에 나섰다"고 규정하고 "국정운영의 실패를 언론의 선동과 야당의 비협조로 규정하고 있는 대통령의 인식이 야당파괴에 이어 언론탄압으로 이어지고 있는 것은 아닌가"라고 비판했다. 2월 5일 국회 재경위 회의에서도 한나라당은 이번 조사가 청와대의 지시에 따른 '하청 세무조사'라고 비난하고 "900명의 서울국세청 직원 중 400명을 투입해서 그것도 60일이나 세무조사를 하는 것은 유례가 없는 일"이라고 비난했다. 2월 9일에는 한나라당 언론장악저지특위가 기자회견을 갖고 "현 정권이 지난 99년 정형근 의원에 의해 폭로된 '언론장악 문건'의 내용대로 '언론 길들이기'를 진행하고 있다"고 주장했다.

조선, 중앙, 동아일보 등 신문 3사도 강력히 반발했다. 조선일보는 2월 6일 1면에서 '특정언론 겨냥하기 위해 나머지 언론 들러리 조사'라는 제목을 뽑았고, 다음날도 1면에서 이회창 총재의 국회연설을 인용, '정치보복 영원히 추방, 세무조사는 언론 제압용', 9일에는 5면 '치밀한 준비 후 언론 공격하나' 등의 해설기사를 실었다. 동아일보도 2월 6일 1면 머릿기사로 '언론사 세무조사 정치적 목적 있다'는 야당의 주장을 4단 크기의 제목으로 뽑고, 7일에는 1면에서 '언론 제압용 세무조사 부당'이라는 제목으로 이 총재의 대표연설을 보도하고, 9일에는 4면 해설을 통해 '언론장악 시나리오 의혹'을 제기했다. 2월 6일자 중앙일보도 '세무조사 언론 장악용'으로 제목을 바꾸어 야당 주장을 부각시켰다.

반면 한겨레, 대한매일, 경향신문 등은 2월 2일 일제히 관련 사설을 싣고 "지금까지 언론사의 세무조사 면제는 역대정권이 언론사에 준 특혜였으며,

이런 특혜 속에서 성장한 언론사들이 거대권력으로 변해 여론을 호도하는 상황이 초래됐다"면서 이번 세무조사는 "그런 잘못된 특혜관행의 한 부분을 시정하는 것"(한겨레)이며, "성역 없는 세무행정 구현을 위한 당연한 일"(대한매일), "이번 세무조사가 어떤 의도에 의해 진행되든 언론사들을 공평과세 대상에 넣은 것은 바람직한 일"(경향신문)이라고 긍정적으로 평가해 대조를 보였다. 시민단체 역시 일제히 환영의 뜻을 표했다. 언개련은 성명을 내어 "정부가 '언론 길들이기'라는 의혹을 벗기 위해서라도 모든 언론사를 상대로 세무조사를 정례화하는 동시에 그 결과를 지체 없이 공개해야 한다"고 주장했다.

언론사에 대한 세무조사가 진행되고 있는 시점에서 '언론과의 전쟁불사' 발언으로 노무현 당시 해양수산부 장관이 구설수에 오른 데 이어 김영삼 전 대통령도 2001년 2월 9일 도쿄에서 기자간담회를 갖고 자신의 재임시절이었던 94년 세무조사 당시 언론사 사주들의 자금과 사생활 등에 많은 문제점이 발견됐으나 "그 결과가 그대로 공개되면 국민들이 허탈해할 것이며 언론사의 존립 자체가 위태로워져 공개하지 않기로 했다"며 추징액도 줄이도록 국세청에 지시했다고 밝혀 파장을 남겼다.

이틀 뒤인 2월11일 민주당은 성명을 통해 "지난 정권이 언론사 세무조사를 정치적으로 악용했음이 드러났다"고 주장한 뒤 "그럼에도 94년 세무조사는 정당하고 지금의 조사는 언론탄압이라는 한나라당의 주장은 이율배반적 언어의 유희"라며 당시 국무총리였던 한나라당 이회창 총재와 청와대 비서실장이었던 박관용 언론장악저지특위 위원장을 겨냥했다. 민주당은 이어 17일에는 '언론사 세무조사 축소 은폐 의혹 규명을 위한 국정조사 요구서'를 국회에 제출하며 역공을 취했다. 시민단체도 94년 세무조사 결과 공개의 은폐의혹 규명을 요구했다. 2월 22일 집회를 연 언개련 등은 성명을 통해 "보고서가 파기됐다면 그 경위와 이유, 윗선의 지시와 사본의 존재 여부도 낱낱이 밝혀야 한다"고 주장하고 "당시 세무조사를 받은 언론사들은 추징세액의 규모와 감면 규모, 적발된 비리사실에 대해 떳떳하게 국민 앞에 밝히라"고 요구했다.

2월 13일 발간된 주간지 시사저널은 "집권 3년만에 현 정부의 언론정책 기조가 자율개혁에서 타율개혁으로 선회하게 된 배경에 대한 실마리를 제공하는 보고서 3편을 입수했다"며 그 내용을 보도했다. 시사저널에 따르면, 문제의 보고서는 10개 중앙일간지를 논조에 따라 '반여지' '중립지' '친여지'로 분류하고, 보도 수위가 위험한 상황에 도달한 것으로 판단되는 '반여지'를 다루기 위한 대책으로 '정상적이고 합법적인 방법을 통한 정공법 대응이 필요하다'고 했다는 것이다. 민주당은 문건의 실체를 부인한 반면, 한나라당 언론장악저지 특위는 2월 14일 비상대책회의를 갖고 성명을 발표, 이 문건을 통해 정부여당의 언론장악 공작이 구체적으로 드러났다고 정치공세를 취했다.

(2) 세무조사 결과와 조치

서울지방국세청 손영래 청장은 2001년 6월 20일 "지난 2월8일부터 6월19일까지 방송, 신문, 통신사 등 모두 23곳에 대해 정기 법인세 조사를 실시했다"면서 "23개 언론사는 해당법인 및 계열기업의 경우 1조197억원, 대주주와 관련인 3천397억원 등 모두 1조3천594억원의 소득을 탈루한 사실을 확인했다"고 공식 발표했다. 손 청장은 "이에 따라 이들 언론사에 대해 모두 5천56억원의 세금을 추징키로 결정했다"면서 "세금을 추징당하지 않은 언론사는 한 군데도 없다"고 밝혔다. 국세청은 언론사 23곳과 해당 언론사와 출자관계에 있는 법인에 대해 3천229억원, 대주주 등에 대해서는 1천827억원의 세금을 각각 추징하기로 했다.

탈루 유형별로 보면 ① 유가지 20% 초과분 688억원 ② 법인의 수입누락 296억원 ③ 법인의 허위 및 업무 무관 경비 503억원 ④ 계열사간 부당행위 275억원 ⑤ 법인의 기타 소득탈루 1천467억원 ⑥ 대주주 등의 주식우회

증여 및 명의신탁 681억원 ⑦ 대주주 부당행위 251억원 ⑧ 현금, 금융자산 증여 등 460억원 ⑨ 대주주 등의 기타소득탈루 435억원 등이다. 손 청장은 "지금까지 국세기본법 등의 규정에 따라 개별납세자의 과세정보를 공개하지 않는 것을 원칙으로 했다"면서 "그러나 이번 언론사에 대한 세무조사는 조사 착수단계부터 언론, 정치, 시민사회단체 등의 지대한 관심사로 대두됐고 조사결과도 공개돼야 한다는 인식이 확산돼 이같이 공개하게 됐다"고 덧붙였다. 국세청이 세무조사 결과를 발표한 다음날 공정거래위도 13개 언론사에 대해 총 242억원의 과징금을 부과했다고 밝혔다. 또 이로부터 일주일 뒤인 6월 29일 국세청은 6개 언론사의 법인과 사주를 검찰에 고발했다.

(3) 세무조사 결과 발표와 반응

국세청의 세무조사 결과 발표 및 6개 언론사의 법인, 사주 고발에 대해 조선·중앙·동아일보는 강력히 반발했지만, 다른 신문들은 자성의 계기로 삼겠다거나 엄정처리 해야 한다는 상반된 입장을 보였다. 조선일보는 6월 21일 1면 머릿기사 부제를 '국세청, 단일업종에 사상최대 세금 부과'라고 뽑고 이번 세무조사가 '비판언론 죽이기'이며 모든 언론사를 범죄집단으로 몰아붙였다고 보도했다. 사설에서는 개별 납세자의 과세정보를 공개하지 않는 것을 원칙으로 하는 국세청이 이번 조사결과를 발표한 것은 "이번 세무조사가 정권에 비판적인 언론을 '여론'에 회자시켜 흠집을 내려는 의도하에 진행된 것 아니냐는 당초의 의구심을 더욱 증폭시키는 행위"라고 주장하고 "그동안 대기업에 대한 추징세액이 수백억원 정도였던 것과는 달리 중소기업 규모의 언론사들에 천문학적인 액수의 세금을 부과한 것은 징세권 남용"이라고 비판했다. 다음날에도 "오랜 관행 무가지 악의적 탈세 몰아"(1면), "세무직원도 납득 못한다더라", "매체간 갈등 유발시켜 언론구도 재편의도"(4면) 등의 기사를 통해 세무조사의 부당성을 강조했다. 23일 사설에서는 국세청과 공정거래위의 조사내용이 "법규정에 대한 자의적 해석과 비상식적인 주장으로 언론사들을 무리하게 '단죄'하려한 흔적을 엿볼 수 있다"고 지적했다.

동아일보도 6월 21일자 1면에 '비판언론 말살 기도', '상상 뛰어넘는 추징금 생존위협 수준'이라는 제목을 붙이고 4면에서도 '언론 목조르기 결정판'이란 제목으로 비판적인 견해를 피력하기 시작했다. 또 다음날 사설에서는 "언론 전 업종에 걸쳐 이처럼 동시다발적으로 가혹한 조치가 한꺼번에 내려진 것은 사상 초유의 일"이라고 지적하고 그 시기와 방법, 추징 및 부과액수 등을 놓고 볼 때 결코 통상적이고 순수한 조치라고 보기 어렵다고 했다. 99년 한 차례 정부와 갈등을 겪은 적이 있는 중앙일보는 조선이나 동아에 비해 비교적 온건한 입장을 피력했다. 6월 21일 사설을 통해 "법과 제도에 따른 통상적 세무조사, 그리고 불법행위에 대한 당국의 정당한 지적에 대해 결코 반대하지 않고 겸허하게 수용한다는 것이 우리의 입장"이라고 밝히면서도 "이번 세무조사는 시작부터 발표에 이르기까지 전 과정이 정상적 관행·절차를 벗어난 '예외 상황'의 연속으로, 그 목적이 역시 언론 흠집내기에 있는 것 아닌가 하는 의혹을 더욱 짙게 한다"고 주장했다.

한겨레신문은 6월 21일자 사설에서 "적어도 세금탈루 규모 면에서는 언론사가 대기업에 결코 뒤지지 않는다는 비판을 면하기 어렵게 됐다"고 기재하고, "국세청은 조직적이고 의도적인 세금 포탈행위를 가려내 사법당국에 서둘러 고발조처하고 그 범법사실을 공개해야 마땅"하며 "검찰도 법과 원칙에 따라 투명·신속하게 처리하기를 국민은 기대하고 있다"고 했다. 경향신문은 6월 21일자 사설에서 국세청의 발표 가운데 지금까지 관행적으로 행해진 부분에 대한 추징이 없는 것은 아니지만 사회정의를 구현해야 할 언론사 대주주가 거액의 증여세나 양도소득세를 납부하지 않는 등 악덕 기업인 못지 않은 비리를 저지른 것에 대해 입이 10개라도 변명의 여지가 없다고 했다. 다음날 1면에는 임직원 일동 명의의 '사고'를 싣고 "추징내용이 확정 통보되는 즉시 이를 공개하겠다"고 선언하고 "관행적으로 또는 세법에 대한 해석 차이로 관련법 규를 위반한 사실이 드러난다면 깊이 반성하고 투명경영의 교훈으로 삼겠다"고 다짐했다.

언론사 세무조사 결과에 대해 정부여당측은 조사의 적법성을 강조했다. 6월 20일 청와대는 세무조사가 "법과 원칙에 따라 공정하고 투명한 절차를 거친 것으로 본다"며 "언론사들도 이번 기회에 기업으로서 투명한 경영과 정당한 납세관행을 정착시켜 가기 바란다"고 밝혔다. 민주당도 성명을 통해 "일부 언론기업들이 사회적 공기인 언론을 치부의 수단으로 삼아 탈세를 자행하고 부당거래와 장부조작까지 동원한 데 대해 충격을 금치 못한다"며 "특히 일부 언론기업 대주주들의 부도덕한 개인비리가 적발된 것은 매우 유감스럽다"고 말했다.

그러나 한나라당은 조사결과에 강력 반발했다. 한나라당 언론장악저지특위는 6월 20일 성명을 통해 "조사대상 전 언론사에 대해 모두 추징을 해 언론사를 마치 탈세 범죄집단인 것처럼 국민들에게 인식시켜 언론사의 권위와 명예를 일시에 훼손시키고 있다"고 비판했다. 한나라당은 26일 당내 언론장악저지특위를 '언론자유수호 비상대책특별위원회'로 확대개편하고 '언론장악문건 실체', '언론압살공작팀 등 배후세력', '특별세무사찰', '과잉 불공정거래 조사', '언론인 불법 금융계좌추적', '검찰·국세청·공정위 등 사정기관과 민주당 연계' 의혹 등 6대 진상규명 과제를 제시했다.

반면 언론개혁을 촉구하는 주요 시민·사회단체들은 국세청 발표 직후 성명을 내고, 세무조사 결과 나타난 한국언론의 부끄러운 현실을 개탄하며 조사결과 공개와 엄중한 처리를 정부에 촉구했다. 참여연대는 20일 오후 긴급성명을 통해 "어느 정도 예상했음에도 불구하고 언론사들이 탈루한 소득 과세액은 일반 국민에게 충격적 규모"라며 "그러나 이번 발표는 세무조사 결과의 '공개'라고 볼 수 없는 수준이며 국세청은 갖가지 음모설과 타협설을 없애기 위해 구체적인 내역을 분명히 밝혀야 할 것"이라고 요구했다. 전국언론노조와 민언련도 성명에서 "불법을 감시하고 고발해야 할 언론이 불법행위를 저지른 데 대해 분노한다"며 "국세청은 세금을 탈루한 언론사와 탈루액 등을 구체적으로 밝혀야 할 것"이라고 주장했다. 민언련은 또 "언론사들이 투명하게 기업활동을 했다면 세무조사 결과를 스스로 공개해 국민의 신뢰를 회복해야 할 것"이라고 주장했다. 또 166개 시민·사회단체로 구성된 '신문개혁국민행동'은 6월 20일 집회를 갖고 세무조사 및 불공정거래조사 결과를 공개할 것을 촉구했다. 6월 22일에는 '신문개혁을 촉구하는 전국 언론학자 100인 선언식'이 열렸다. 전국 51개 대학 언론학 교수 107명이 서명한 선언문에서는 "세무조사와 부당내부거래 조사 결과 불법과 비리가 사실로 확인되고 언론의 양면성이 드러난 데 참담함과 분노를 느낀다"며 "이익을 위해서라면 수단과 방법을 가리지 않고 자행하는 온갖 위법행위는 언론자유의 범위에 넣어 보호할 수 없으며 그것은 오히려 편집 자율성과 언론자유를 해치는 악성 요인에 다름 아니다"라고 말했다. 민변도 27일 성명에서 "다른 기업의 탈세와 불공정 행위였다면 누구보다 목청을 높여 비난과 성토를 했을 일부 언론사가 자신들이 당사자가 되자 사유화된 지면을 이용해 여론을 호도하고 있는 지금의 사태는 우리 언론의 공적 기능이 지극히 위험한 상황에 처해 있다는 것을 보여주는 생생한 증거"라고 지적하고 "조사의 본질을 왜곡하는 일부 언론사와 그 언론의 환심을 사기 위해 정략적 발언을 일삼는 한나라당은 그 행위를 즉각 중단하라"고 촉구했다.

(4) 조세포탈 언론사 처벌과 반응

국세청은 6월 29일 조선·동아·국민 등 3개 언론사 법인과 사주를, 중앙·한국·대한매일 등 3개사는 조세 포탈 당시 경영진 5명과 법인을 조세범처벌법 위반 혐의로 서울지검에 고발했다. 검찰에 고발된 사주 및 일가는 조선일보 방상훈 사장과 방계성 전무, 동아일보 김병관 명예회장, 김병건 부사장, 국민일보 조희준 전 사장 등 5명이다.

법인 혹은 사주가 고발당한 6개 언론사는 자사 지면에 '사고'를 내고 사과의 뜻을 표명했다. 그러나 고발된 혐의에 대해서는 대부분 법적으로 대응하겠다는 입장을 피력했다. 고발되지 않은 언론사들도 대부분 사고를 통해 사과의 뜻을 표명하는 한편 법과 원칙에 따른 후속조치를 다짐했다.

조선일보는 6월 30일 1면 사고에서 "이번 세무조사 결과 발표는 세무회계와 기업회계 관행간의 차이에서 발생한 내용이 대부분"이라고 주장하고, 잘못이 있다면 이를 인정하고 향후 세법체계에 맞게 시정하겠지만 무가지에 대한 무리한 과세 등 논란의 여지가 있는 부분에 대해서는 법정에서 문제를 해결할 것이라고 밝혔다. 동아일보는 30일 1면에 사고를 내 국민에게 사과하면서도, 3면에서는 '국세청 세무조사 내용에 대한 본보 입장'이라는 해명성 기사를 싣고 "국세청 발표 중에는 실제와 다른 점이 상당부분 포함돼 있고 일부 발표문 중에는 과장과 왜곡이 들어가 있다"고 주장했다. 법인만 고발된 중앙일보는 6월 30일 1면 사고에서 "조사결과 드러난 일부 잘못된 관행은 과감히 시정하고 내야 할 세금은 당연히 납부할 것"이라면서도 본사 및 계열사에 대한 추징액은 상식을 뛰어넘는 무리한 과세의 결과라면서 "법이 정한 소명절차를 밟아 법원의 최종결정에 따를 것"이라고 밝혔다.

한국일보는 구체적인 해명이나 입장표명은 유보한 채 6월 30일자 1면 사고에서 "국세청의 세무조사 결과를 겸허히 수용, 잘못된 부분을 시정함으로써 자성의 계기로 삼겠다"고 밝히면서도 받아들이기 어려운 부분은 법적 구제절차를 밟겠다고 했다. 국민일보는 6월 30일 1면에 사고를 내고 "정낭한 지적은 겸허한 자세로 받아들여 시정해나갈 것"이리면서도 "비엉리 재단이 운영하는 신문이라는 국민일보의 특수성과 적자상태를 탈피하려는 구조조정 과정의 노력, 기업회계의 일반적 관행을 도외시한 채 세무회계의 잣대만 적용했다"면서

법적 구제절차를 밟겠다고 밝히고, 국민일보 사주에 대한 고발내용은 자사와 무관하다고 했다. 대한매일은 6월 29일자 1면 사고를 통해 사과하면서 국세청 추징 및 검찰 고발내역을 공개했다. 그러나 3면에서는 국세청 통보내용에 항목별로 반박하면서 "국세청 지적사항 가운데 신문업계의 영업특성과 법 적용상의 문제로 인해 수용하기 어렵다고 판단되는 추징세액 부분에 대해서는 관련법률의 규정에 따라 구제절차를 밟기로 했다"고 밝혔다.

세계일보는 6월 30일 1면 사고를 통해 "어음처리 과정에 잘못이 있음이 지적돼 3,600만원의 과징금을 물게 됐다"고 밝히고 "중앙언론사 가운데 한겨레신문 다음으로 액수가 적다고는 하지만 아무리 작은 허물이라도 경계해야 한다는 자세로 자신을 성찰하고 있다"고 했다. 문화일보는 사고 없이 6월 30일 사설에서 세무조사가 일단락되고 검찰조사와 법원의 판단을 앞두고 있는 시점에서 "법은 만인에 평등하며 언론사라도 잘못이 있으면 처벌받아야 된다는 점"과 "이번 사태가 결코 언론자유를 위축시키면 안되고 만약 그렇게 되면 국가와 국민에 더 큰 불행이 온다는 점을 유념해야 한다"고 주장했다. 한겨레신문은 6월 30일 사설에서 '언론탄압'이니 '비판언론 재갈 물리기'라는 항변이나 '언론계 관행'이라는 변명은 재벌기업 뺨치는 다양하고 교묘한 탈세 수법 앞에서 무색하게 됐다고 지적하고 "해낭 언론사와 언론사주, 늑이 언론의 참주인인 일선기자들은 마땅히 국민 앞에 먼저 고개 숙여 사과하고 반성부터 해야 할 일"이라고 주장했다.

국세청의 검찰고발에 대해 청와대는 "국세청에서 알아서 한 일이므로 청와대에서 논평할 필요가 없다"는 입장을 보였고, 민주당도 공식적인 언급은 피했다. 자민련은 대변인 논평을 통해 "불법사실이 밝혀졌다면 적법절차에 따라 처리되는 것은 당연하다"면서도 "고발사태까지 이른 것은 매우 유감이므로 정부와 언론사가 대승적 차원에서 조속히 해결점을 찾아야 한다"고 말했다.

반면 한나라당은 세무조사와 검찰고발은 언론말살 공작이라는 주장을 계속하면서 앞으로 시·도별 규탄대회, 해당 언론사 및 국세청에 대한 방문조사, 특별당보 제작 등 강도 높게 대응하겠다고 밝혔다. 정치권의 공방은 급기야 세무조사가 '김정일 답방용'이 아니냐는 의혹으로까지 번져갔다.

(5) 국제사회 및 지식인들의 반응

세무조사 및 공정거래조사를 둘러싼 공방은 정치권이나 언론계의 상호공방에 그치지 않고 국제사회에서도 이슈화되기에 이르렀다. 3월 7일 미국 공화당 하원의원 3명이 김대중 대통령에게 세무조사에 대해 유감을 표명하는 서한을 발송했고, 4월 10일에는 <국경없는 기자회(RSF)>가 한국정부의 언론사 세무사찰을 비난하는 긴급 성명서를 발표했다. RSF는 성명에서 한국의 주요언론에 대한 세무사찰이 정보 다원주의에 미칠 영향에 대해 우려를 표명하고 "정부에 비판적인 언론들에 집중된 이 사찰은 김대중 대통령이 선언한 언론개혁에 비관적 예측을 갖게 한다"고 밝혔다. 그러자 국정홍보처는 12일 RSF 사무총장에게 서한을 보내 "특정 언론사의 일방적이고 왜곡된 보도나 출처가 불분명한 자료 등을 이용해 한국 언론상황을 일부 부정확하게 기술한 귀 단체의 보도자료에 대해 유감을 표명한다"고 밝혔다. 가장 큰 논란은 5월 16일 국제언론인협회(IPI)에서 김대중 대통령에게 한국의 언론상황을 우려하는 서한을 발송하고 이에 국정홍보처가 항의질의서를 보냄으로써 빚어졌다. IPI는 이 서한에서 "독립적 언론의 비판적 목소리에 재갈을 물리기 위해 진행되고 있는 것으로 보이는 시도들에 대해 깊이 우려한다"면서 한국정부에 대해 동아·조선·중앙 등을 포함한 당사자들과 원탁회의 등 민주적 방법으로 문제를 해결하라고 촉구했다. 이어 "이 문제가 민주적으로 해결되지 않을 경우 차기 IPI 이사회에서 한국을 '관찰대상국'(Watch List)에 올릴 것을 제안하겠다"고 밝혔다.

그러나 국정홍보처장은 이를 "한국의 법질서와 언론상황은 물론 한국민의 자존심과 감정을 도외시한 내정간섭 행위"라고 비판하고 5월 17일 IPI 사무총장 앞으로 공개질의서를 발송했다. 공개질의서는 IPI의 항의서한 내용이 IPI 회원들의 의견을 수렴·집약한 것인지, 서신발송 과정에서 한국 언론상황에 대해 어떤 경로로 정보를 입수했는지, 과거 권위주의 정권시절 침묵에 가까운 행태를 보였던 IPI가 현정부 출범 후 반복적으로 한국의 언론상황을 폄하, 왜곡하는 이유와 배경은 무엇인지 따졌다.

민언련도 5월 18일 성명을 내고 "IPI가 편향되고 잘못된 정보에 기초해 서신을 작성했다는 의구심을 떨칠 수 없다"고 지적했다. 대한매일도 이날 사설을 통해 "한국민의 자존심과 감정을 도외시한 무례한 내정간섭 행위"라고 비판하고, IPI가 한국 언론계를 '독립언론'과 '친정부 매체'로 양분한 근거가 무엇이며, 공식 언론단체는 물론 시민단체와 학계에서도 다수가 지지한 세무조사에 대해 '언론에 재갈을 물리려는 시도'라고 한 것이 IPI의 무지 또는 정보부족 탓인지, 아니면 한국민의 여론과 언론단체 판단은 안중에도 없다는 오만 탓인지 물었다. 한겨레신문도 5월 25일자 사설에서 "과거 군부독재정권 때는 거의 침묵했던 단체가 지금와서 한국 언론상황을 제대로 이해하지도 못한 채 언론사주들의 편을 든다면 이 단체의 도덕성과 신뢰성은 심각하게 도전받지 않을 수 없다"고 지적하고, 한국 언론계의 여론과 의견이 제대로 수렴됐는지, 일부 언론사의 주장만 일방적으로 반영한 것은 아닌지 의문을 제기했다.

또 7월 16일 미국의 여야 하원의원 8명이 한국의 언론자유 상황을 우려하는 서한을 김대중 대통령에게 보내면서 다시 내정간섭을 둘러싼 논쟁이 유발됐다. 이들 의원들은 서한에서 언론사 세무조사와 고발 등 일련의 사태가 "다가오는 선거들을 앞두고 중요한 언론자유가 억압될 수도 있다는 우려를 갖게 한다"고 지적하고 "노벨평화상 수상자인 김 대통령과 활기찬 인쇄 및 전자매체의 존속을 제지하려는 정부 관계자들에게 표현의 자유야말로 자유국민의 초석임을 강조하기를 희망한다"고 밝혔다. 이에 대해 민주당내 개혁파 의원 모임인 '바른정치모임'과 '열린정치포럼' 소속 의원 32명은 부당한 내정 간섭이라고 비판하고 "언론기업들의 엄청난 탈세와 비리에 대해선 전혀 언급 하지 않은 채 세무조사에 우려를 표명하는 것은 신중하지 못한 처사"라고 지적했다. 한겨레신문도 7월 19일자 사설에서 "미 하원의원들의 서한에 대해 내정간섭이라거나 다른 이유로 문제삼을 생각은 없지만 그 내용이 한국의 족벌신문들과 한나라당이 지난 6개월 동안 줄기차게 주장해온 내용과 일치한 다"고 지적했다. 대한매일도 19일 사설에서 "이들의 편지내용은 우리 사회 여론을 좌우하고 있는 일부 거대 족벌언론의 일방적인 보도만 근거로 하고 있다"고 비판하고 "이들 미국 의원들의 주장은 우리 현실과 국민의 정서와 너무 동떨어졌을 뿐 아니라 '대국주의 냄새'까지 풍긴다"고 지적했다. 반면 동아일보와 중앙일보는 여당의 태도를 비난했다.(김형일, 2001)

언론사 세무조사와 정부의 언론정책에 대한 공방은 교수, 학자, 문인 등 지식인들의 칼럼이나 기고를 통해서도 활발하게 전개됐다. 이 과정에서 소설 가 이문열씨가 조선일보에 기고한 칼럼내용이 인터넷상에서 논란을 야기하고, 민주당 추미애 의원이 당내 회의석상에서 이를 공개적으로 거론하면서 논쟁의 강도가 높아졌다. 이씨는 7월 2일자 조선일보에 '신문 없는 정부 원하나'라는 제목의 칼럼을 기고해 "국세청이 언론기업의 탈세혐의를 검찰에 고발하는 것을 3개뿐인 방송사가 모두 생중계하고 종일 그 뉴스로 화면을 뒤덮는 것을 보면 유대인 학살을 정당화하는 나치의 대국민 선전선동을 연상시킨다"고 비난했다. 이에 대해 추의원은 "야당 편을 든다면 솔직하게 이회창 총재처럼 '언론압살'이라고 해야지, 세무행정에 대해 '언론과 정부의 충돌'이라는 문학 적인 표현으로 본질을 흐리면 문학가로서의 양심에도 어긋난다"고 비판했다.

이처럼 언론 세무조사 결과를 둘러싸고 정치권과 언론계 내부의 찬반 공방 은 치열했지만, 실제 국민들의 여론은 매우 우호적이었던 것으로 분석됐다.

대한매일이 2001년 7월 18일, 언론세무조사 결과에 대한 설문조사를 한 결과에서도 긍정적인 여론이 압도적으로 높았다. 언론사 세무조사 및 검찰수사에 대해 응답자의 65.7%는 '언론이라고 성역일 수 없으므로 잘한 일'이라고 답했다. 성별로는 남자가 66.4%, 여자가 64.9%로 비교적 고르게 분포돼 있다. 연령별로는 20대가 73.8%로 가장 높고 다음은 30대 65.5%, 40대 64.1%, 50대 59.6% 순이어서 연령이 낮을수록 이번 조사와 수사를 긍정적으로 보는 것으로 나타났다. 반면 '언론탄압의 여지가 있으므로 하지 말았어야 했다'는 의견은 21.6%, '잘 모르겠다'는 응답은 12.7%에 그쳤다.

국세청과 검찰의 수사가 결과적으로 언론개혁에 도움이 될 것인지 여부를 묻는 질문에 대해서는 응답자의 57%가 '도움이 될 것'이라고 했으며 '도움이 되지 못할 것'이라는 대답은 31.2%, '잘 모르겠다'는 11.8%에 머물렀다. '도움이 될 것'이란 응답자를 보면 연령이 높은 층보다 낮은 층의 비율이 높았으며 지역별로는 호남이 65.3%로 가장 높게 나타났다. 검찰에 고발된 언론사주의 불법이 확인될 경우 처리방법을 묻는 질문에 대해서는 응답자의 72.2%가 '죄질에 따라 구속사안이면 당연히 구속해야 한다'고 답했다. 성별로는 남자(74.2%)가 여자(70.1%)보다 조금 높게 나타났으며, 직업별로는 생산직이 85.7%로 가장 높게 나타났다. 이에 비해 '언론발전 기여를 고려해 불구속해야 한다'는 의견은 11.6%였으며. 7.1%는 '조사결과는 발표하되 처벌은 말아야 한다'고 응답했다.

이 같은 결과는 다른 기관의 조사에서도 비슷하게 나타났다. '미디어오늘'(2001년 7월 12일자)이 전국 언론사 현직기자 412명을 대상으로 실시한 여론조사 결과에 따르면, 조사대상자의 61.4%가 언론사 세무조사 및 검찰수사는 '정당한 법 집행'이라고 답했으며 '언론탄압'이라는 의견은 26%에 그쳤다. 이에 앞서 '시사저널'이 전국적으로 실시한 여론조사에서도 응답자의 52%가 '세무조사가 공정했다'고 응답했다.

(6) 사후조치와 범칙조사 강화

언론사 세무조사에 대한 국민들의 지지도가 높게 나타나기는 했으나 세무조사 행정이 조사대상자 선정의 자의성, 조사절차의 임의성, 정치적 목적의 징세권 남용 문제가 제기되어 참여정부에서는 신뢰세정 구현을 위하여 조사행정을 보다 투명하고 과학화하여 법과 원칙에 충실하게 집행하는 방안을 추진키로 했다. 국세청은 2003년 4월 8일, 시민단체와 학계, 경제계 인사 30명으로 꾸려진 세정혁신추진위원회 1차 회의를 열고 국세행정을 이런 내용으로 전면 손질하기로 했다. 위원회는 세무조사 시스템을 바꿔, 법적 개념과 기준이 불분명해 임의예치가 잦았던 특별조사를 근본적으로 재검토해 자의적인 조사를 없애기로 했다. 위원회는 대신 탈세에 대한 형사처벌이 뒤따르는 조세범칙처리 기준을 명확하게 규정한다는 계획을 마련했다. 이와 함께 국세청은 사전에 조사 대상 선정기준을 공표해 투명성을 높일 방침이다. 현재 내부 사무처리 규정으로 돼 있는 조사 기간과 장소, 과세기간 등 구체적 조사절차를 시행령 수준으로 법제화한다는 것이다. 또 현금이전을 통한 변칙 상속증여와 고액 현금 결제가 많은 고소득 전문직종의 소득 탈루를 잡아내기 위해 금융정보 일괄조회를 추진하기로 했다. 일정 금액 이상의 고액 현금 금융거래를 국세청에 통보하도록 의무화하는 제도적 장치도 마련된다. 국세청은 이와 함께 기업 경영의 투명성을 높이기 위해 사업과 직접 관련성이 적은 향락성 접대비와 기업자금의 개인적 사용에 대한 규제도 강화해 나가기로 했다. 세정혁신추진위는 세정개혁 방향과 과제를 확정한 뒤 법제화를 거쳐 단계적으로 시행한다는 방침이다.

3) 참여정부의 세제 개혁 방향

2003년 7월 29일 대통령직속 정부혁신지방분권위원회는 <재정·세제(稅

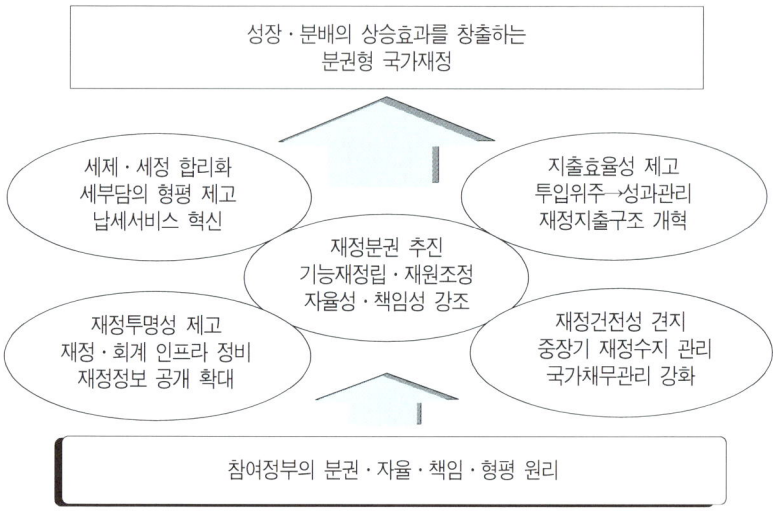

<그림 5-1> 참여정부의 재정/세제 개혁 비전과 목표

制)개혁 로드맵>을 통해 향후 5년간 노무현 정부의 재정·세제 정책방향을 제시했는데, 그 핵심 키워드는 개혁과 분권(分權)이다. 그간 거론돼온 지방분권 등 노 대통령의 공약사항과 함께 예산 자율성과 효율성의 제고, 재정에 대한 국민통제수단의 확보, 그리고 연금을 포함한 전체 공공재정의 지출구조 개편 등을 핵심으로 하고 있다.

재정 운영 과정에 국민 참여를 확대한다는 차원에서 '납세자 소송제도'를 도입하는 방안을 추진키로 한 점과 부동산 보유과세와 금융소득종합과세를 대폭 강화키로 한 점은 개혁성을 잘 보여주는 대표적 내용이다. 또한 그동안 논란을 빚어온 상속증여세 완전포괄주의를 도입하는 방안을 추진하고 국민연금제도를 대폭 손질하겠다는 것도 비슷한 성격을 띠고 있다.

이와 함께 그동안 압축성장 과정에서 중앙 정부에 과도하게 집중돼온 권한을 차츰 지방과 주민들에게 넘길 방침을 밝히는 등 지방분권에 대한 강한

<그림 5-2> 참여정부의 재정 및 세제개혁 로드맵 종합

의지도 드러냈다. 예정대로 추진된다면 중앙정부와 지방정부의 기능과 형태를 크게 바꿔놓을 수 있다.

하지만 이날 발표된 내용 가운데는 위헌(違憲) 논란을 불러일으키거나 마찰이 예상되는 대목도 적지 않다. 또 개혁이라는 명분 때문에 현실적으로 경제활동에 악영향을 미치거나 국가적으로 상당한 코스트(비용)를 치를 수 있다는 지적도 나온다.

(1) 납세자 소송제 도입

정부혁신지방분권위원회가 도입을 추진키로 한 '예산 불법집행에 대한 시민 감시 및 국민소송제도'는 이른바 '납세자 소송제도'를 지칭하는 것이다.

이 제도는 재정 운영 과정에 국민의 참여를 확대한다는 차원에서 일부 시민단체가 계속 주장해 왔다. 2001년 의원입법 형태로 발의돼 '납세자 소송에 관한 특별법'이란 이름으로 국회에 계류 중이다. 노무현(盧武鉉) 대통령의 선거공약집에서도 '납세자 소송제도'를 도입하겠다고 명시적으로 밝혔고 대통령직인수위원회도 주요 국정 과제의 하나로 포함시킨 바 있다.

이 제도가 도입되면 직접 피해를 보지 않은 일반 국민이라 하더라도 법률상 원고(原告)가 돼 잘못된 예산 집행에 대해 소송을 제기할 수 있다. 현재는 이해(利害)관계가 없는 국민이 불법 예산 집행에 대해 소송을 제기하면 원고로서의 자격이 없다는 이유로 법원에서 기각 당한다. 만약 이 제도가 도입되면 정부나 지방자치단체의 시업이 불법이라고 생각하는 국민은 이해관계가 없더라도 법적으로 정식 소송을 제기할 수 있어 재정 운영에 상당한 영향을 미칠 것으로 보인다.

납세자 소송에서 국민이 승소하면 법원의 판결에 따라 진행 중인 사업이 중단될 수도 있다. 이미 끝난 사업에 대해서는 형사처벌과는 별도로 해당 공무원이나 기업이 피해 금액을 국가에 내야 한다. 예산을 집행한 공무원 개인이나 기업에 직접 책임을 묻는 만큼 강력한 감시장치가 아닐 수 없다. 미국에서는 국가가 공무원이나 기업으로부터 환수한 금액 가운데 15~30%를 소송 제기자에게 보상금 형태로 지급하고 있다.

<그림 5-3> 미국의 납세자 소송 사례

납세자 소송제도는 예산 낭비에 대한 책임성과 투명성을 크게 강화시킬 것이며 납세자의 권리 찾기 차원에서도 꼭 필요한 제도로 기능할 것으로 기대된다. 물론 제도 도입에 따른 부작용에 대한 우려도 적지 않다.

우선 현재 각종 국민제안, 민원제도 등을 통해 잘못된 예산 집행에 대해 국민이 정부에 건의할 수 있고 정부 내부에서도 감사원 등이 감시를 하고 있는데 중복 감시가 아니냐는 비판이 나오고 있다. 무엇보다 이 제도 도입에 대한 가장 큰 우려는 증권 관련 집단소송제도와 마찬가지로 소송 남발에 따른 부작용이다. 보상금을 바라고 마구잡이로 소송이 들어왔을 경우 '행정 마비'로 이어질 가능성도 배제할 수 없다. 따라서 제도가 도입되더라도 소송의 대상, 소송 당사자의 범위 등에 대한 세심한 고려가 있어야 할 것이다.

(2) 부동산 보유세제 개편

정부혁신지방분권위원회는 재산세 등 보유과세에 관해 2가지 개편원칙을 제시했다.

첫째, 지방자치단체의 재원(財源)으로서 역할이 미미한 재산세와 종합토지

<표 5-4> 현행 재산세율 체계

과세표준	재산세율
1,200만원 이하	0.3%
1,200만~1,600만원	3만6,000원+1,200만원 초과금액의 0.5%
1,600만~2,200만원	5만6,000원+1,600만원 초과금액의 1%
2,200만~3,000만원	11만6,000원+2,200만원 초과금액의 3%
3,000만~4,000만원	35만6,000원+3,000만원 초과금액의 5%
4,000만원 초과	85만6,000원+4,000만원 초과금액의 7%

세의 과세표준(과표) 현실화율을 매년 3%포인트씩 높여나가겠다는 것이다. 둘째, 시가(時價)를 과표에 반영하되 주택에 대한 과표 산정체계를 바꾸겠다는 것이다.

정부가 재산세 등 보유세 개편 방침을 처음 밝힌 것은 2003년 4월이다. 당시에는 지자체의 재원 마련보다는 부동산 과다보유자에 대한 부담을 늘려 부동산 투기를 막겠다는 것이 취지였다. 이번 발표에서는 보유세를 올리는 김에 지방 재원 확충이라는 목적도 함께 이루겠다는 의지가 엿보인다. 실제로 지방세 세수(稅收) 가운데 재산세와 종토세가 차지하는 비중은 2001년 말 기준으로 8.2%에 불과하다. 취득세와 등록세의 재정기여도에도 크게 못 미친다.

지자체간의 격차도 문제로 지적된다. 서울시에 따르면 2003년도에 부과된 구별 재산세는 강남구가 390억원으로 가장 많았고 이어 서초구 224억원, 송파구는 149억원 등이었다. 이른바 '부자 동네'가 상위권을 휩쓸었다. 금천구는 43억원으로 강남구의 9분의 1수준이었다. 그런데도 개인들이 피부로 느끼는 상대적 부담은 강남권에 비해 강북권이 높은 편이다. 현행 재산세 과표가 시가보다는 건물면적이나 건축경과연수 등의 영향을 많이 받기 때문이다. 시가가 5억원이 넘는 강남권 재건축아파트가 비슷한 가격의 강북권 아파트보다 재산세는 10분의 1수준에 불과한 사례까지 나타나고 있는 것이다. 정부의 방침은 현재 30%대인 과표 현실화율을 매년 3%포인트씩 올린다는 것이다. 이렇게 되면 5년 뒤 과표가 60% 가까이 올라 세금부담이 3~5배씩 늘어나는 아파트가 속출하게 된다. 특히 현행 재산세 과표체계의 문제점 때문에 값이 싼 아파트의 세금인상률이 비싼 아파트의 인상률보다 높아질 가능성이 크다. 이 같은 문제점 때문에 과표 구간과 세율을 조정하고 누진세를 도입해 고가(高價)주택 보유자나 부동산 과다보유자를 대상으로 세금 부담을 늘리는 방안이 검토되고 있다.

또한 현실적으로 과표 결정권을 가진 지자체가 주민들의 반발을 무릅쓰고 과표를 올리기 어렵다는 점을 감안해 결정권을 중앙정부가 가져오는 방안도 논의되고 있다. 그러나 보유과세의 모순은 수십년간 쌓여온 것이어서 이를 한꺼번에 해소할 수 있는 묘수를 찾아낼지는 의문이다. 또 세금 부담을 한꺼번에 급격히 늘리는 것은 어떤 경우에든 바람직하지 않은 데다 지방세인 재산세와 종토세에 대해 중앙정부가 간섭하는 것 자체가 일부 지자체와 주민들의 반발을 부를 수도 있다.

(3) 금융소득종합과세 확대

정부혁신지방분권위원회가 제시한 방향대로 금융소득종합과세 제도가 개편될 경우 현재 4,000만원인 과세 기준 금액이 대폭 낮아질 것으로 보인다.

현 정부는 대통령직인수위원회 시절부터 과세 기준 금액을 1000만~1500만원으로 낮춰 조세 형평성을 높이겠다는 방침을 여러 차례 밝힌 바 있다. 이에 따라 2002년도 기준으로 3만여명 수준이었던 금융소득종합과세 대상자도 상당히 늘어날 전망이다. 하지만 2002년도 8월 '부부합산 금융소득종합과세 제도'가 위헌(違憲) 판결을 받은 데다 경기침체로 '조세 저항'이 클 것으로 보여 제도 도입 과정에 적잖은 난항이 예상된다.

금융소득종합과세란 연간 금융소득을 합산해 4000만원을 초과하는 소득은 다른 종합소득과 합해 누진세율을 적용하는 제도이며 금융실명제를 완결하는 후속조치로 1994년 세법(稅法) 개정에 따라 1996년분 소득부터 적용됐다. 제도 도입 초기에는 본인과 배우자의 연간 금융소득을 합산해 적용했지만 헌법재판소의 위헌 결정으로 현재는 개인별로 과세기준 금액을 적용하고 있다.

정부가 이번에 금융소득종합과세 제도를 개편하려는 목적은 '소득이 있는 곳에 세금이 있다'는 조세 원칙을 확립시키기 위해서다. 특히 2002년 8월 부부합산 과세가 위헌이라는 헌법재판소 결정에 따라 개인당 4,000만원으로 과세 기준이 바뀐 것이 이번 방침의 기폭제가 된 것으로 보인다. 과세 기준 금액이 사실상 2000만원에서 4000만원으로 높아져 고소득층의 세금 부담이 오히려 경감됐기 때문이다.

현재 재정경제부에서 금융소득종합과세 기준 금액을 얼마까지 낮출 것인지에 대해 논의가 진행 중이다. 제도 개편에 가장 큰 걸림돌은 조세 저항이다. 경기침체로 가뜩이나 살림살이가 어려워진 국민에게 오히려 세금 부담을 늘리는 작용을 할 수 있기 때문이다. 물론 금융소득이 적은 중산층이나 서민들에게는 세율이 낮아지는 부수적인 효과를 얻을 수 있다. 하지만 퇴직 후 금융기관에 돈을 예치해 그 이자로 생활하는 노년층은 소득 수준에 따른 세제(稅制) 혜택을 못 받는 맹점이 있다.

금융기관에 예치된 자금이 빠져나가는 부작용도 예상할 수 있다. 과세대상 기준 금액 강화로 금융소득에 대한 세금이 높아지면 생산자금으로 활용할 수 있는 금융기관 예금이나 주식투자 자금이 부동산 시장 등으로 몰릴 가능성이 적지 않다.

(4) 지방분권

정부혁신지방분권위원회가 발표한 재정·세제개혁 로드맵에 담긴 지방분권과 관련된 내용은 노무현(盧武鉉) 대통령의 대선 공약사항을 구체적으로 발전시킨 것이다. 골자는 중앙정부가 갖고 있던 기능을 과감하게 지방정부로 이양하면서 중앙정부가 움켜쥐고 있던 예산도 함께 지방으로 넘기겠다는 것이다.

지방자치제가 실시된 지 10년이 넘었지만 취약한 지방재정으로 인해 진정한 의미의 지방자치에는 아직 이르지 못하고 있다. 2002년 현재 광역지자체들의 예산상 재정자립도는 순계기준 57.6%선이나 그나마 95.6%인 서울시와 70%대인 광역시, 경기도를 빼면 나머지는 20 ~ 30%대에 불과하다. 나아가 군단위로 가면 이 비율은 21.0%로 떨어지고 나머지는 모두 중앙정부의 교부금 등에 의존하고 있다.

이에 위원회의 로드맵은 현재 80대 20인 국세 대 지방세 비율을 바꾸기 위해 지방소비세 제도를 도입하는 방식 등으로 국세 일부를 지방세로 전환하고 카지노세나 원자력발전세 같은 지역개발세를 지자체들이 신설할 수 있도록 하는 방안을 내놨다.

위원회는 교육이나 경찰·복지·사회간접자본(SOC)·시설관리 등 지역주민들과 밀접한 업무는 대부분 지방으로 넘겨주기로 했다. 또 중앙정부가 각 지자체에 나눠주던 지방교부금 및 지방소비세 등도 함께 일괄적으로 이양하기로 했다.

구체적으로는 종합토지세와 재산세 등 부동산 세제를 개편하고 지방자치단체가 자체적으로 관광세와 카지노세 원자력발전세 등 세원을 발굴해 직접 세금을 매길 수 있도록 했다. 특히 각 부처에서 지방을 통제하는 수단으로 활용했던 국고보조금 제도를 2005년부터는 부처가 관리하지 않고 지방으로 넘긴다는 구체적 일정을 제시했다. 이를 위해 위원회는 2003년 9월까지 11조 원에 달하는 국고보조금 사업의 실태를 조사하고 연말까지 국고보조금 정비방안을 마련해 재원을 상당 부분 지방으로 넘기기로 했다. 이외에도 중앙정부가 지방에 시달하던 예산편성지침도 폐지하고 지방자치단체의 지방채 발행을 통한 재원 조달을 장려하기로 했다.

한편 위원회는 지방정부를 위한 재정개혁 외에 중앙정부 차원의 재정개편 방안도 제시했다. 2004년부터 예산당국이 부처별로 예산총액을 할당하면 사업별로 어디에다 쓸지는 해당 부처가 자율적으로 결정할 수 있도록 하는 '톱-다운(사전배분) 방식'의 재정운용을 채택하기로 한 것이다. 또 예산항목뿐 아니라 기금까지 포괄하는 정부 사업에 대해 미리 성과목표를 제시하는 '성과관리제도'를 단계적으로 도입해 그간 주먹구구식으로 이뤄졌던 재정체계를 바꾼다는 장기 플랜도 내놓았다.

(5) 완전포괄과세

상속증여세 완전포괄주의 도입은 노무현(盧武鉉) 대통령이 대통령 후보자 때부터 이른바 '재벌 개혁'을 위한 주요 공약으로 내건 사안이다. 하지만 재계는 물론 학계 일각에서도 위헌(違憲) 문제까지 제기되는 상황을 감안하면, 입법 과정에서 상당한 논란이 예상된다.

현재 한국은 세법(稅法)에 상속과 증여 유형을 나열해 놓고 유사한 행위에 대해 세금을 부과하는 '유형별 포괄주의'를 원칙으로 하고 있다. 반면 상속증여세 완전포괄주의란 과세 대상을 법에 명시하지 않고 모든 상속증여 행위에 대해 세금을 매기는 것이다. 상속증여세 세수(稅收)가 전체 세수에서 차지하는 비중이 2%대로 세계에서 가장 높은 비중을 보이는 미국이 이 제도를 채택하고 있다.

정부는 법망을 교묘히 피해가는 일부 고소득층의 변칙상속이나 증여를 막고 형평성을 높이기 위해 완전포괄주의를 도입할 필요가 있다고 강조한다. 이를 위해 '상속증여세 완전포괄주의' 관련 법안을 정기국회에 제출, 이 법안이 통과되면 하위 법령 정비에 나서 2004년부터 전면 시행할 방침이다.

정부는 위헌 논란을 의식해 하위 규정에 보완장치를 마련할 방침으로 알려졌다. 또 법조계와도 지속적인 협의를 하고 있다는 것이다. 상속증여세 완전포괄주의 도입 강행 방침에 대해 일부 조세 전문가들은 '조세의 세목(稅目)과 세율은 법률로 정한다'라는 조세법률주의에 위반된다며 위헌 논란을 피하기 힘들 것이라고 말한다.

재계도 반대논리를 개발하는 등 대응에 나설 방침이다. 재계 관계자들은 특히 세무당국의 재량권 남용 가능성을 폐해의 우선순위로 꼽았다. 또 상속증여세가 전체 세수에서 차지하는 비중이 작아 완전포괄주의가 도입되더라도 세수 확보에 도움이 되지 않고 재산의 해외 도피만 부추길 수 있다는 주장도 펴고 있다.

(6) 4대 연금 개편

정부혁신지방분권위원회가 공적연금 보험료와 급여체계의 개선을 건의한 것은 복지보다는 중장기재정의 건전성을 염두에 둔 것이다.

공적연금의 적자 때문에 국가 재정이 거덜날 수도 있다는 위험성을 경고한 것이다. 위원회는 군인연금이 1973년, 공무원연금이 2001년 고갈된 데 이어 2029년에는 사학연금이, 2047년에는 국민연금이 바닥을 드러낼 것이라고 내다봤다. 이와 함께 급속한 고령화에 따라 건강보험의 재정불안도 지속될 것이라고 덧붙였다.

2002년 말 현재 4개 연금과 건강보험의 수지(收支)구조가 안고 있는 잠재적 부채가 340조원에 이른다. 이대로 내버려 두면 국민경제를 유지할 수 없게 되는 것이다. 국민연금 등의 수지구조가 안고 있는 위험성에 대해서는 위원회

뿐 아니라 국책연구기관 등의 경고도 끊이지 않았다. 한국개발연구원(KDI)은 2002년 11월 내부보고서에서 공무원연금의 누적적자가 2030년에는 약 200조원에 이를 것이라고 예상했다.

위원회는 개편방향으로 △보험료와 급여체계를 적정부담 및 적정급여 원칙에 따라 조정 △건강보험 재정합리화 방안 마련 △재정위험관리시스템 구축 등 3가지를 내세웠다.

원칙론 외에 구체적인 안은 전혀 제시하지 않았다. 그렇다 해도 구체적인 안이 있느냐 없느냐 여부는 큰 문제가 되지 않는다. 정작 중요한 문제는 어떻게 시행하느냐는 것이다.

한 예로 2003년 정부와 민주당이 국민연금 지급액을 현재의 평균소득 60% 수준에서 55%로 낮추는 방안을 검토한다고 하자 거센 반발이 뒤따랐지만 이 정도로는 국민연금의 고갈시기를 2, 3년 늦추는 데 불과하다. 물론 이 같은 반발에는 공무원·군인·사학연금 등에 대해서 2003년 연금 수령액을 올려준 것이 형평성 논란을 불러일으킨 측면이 있지만 연금구조 개혁이 얼마나 어려운지를 보여주는 상징적인 예다. 건강보험도 수지를 맞추려면 반발이 불을 보듯 뻔하다. 조세연구원에 따르면 건강보험의 균형재정을 유지하기 위해서는 보험료율을 2003년 3.95%에서 2010년 5.86%, 2030년 10.22%, 2050년 14.36% 등으로 올려야 한다.

제2부

한국인의 납세의식 및 행태

Ⅰ. 조사개요

1. 조사목적

이 조사연구는 성실납세 풍토를 조성하기 위해 합리적인 조세정책 및 행정에 대한 개선방안을 도출하는 데 목표를 두었다.

이를 위해 납세자의 조세의식 및 납부 행태에 대한 조사, 세무공무원, 조세 관련 전문가의 조세제도에 대한 진단 및 대안적 의견조사 등을 실증자료를 통해 도출하였으며, 특히 문제점으로 꾸준히 지적되어온 조세회피 행태를 밝히고, 이와 관련된 조세제도 개선 및 조세행정 개선방안에 대한 구체적인 자료를 추출하였다.

2. 조사내용

조사내용은 "납세의식 및 행태", "조세회피 행태 및 성실납세 과제" 등 크게 두 부분으로 구성된다.

우선 "납세의식 및 행태"는 다시 납세의식 일반과 납세환경에 대한 의견으로 구분되는데, 구체적인 내용은 다음과 같다.

▶ 납세의식

　① 조세개념 인식 및 납세의식
　② 조세혜택 및 정부에 대한 신뢰도
　③ 과세공평성에 대한 의견
　④ 조세부담률에 대한 의견
　⑤ 납세제도에 대한 인식, 세무행정에 대한 평가/ 조세부담률에 대한 평가
　⑥ 조세회피 행위에 대한 의견
　⑦ 조세범 처벌에 관한 의견

▶ 납세환경에 대한 의견

　▷ 과세 일반에 대한 평가

　　① 현행 과세의 공평성 정도에 대한 평가
　　- 공평과세 되지 않는 이유
　　② 세율에 대한 의견

　▷ 납세풍토에 대한 평가

　　① 성실납세자(부류)에 대한 의견
　　② 조세회피자(부류)에 대한 의견

　▷ 성실납세 관련 의견

　　① 상속세·증여세 완전포괄주의에 대한 의견
　　② 상속세·증여세 완전포괄주의 실현가능성에 대한 의견(위헌여부 판단)
　　③ 배우자간 양도 및 양수시 증여세에 대한 의견
　　④ 탈세나 세금포탈 포착시 처벌방법에 대한 의견
　　⑤ 조세회피 이유에 대한 의견
　　⑥ 신고납세제도 정착에 대한 생각, 정착이 되지 않는 이유
　　⑦ 세무조사에 대한 생각, 대상자 선정방법에 대한 의견

⑧ 특별세무조사(심층조사)에 대한 견해
⑨ 세무조사를 부정적으로 인식하는 이유에 대한 의견
⑩ 업무상 접대비 처리에 대한 의견
⑪ 금융거래조회에 대한 의견
⑫ 2001 언론사 세무조사에 대한 생각
⑬ 성실납세풍토 조성을 위한 정부조치에 대한 평가

다음 "조세회피 행태 및 성실납세 과제"부문은 조세회피 행위의 원인, 성실납세 풍토조성을 위한 제언으로 구성된다.

▸ 조세회피 행위의 원인

① 조세회피 경험, 방법, 원인
② 조세회피 원인, 조세회피 행위와 조세의식간 관계

▸ 성실납세 풍토조성을 위한 제언

① 공평과세를 위한 과제, 수직적 공평성, 수평적 공평성/ 과세 조정의 문제
② 직접세와 간접세의 비율조정에 대한 견해
③ 국세의 지방세 이전시 대책
④ 세무관서의 효율화를 위한 의견
⑤ 성실 신고납부를 위한 제언

3. 조사대상

조사연구의 대상은 크게 세 가지 그룹으로 구성된다. 첫째, 납세자그룹으로 근로소득자, 법인 세무회계 담당자, 자영사업자, 의사 및 변호사 등을 포함한다. 둘째, 세무공무원을 대상으로 한다. 셋째, 조세관련 전문가로 교수 및 연구

원, 세무사 및 공인회계사 등을 포함한다. 샘플은 총 500명으로 하였다. 샘플 구성은 연구목적상 그룹별로 임의할당을 하였으며, 일반납세자 300명, 세무공무원 100명, 전문가 100명으로 하였다.

조 사 대 상

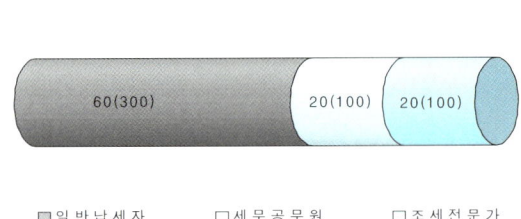

조사대상자들의 성별분포를 살펴보면, 일반납세자의 경우 남자가 54.7%(164명), 여자가 45.2%(135명)였고, 세무공무원은 남자가 70%(70명), 여자가 30%(30명) 이었다. 조세전문가의 성별 분포는 남자가 98%(98명), 여자가 2%(2명)인 것으로 나타났다.

성 별

연령별 분포를 살펴보면, 일반납세자의 경우 30대가 45.8%(137명), 20대가

36.8%(110명), 40대가 14.7%(44명), 50대가 2.0%(6명)인 것으로 나타났다. 세무공무원은 30대가 44%(44명), 40대가 30%(30명), 20대가 19%(19명), 50대가 7%(7명) 이었다. 한편 조세전문가는 40대가 46%(46명), 50대가 44%(44명), 30대가 9%(9명), 20대가 1%(1명)인 것으로 나타났다.

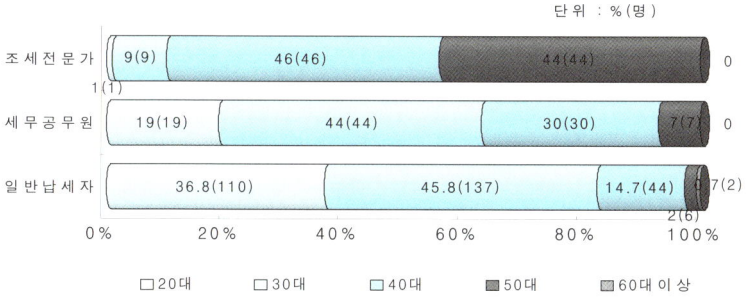

조사대상자들의 2002년 총 소득액을 살펴보면, 일반납세자들의 경우 "1천만원~2천만원 미만"이 50.0%(149명)로 가장 많았고, "2천만원~3천만원 미만"이 28.5%(85명), "3천만원~4천만원 미만"이 12.1%(36명) 이었다. 세무공무원의 경우에는 "1천만원~2천만원 미만"이 36.4%(36명)로 가장 많았고, "2천만원~3천만원 미만"이 35.4%(35명), "3천만원~4천만원 미만"이 22.2%(22명) 등이었다. 조세전문가의 경우는 "4천만원~5천만원 미만"이 33.3%(12명)로 가장 많았고, "1천만원~2천만원 미만"이 27.8%(10명), "3천만원~4천만원"이 22.2%(8명) 이었다. 조사대상자들이 우리나라 세법 및 세무지식에 대해 얼마나 알고 있는지를 질문한 결과, 일반납세자의 경우 "보통이다"라는 응답이 57.0%(171명), "모른다"는 응답이 32.7%(98명)로 나타났다. 따라서 대부분의 조사대상 일반납세자들이 스스로 생각하는 자신의 세법 및 세무지식에 대한 수준은 보통 이하인 것으로 나타났다. 세무공무원의 경우에는 "잘 안다"와 "보통이다"라고 응답한 비율이 각각 41%(41명)인 것으로 나타났다.

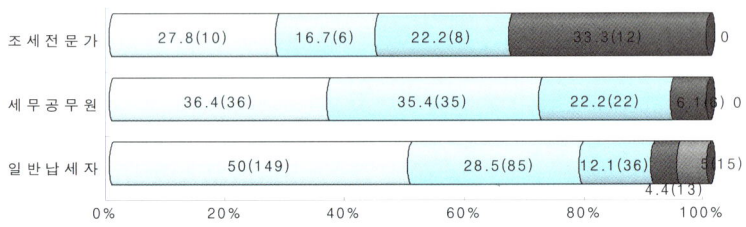

조세전문가의 경우에는 "잘 안다"라고 응답한 비율이 45.5%(45명)로 가장 높았고, "매우 잘 안다"고 응답한 비율도 37.4%(37명)나 되었다. 따라서 조세전문가 및 세무공무원과 일반납세자간 세무지식에 있어 상당한 격차가 있는 것으로 이해된다.

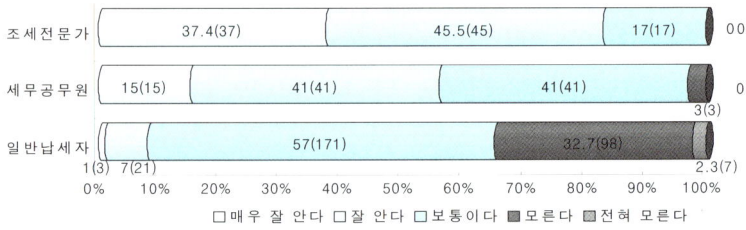

소득세 신고방법에 있어 차이가 있는지를 살펴보면, 일반납세자의 경우 58.5%(175명)가 "봉급에서 원천 징수"되는 것으로 나타났고, 16.7%(50명)는 "직접 신고"하는 것으로, 13.4%(40명)는 "세무전문가의 도움"에 의해 신고하

고 있는 것으로 나타났다. 세무공무원의 경우에 91%(91명)는 "봉급에서 원천징수 된다"고 응답하였다. 조세전문가의 경우에는 58%(58명)가 "봉급에서 원천징수된다"고 응답하였고, 37%(37명)는 "직접 신고한다"고 응답하였다.

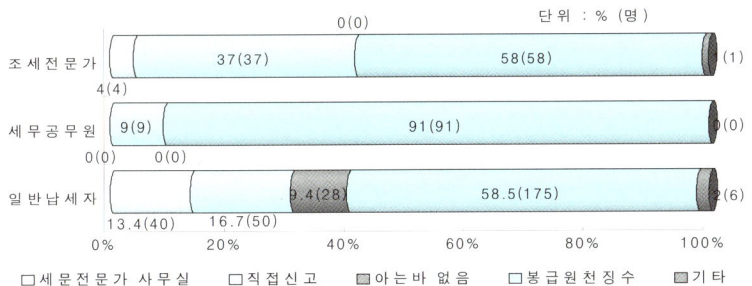

소득세 신고 방법

조세정책의 변화를 어떠한 통로를 통해 알게 되는지를 살펴본 결과, 일반납세자의 경우 67.6%(202명)가 신문과 방송 등 언론매체를 주로 이용하고 있으며, 13.0%(39명)는 세금고지서, 11.4%(34명)는 인터넷을 경로로 이용하고 있는 것으로 나타났다. 세무공무원의 경우에는 55.1%(54명)가 "신문과 방송 등 언론매체"라고 응답했고, 29.6%(29명)는 "세무서의 안내와 비치자료"라고 응답하였다. 조세전문가들의 경우에는 51.5%(50명)가 "신문과 방송 등 언론매체"라고 응답했고, 27.8%(27명)는 "인터넷"이라고 답했다. 따라서 신문과 방송 등 언론매체의 중요성이 강조된다고 하겠다.

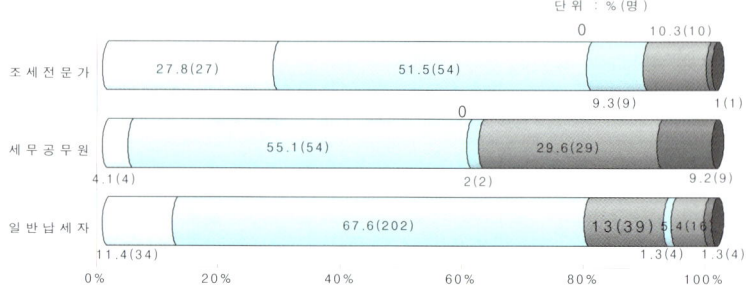

조사대상자들이 세무조사를 받은 경험이 있는지를 살펴본 결과, 일반납세자의 경우 94.3%(282명)가 없는 것으로 나타났으며, 4.3%(13명)는 '1～2번 세무조사를 받은 경험이 있다'고 응답하였다. 세무공무원의 경우에는 98%(96명)가 "없다"고 답했다. 조세전문가들의 경우에는 87%(87명)가 "없다"고 답했으며 12%(12명)는 1～2번의 세무조사를 받아본 경험이 있다고 답했다. 따라서 모든 그룹에서 세무조사 경험이 거의 없는 것으로 나타났다.

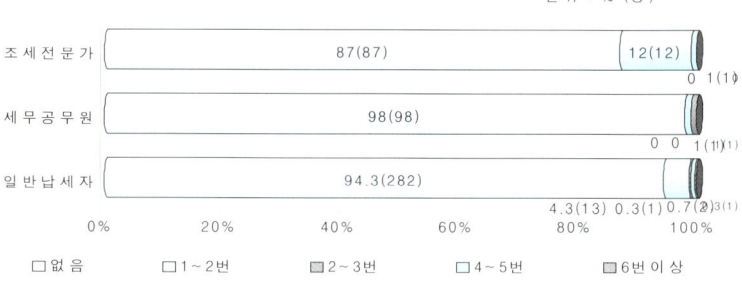

4. 조사방법

조사진행은 리서치 전문기관에 의뢰하여 온라인 조사 및 일대일 개별면접조사를 병행실시하였으며, 조사기간은 2003년 5월 26일부터 6월 16일까지 3주간이었다. 지역은 서울·경기를 중심으로 하되, 부산, 대전, 대구, 광주 등 광역시를 포함하여 전국적 성격을 반영하였다.

조사는 표준화된 설문지를 사용하였으며, 일반납세자용과 세무공무원·조세전문가용으로 구분하여 실시하였다. 일반납세자에는 근로소득자, 법인의 세무회계담당자, 자영사업자, 의사, 변호사 등이 포함되고, 조세전문가에는 교수 및 연구원, 세무사 및 공인회계사 등이 포함된다.

Ⅱ. 결과분석 1; 납세의식 및 행태

1. 납세의식

1) 조세개념 인식 및 납세의식

일반납세자들의 납세의식 및 조세개념에 대한 인식을 조사한 결과, 조세의 필요성과 세금납부의 당위성에 대해서는 대체로 긍정하고 있었고, 이와 함께 조세제도의 현실성에 대한 요구와 세금납부에 대한 부담감을 동시에 갖고 있는 것으로 분석되었다. 조사대상 일반납세자들은 "세금납부가 국민이 지켜야할 당연한 의무인가"라는 질문에 동의(5점 척도 기준, M=4.25)하고 있는 것으로 나타났다. 또한 세금을 회피하는 행위를 범죄행위로 간주(4.25)하고 있으며, 세금을 성실하게 납부하는 사람이 진정한 민주국민이라고 생각(4.12)하고 있는 것으로 나타났다. 법의 허점을 이용하여 세금을 적게 내는 것에 대해서 약한 부정의 태도를 보였으며(2.61), 조세제도가 현실에 맞지 않을 경우 세금을 다소 회피한다고 해도 죄의식을 느낄 필요가 없다는 문항에 대해서도 부정하지 않았다(3.09). 그리고 "조세는 국가가 국민의 재산을 반대급부 없이 강제로 수탈하는 것이다"라는 문항에 대해서는 대체로 인정하면서도(2.87), 조세가 국가나 지방자치단체의 살림을 위해 꼭 필요한 것이라는 점에 대해서는 긍정(4.01)하고 있었다. 한편, "국가재난으로 많은 세금이 필요하다면 스스로 세금을 더 내겠다"는 문항에 대해서는 부정보다는 긍정의 인식 (3.07)이 더 높은 것으로 나타났다. 따라서 일반납세자들은 세금납부가 국민의 의무이긴 하지만, 가능하면 회피하려 하는 이중적 태도를 갖고 있는 것으로 이해된다.

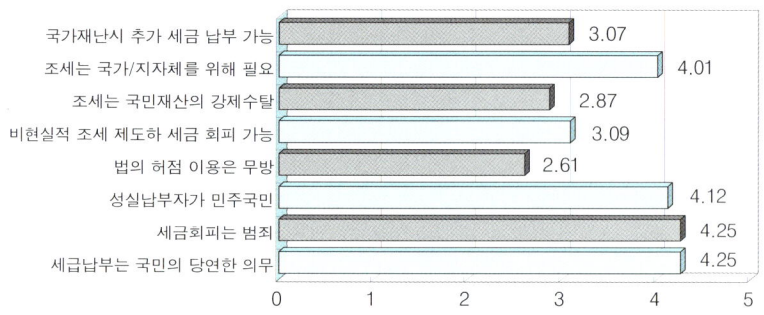

납세의식 및 조세 개념에 관한 문항 (일반납세자)

- 국가재난시 추가 세금 납부 가능: 3.07
- 조세는 국가/지자체를 위해 필요: 4.01
- 조세는 국민재산의 강제수탈: 2.87
- 비현실적 조세 제도하 세금 회피 가능: 3.09
- 법의 허점 이용은 무방: 2.61
- 성실납부자가 민주국민: 4.12
- 세금회피는 범죄: 4.25
- 세급납부는 국민의 당연한 의무: 4.25

다음 세무공무원들의 경우에는 조세의 필요성과 세금납부의 당위성에 대해 강하게 긍정하고 있는 것으로 분석되었다. 조사대상 세무공무원들은 "세금납부가 국민이 지켜야할 당연한 의무인가"라는 질문에 동의(4.86)하고 있는 것으로 나타났다. 또한 세금을 회피하는 행위를 범죄행위로 간주(4.59)하고 있었으며, 세금을 성실하게 납부하는 사람이 진정한 민주국민이라고 생각(4.70)하는 경향이 강하게 나타났다. 법의 허점을 이용하여 세금을 적게 내는 것에 대해서는 부정적으로 인식하고 있었고(2.04), 조세제도가 현실에 맞지 않을 경우 세금을 다소 회피한다고 해도 죄의식을 느낄 필요가 없다는 문항에 대해서도 부정적으로 응답하는 경향이 강했다(2.11). 즉 세무공무원들은 비록 조세제도가 불합리하더라도, 이를 어겨서는 안되는 것으로 생각하고 있는 것이다.

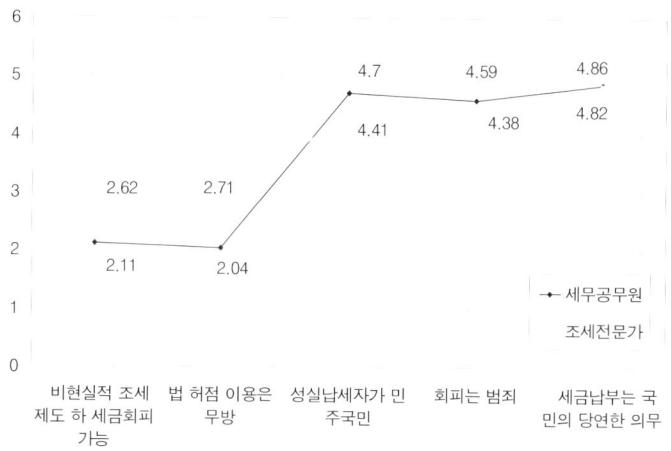

교수 및 연구원, 그리고 세무사 및 공인회계사 등 조세전문가들의 납세의식에 대한 분석결과, 일반납세자의 인식과 유사한 경향을 보였다. 우선 "세금납부가 국민이 지켜야할 당연한 의무인가"라는 질문에 동의(4.82)하고 있는 것으로 나타났다. 또한 세금을 회피하는 행위를 범죄행위로 간주(4.38)하고 있었으며, 세금을 성실하게 납부하는 사람이 진정한 민주국민이라고 생각(4.41)하고 있는 경향이 강하게 나타났다. 또한 조세제도가 현실에 맞지 않을 경우 세금을 다소 회피한다고 해도 죄의식을 느낄 필요가 없다는 문항에 대해서 부정의 반응을 보였다(2.62). 한편 법의 허점을 이용하여 세금을 적게 내는 것에 대해서는 약한 부정의 태도를 나타냈다(2.71).

☞ 납세의식 및 조세개념에 대한 인식을 분석한 결과, 일반납세자·세무공무원·조세전문가 모두 "세금납부는 국민의 당연한 의무, 세금회피는 범죄"로 인식하는 것으로 보인다. 그러나 절세 및 세금회피 행위에 대해서는 서로 다른 입장차이를 보였는데, 일반납세자는 가능 혹은 필요하면 절세/회피 해도 무방한 것으로 생각하는 반면, 세무공무원은 어떤 경우라도 이러한 행위는 범죄로 본다. 조세전문가

역시 세무공무원의 태도에 동의하는 것으로 이해된다.

2) 조세혜택 및 정부의 재정지출에 대한 신뢰도

조세혜택 및 정부 신뢰도에 관한 조사결과, 일반납세자들은 조세혜택에 크게 만족하지 못하고 있으며, 정부의 세금운용에 대해서도 완전하게 신뢰하지 못하고 있는 것으로 분석되었다. 이들은 자신이 내는 세금이 올바르게 사용되고 있다고 확신하지 못하고 있으며(2.31), 정부가 국민의 복지향상을 위해 많은 노력을 기울이고 있다는 점에 대해서도 크게 긍정하지 않고 있다(2.55). 또한 국민의 세금을 재원으로 하는 정부의 각종 투자 및 사업 선정이 적절하게 이루어지고 있는지에 대해서도 의문을 가지며(2.52), 정부의 예산이 목적에 맞게 쓰여지고 있는지에 대해서도 긍정적이지 않았다(2.40). 그리고 정부가 예산지출내역을 납세자에게 제대로 알려주지 않고 있는 것으로 생각한다(1.95). 따라서 전반적으로 정부의 재정지출에 대하여 신뢰보다는 불신이 더 강한 것으로 평가된다.

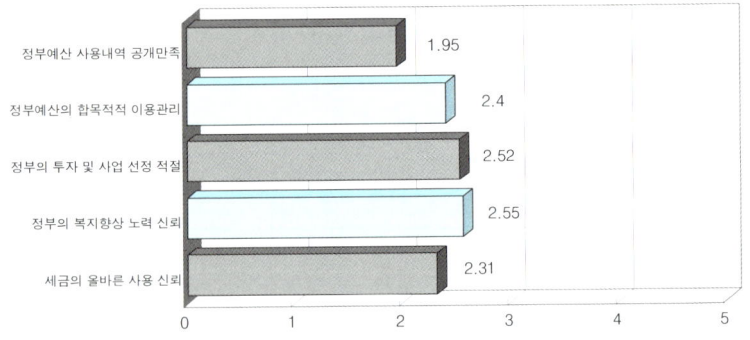

조세혜택 및 정부에 대한 신뢰도
(일반납세자)

반면, 세무공무원들은 조세혜택과 정부의 세금운용에 대해 긍정적으로 인식하고 있는 것으로 분석되었다. 이들은 세금이 올바르게 사용되고 있다는 점에 긍정적으로 인식하고(3.14), 정부가 국민의 복지향상을 위해 많은 노력을 기울이고 있다는 점에 대해서도 긍정적이다(3.36). 또한 국민의 세금을 재원으로 하는 정부의 각종 투자 및 사업 선정이 적절하게 이루어지고 있는지에 대해서도 긍정적이며(3.14), 정부의 예산이 목적에 맞게 쓰여지고 있다는 점에 대해서도 긍정한다(3.24). 하지만 정부가 예산지출내역을 납세자에게 제대로 알려주지 못하고 있다는데에도 동의하는 것으로 나타났다(2.71). 따라서 세무공무원들은 만족할 수준은 아니지만 재정지출을 적절하게 잘 하고 있으나, 그에 대한 홍보가 부족한 것으로 평가하는 것으로 이해된다.

조세혜택 및 정부의 재정지출에 대한 신뢰도

조세전문가들은 조세혜택과 정부의 세금운용에 대해 긍정적으로 평가하지 않는 것으로 분석되었다. 이들은 세금이 올바르게 사용되고 있다는데 대해 부정적이며(2.42), 정부가 국민의 복지향상을 위해 많은 노력을 기울이고 있다

는 점에 대해서도 다소 부정적이다(2.54). 또한 국민의 세금을 재원으로 하는 정부의 각종 투자 및 사업 선정이 적절하게 이루어지고 있는지에 대해서도 부정적이며(2.26), 정부의 예산이 목적에 맞게 쓰여지고 있는지에 대해서도 긍정하지 않았다(2.55). 또한 정부가 예산지출내역을 납세자에게 제대로 알려주지 못하고 있다는 인식이 매우 강한 것으로 분석되었다(1.74).

☞ 조세혜택 및 정부 신뢰도에 대한 평가/인식을 분석한 결과, 일반납세자·조세전문가와 세무공무원간 확연한 인식의 차이를 노출했다. 즉 일반납세자와 조세전문가들은 세금이 올바로 사용되지 않고 정부의 복지 향상 노력 역시 미흡하며, 정부의 각종 투자 및 사업선정도 부적절하게 이루어지고 있으며, 정부예산 역시 합목적적으로 이용·관리되고 있지 못한 것으로 평가하고 있다. 반면 세무공무원들은 그렇게 만족할 수준은 아니지만 긍정적으로 평가하는 것으로 나타났다. 그러나 정부가 재정지출내역(예산사용)을 납세자에게 제대로 알려주고 있지 못하다는 점에서는 모두가 동의하는 것으로 분석된다. 따라서 납세자에 대한 홍보강화의 필요성이 도출된다고 하겠다.

3) 과세공평성에 대한 의견

과세공평성에 대한 인식을 분석한 결과, 일반납세자들은 현행 세법과 세무행정이 공평과세를 뒷받침한다는 점에 대해서는 회의적이며, 좀더 공평한 과세가 이루어지기를 바라고 있는 것으로 분석되었다. 이들은 현행 세법이 공평과세에 적합하다고 생각하지 않는 경향이 강하고(2.32), 세무행정 역시 공정하게 적용되지 않는 것으로 생각한다(2.47). 또한 같은 처지에 있는 납세자는 같은 수준의 세금을 납부해야 하는데(4.22), 자신은 소득수준에 비해 많은 세금을 납부하고 있는 것으로 생각한다(4.09). 즉, 일반납세자들은 공평과세에 대한 불신을 갖고 있으며, 다른 사람보다 많이 납부하는 것으로 생각하는 피해의식을 갖고 있는 것으로 이해된다.

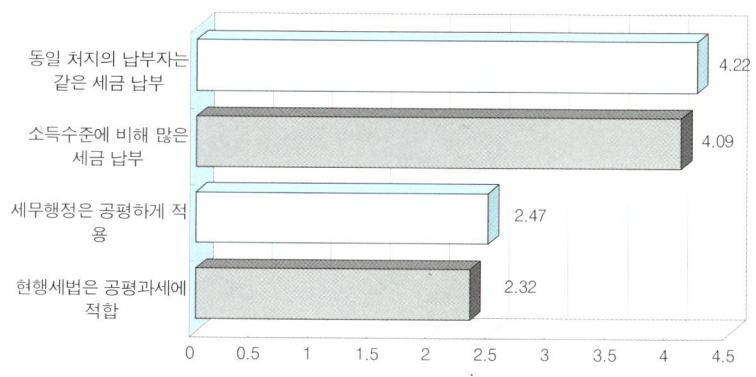

　　세무공무원들은 현행 세법과 세무행정이 공평과세를 뒷받침한다는 점을 크게 부정하지 않았지만, 동시에 자신들의 소득에 비해 많은 세금을 내고 있다는 인식을 하고 있는 것으로 분석되었다. 이들은 현행 세법의 공평성에 긍정하지 않았으나(2.80), 세무행정은 어느 정도 공정하게 적용되고 있다고 생각하는 것으로 드러났다(3.62). 반면, 자신이 소득수준에 비해 적지 않은 세금을 납부하고 있으나(3.46), 동료들에 비해서 그렇게 많은 세금을 부담하고 있는 것으로는 생각하지 않았다(2.74). 한편 이들은 같은 처지에 있는 납세자는 같은 수준의 세금을 납부해야 한다고 생각하고 있는 것으로 나타났다 (4.13). 따라서 세무공무원들은 세법에 대해 만족하지는 않으나, 법 테두리 안에서 자신들의 세무행정은 효과적으로 집행되고 있는 것으로 생각한다. 또한 소득수준에 비해 많은 세금을 내고 있는 것으로 생각하면서도, 동료들보다 많은 세금을 내고 있다고 생각하는 피해의식은 없는 것으로 이해된다.

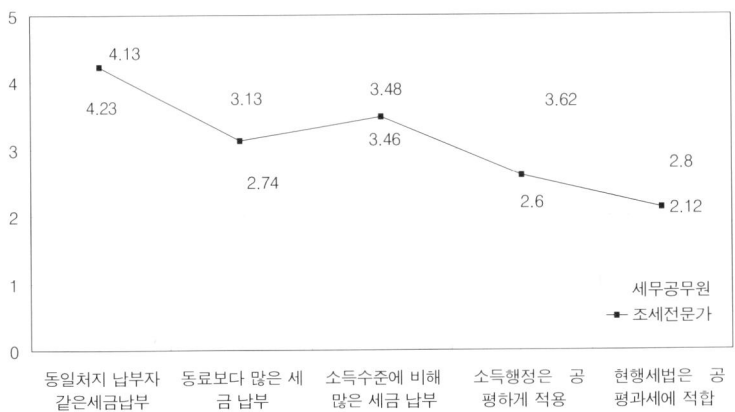

과세공평성에 대한 의견

조세전문가들은 현행 세법과 세무행정이 공평과세를 뒷받침한다는 점에 대해서 부정적으로 인식하고 있었고, 자신의 세금납부가 불공평한 것으로 인식하고 있는 것으로 나타났다. 이들은 현행 세법의 공평성에 대해서도 부정적인 입장을 취하고(2.12), 세무행정 역시 공정하다고 생각하지 않고 있다(2.60). 반면, 자신이 소득수준에 비해 적지 않은 세금을 납부하고 있으며(3.48), 동료들에 비해서도 많은 세금을 부담하고 있다는 인식을 하고 있었다(3.13). 한편 이들은 같은 처지에 있는 납세자는 같은 수준의 세금을 납부해야 한다고 생각하고 있는 것으로 나타났다(4.23).

☞ 과세공평성에 대한 의견을 분석한 결과, 일반납세자·조세전문가와 세무공무원간 확연한 인식의 차이를 드러냈다. 즉 일반납세자와 조세전문가들은 현행 세법과 세무행정이 과세공평성을 실현하지 못하고 있는 것으로 인식하는 반면, 세무공무원들은 세무행정이 공평하게 적용되는 것으로 평가하고 있는 것이다. 세금납부의 공평성과 관련하여, 일반납세자 및 조세전문가들은 자신의 소득수준보다 많은 세금이 부과되고, 다른 동료들보다 많은 세금을 부담하고 있다는 피해의식을 갖고

있는 것으로 분석되었다. 반면, 세무공무원들의 부담은 소득수준에 비해 많긴 하나, 동료들과 같은 수준으로 부과되어 과세공평성은 실현되고 있는 것으로 평가했다. 마지막으로 같은 처지의 납세자는 같은 수준의 세금을 납부해야 한다고 하는 점에는 모두 강한 긍정을 보여, 과세공평성에 대한 열망이 매우 강한 것으로 평가되었다.

4) 납세풍토에 대한 평가

납세풍토에 대한 인식을 분석한 결과, 세무공무원들은 사회적인 세금회피 풍토가 심각한 것으로 평가하였다. "우리사회 전반에 세금회피 풍토가 만연되었다"는 질문에 강한 동의를 나타냈고(4.32), "특히 개인사업자들 사이에서 세금회피 풍토가 성행하고 있다고 생각"하고 있었으며(4.54), "봉급생활자 이외의 주변 사람들 역시 가능한 세금을 적게 내려한다"는 점을 긍정하였다(4.50). 반면 "만약 규정보다 세금을 적게 낸 사실을 알았을 때 자진해서 이를 추가 납부할 것인가"에 대해서는 보통수준의 긍정을 보였다(3.30).

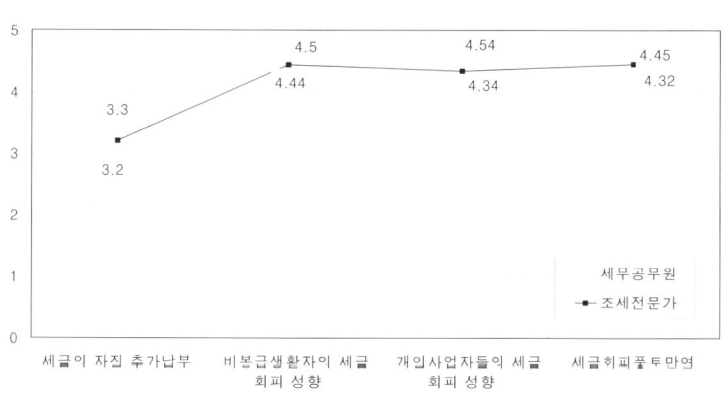

납세풍토에 대한 평가

조세전문가들 역시 사회적으로 세금회피 성향이 강한 것으로 인식하는 것으로 나타났다. "우리사회 전반에 세금회피 풍토가 만연되었다"는 질문에 긍정적으로 답했고(4.45), "특히 개인사업자들 사이에서 세금회피 풍토가 성행하고 있다고 생각"하고 있었으며(4.34), "봉급생활자 이외의 주변 사람들 역시 가능한 세금을 적게 내려한다"는 점을 긍정하였다(4.44), 하지만 "자신의 세금 추가납부"에 대해서는 긍정의 강도가 상대적으로 약했다(3.20).

☞ 납세풍토에 대한 인식을 분석한 결과, 세무공무원 및 조세전문가들은 우리사회 전반적으로 세금회피 성향이 강한 것으로 평가했다. 특히 개인사업자(자영업자 및 전문직)의 조세회피 풍토가 성행하고, 봉급생활자를 제외한 주위사람들이 가능한 한 세금을 적게 내려는 분위기가 지배적인 것으로 인식하였다. 이러한 상황이다 보니 이들 역시, 자신들이 세금을 적게 낸 사실을 알았다 할지라도 스스로 추가 납부하는데 대해서 거부감을 갖는 것으로 분석되었다.

5) 조세부담률에 대한 의견

조세부담이 어느 정도인지를 살펴본 결과, 일반납세자들은 현행 세율이 적정하지 못한 것으로 평가하는 것으로 분석되었다. 이들은 현행 세법상 세율이 국민들의 가계에 많은 부담을 주는 것으로 인식하고(4.14), 자신이 부담하고 있는 세금이 적당한지에 대해서도 만족하지 못하고 있었다(2.71). 또한 자신의 소득에 비해 많은 세금을 부담하고 있고(3.95), 다른 나라와 비교해서도 우리나라 국민들이 상대적으로 많은 세금을 내는 것으로 생각하고 있었다(3.50).

조세부담률에 대한 인식

　세무공무원들은 조세부담률에 대해 큰 불만이 없었지만, 자신들은 상대적으로 많은 세금을 내고 있다고 느끼고 있는 것으로 분석되었다. 이들은 현행 세법상 세율이 국민들의 가계에 큰 부담을 주지 않는다고 인식하는 것으로 나타났고(2.83), 자신이 부담하고 있는 세금이 공평한지에 대해서도 큰 불만이 없었다(2.98). 하지만 자신의 소득에 비해 세금을 많이 부담하고 있다는 것을 부정하지 않았다(3.13) 한편 다른 나라와 비교해서 우리나라 국민들이 상대적으로 많은 세금을 내고 있다고 생각하는 경향은 강하지 않았다(2.67).

　조세전문가들은 조세부담률에 대해 큰 불만이 없었으며, 자신에게 부과되는 세금에 대해 대체로 인정하는 것으로 분석되었다. 이들은 현행 세법상 세율이 국민들의 가계에 큰 부담을 주지 않는다고 인식하는 것으로 나타났고(2.53), 자신이 부담하고 있는 세금이 어느 정도 공평하다고 생각하고 있었다(3.41). 또한 자신의 소득에 비해 세금을 많이 부담하고 있다고 보지도 않았고(2.98), 다른 나라와 비교해서 우리나라 국민들이 상대적으로 많은 세금을 내고 있다고 생각하는 경향도 강하지 않았다(1.55).

☞ 조세부담률에 대한 인식을 분석한 결과, 응답자들의 특성에 따라 차이가 명확하게 나타났다. 먼저 일반납세자들은 세금납부가 본인의 소득에 비해 많아 가계에 부담이 되는 것으로 생각하는 반면, 세무공무원과 조세전문가들은 적정수준인 것으로 평가했다. 또한 다른 나라와 비교해 볼 때 일반납세자들은 상대적으로 많은 것으로 인식하는 반면, 세무공무원과 조세전문가들은 오히려 적은 것으로 평가했다. 따라서 일반납세자들은 세금납부에 대해 상당한 부담을 안고 있으나, 세무공무원 및 전문가들이 볼 때는 현재의 조세부담률이 적절하거나 오히려 부족한 것으로 평가해 대조를 보이는 것으로 이해된다.

6) 조세제도에 대한 인식

① 조세제도 평가

현행 조세제도에 대해 어떻게 평가하고 있는지를 분석한 결과, 일반납세자들은 조세제도에 문제가 많은 것으로 인식하고 있었다. 이들은 현행 조세제도가 복잡하여 이해하기 어려운 것으로 인식하고(4.31), 현행 세제의 종류가 많고 세율이 복잡한 것으로 인식하고 있었다(4.39). 또한 세금신고서식과 절차상에 문제가 있으며(4.31), 세법의 복잡성으로 인해 조세회피가 많이 발생하고 있고(3.82), 정책적 목적을 가진 조세행정이 너무 많아 공평과세에 지장을 준다고 생각하고 있는 것으로 나타났다(4.07).

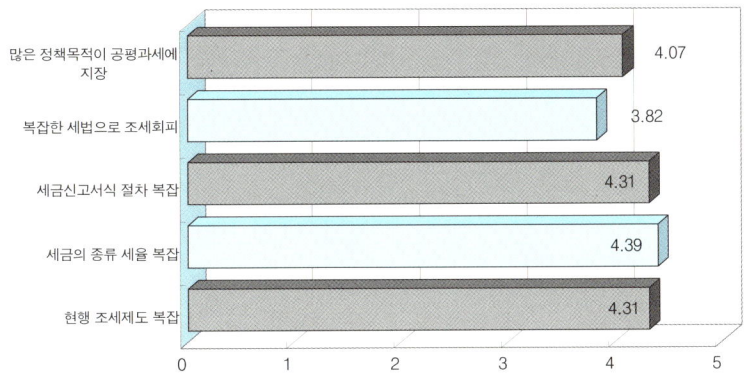

세무공무원들 역시 조세제도에 문제가 있는 것을 부정하지는 않았으나, 일반납세자보다는 수준이 약했다. 이들은 현행 세제가 복잡하다고 인식하고 있었고(3.86), 현재의 세금신고서식과 절차상에도 어느 정도 문제가 있으며(3.87), 세금신고서 서식과 절차가 복잡하여 납세자 자력으로 세금신고를 하기 어렵다는 것을 부정하지 않았다(3.04). 하지만 세법의 복잡성으로 인해 조세회피가 많이 발생한다고는 확신하지 않고 있었다(2.92). 반면 이들은 정책적 목적을 가진 조세행정이 너무 많아 공평과세에 지장을 준다는 의견에 반대하지 않았다(3.54).

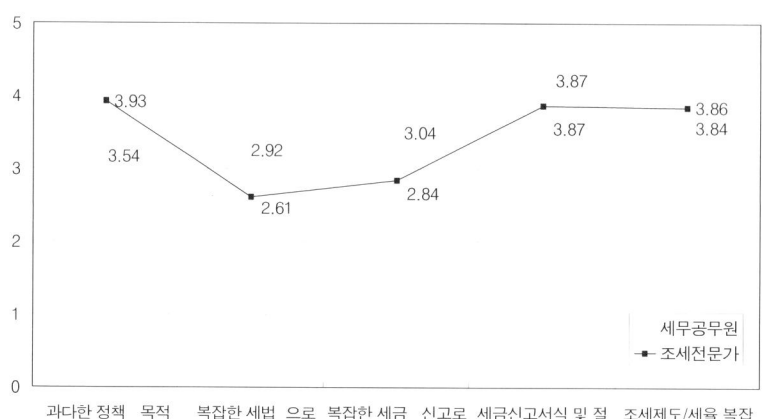

조세전문가들은 조세제도에 문제가 있는 것을 부정하지 않았지만, 복잡한 세법이 조세회피의 원인이라는 점에 대해서는 동의하지 않았다. 이들은 현행 세제가 복잡하다고 인식하고 있었고(3.84), 현재의 세금신고서식과 절차상에도 어느 정도 문제가 있는 것으로 인식했다(3.87). 하지만 세금신고서 양식이 조세회피의욕을 증가시킨다는 것을 긍정하지 않았고(2.84). 세법의 복잡성으로 인해 조세회피가 많이 발생한다고도 보지 않았다(2.61). 반면 이들은 정책적 목적을 가진 조세행정이 너무 많아 공평과세에 지장을 준다는 의견에 긍정하는 경향이 있었다(3.93).

② 세율에 대한 인식

세율에 대한 인식을 분석한 결과, 세무공무원들은 납세자들이 세율을 잘 모르고 있을 것이라고 생각하고 있고(1.98), 세율인하가 성실납세를 보장한다는데 동의하지 않고 있었다(2.74). 또한 납세자들이 동일한 세율의 적용을 받는 것에 부정적이었고(1.34), 납세자들이 현재의 세율체계에 만족한다고 보고 있지도 않았다(2.23). 또한 이들은 조세회피의 수단으로 세율을 중요한 원인으로 간주하지도 않았다(2.36).

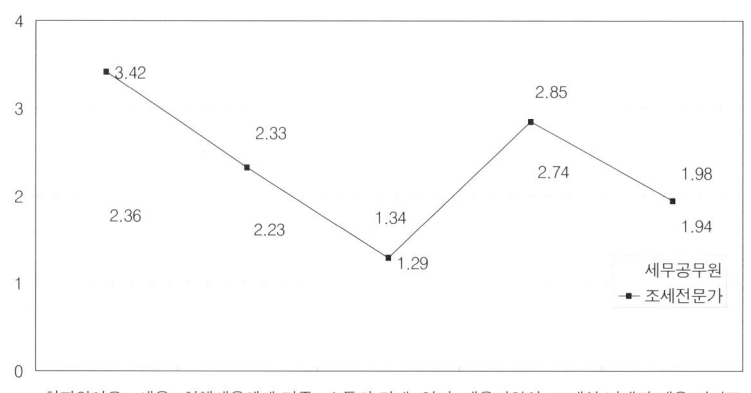

세율에 대한 견해

조세전문가들 역시 납세자들이 세율을 잘 모르고 있을 것이라고 생각하고 있고(1.94), 세율인하가 성실납세를 보장한다는데 동의하지 않고 있었다 (2.85). 또한 납세자들이 동일한 세율의 적용을 받는 것에 부정적이었고(1.29), 납세자들이 현재의 세율체계에 만족한다고 보고 있지도 않았다(2.33). 하지만 이들은 세율이 조세회피의 중요한 원인이 된다는 점을 부정하지는 않았다 (3.42).

☞ 조세제도에 대한 인식을 분석한 결과, 먼저 현행 조세제도에 대해 일반납세자들은 너무 복잡해 문제가 많으며, 그로 인해 공평과세에 부적절한 것으로 평가하는 반면, 세무공무원과 조세전문가들은 조세제도의 문제점을 인정하면서도 복잡한 세법이 조세회피의 원인은 아닌 것으로 인식하였다. 다만 정책적 목적을 가진 조세행정이 너무 많아 공평과세에 지장을 준다는 점에는 일정부분 동의하는 태도를 보였다.

다음으로 세율과 관련하여 세무공무원과 조세전문가 모두 납세자들이 세율을 잘 모르고 있을 것으로 생각하고, 세율인하가 조세납부를 보장하는 것으로는 보지 않는다. 한편 세율이 조세회피의 원인으로 작용하는가 하는 문제와 관련하여 세무공무원들은 부정하는 반면, 조세전문가들은 긍정함으로써 시각차이를 보였다. 따라서 조세제도 및 세율과 관련하여 일반납세자, 세무공무원, 조세전문가들은 각자의 입장에 따른 태도를 견지하는 것으로 이해된다.

7) 조세회피 행위에 대한 인식

조세회피 행위에 대한 인식을 분석한 결과, 일반납세자들은 조세회피 행위를 부정적으로 인식하는 것으로 나타났다. 이들은 세금을 적게 납부하기 위해 재산을 은닉할 생각이 상대적으로 약한 것으로 나타났고(2.43), 자신이 사업을 한다 하더라도 조세회피를 위한 방법을 강구하지는 않겠다고 생각하는 경향이 강했다(2.72). 그리고 자신에게 조세회피의 기회가 주어지더라도 소득을 성실히 신고할 것이며(3.53), "만약 미신고 소득에 대한 처벌이 강화되어도 세금을 회피할 것"이라고 생각하는 경향 역시 상대적으로 약했다(2.53). 그러나 전반적으로 중간치인 3점대 사이의 값을 보여 그렇게 강한 태도경향을 보이지는 않아, 소극적 수준에서의 부정적 인식인 것으로 이해된다.

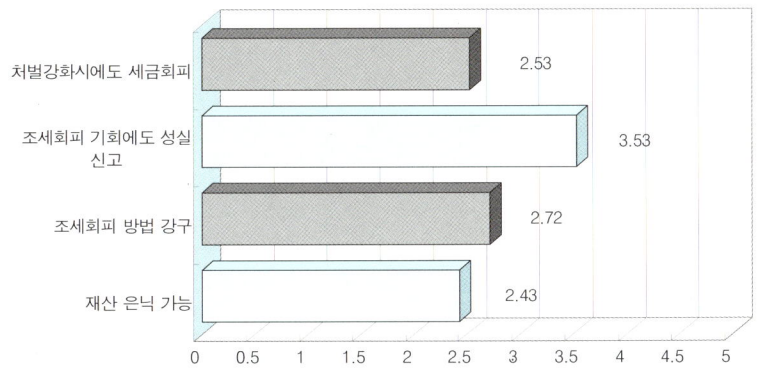

반면 세무공무원들은 조세회피에 대해 부정적으로 인식하는 경향이 상대적으로 강한 것으로 분석되었다. 이들은 가짜 영수증을 발급하려 한 적이 드물었으며(1.40), 세금을 적게 납부하기 위해 재산을 은닉한 경험도 거의 없었다(1.16). 무자료를 이용한 세금회피 경험도 적었고(1.18), 조세감면 혜택을 이용한 세금회피 경험 역시 드물었다(1.29). 또한 조세시스템이 공평성에 어긋난다 해도 조세를 회피하지 않겠다는 응답이 많았다(1.80).

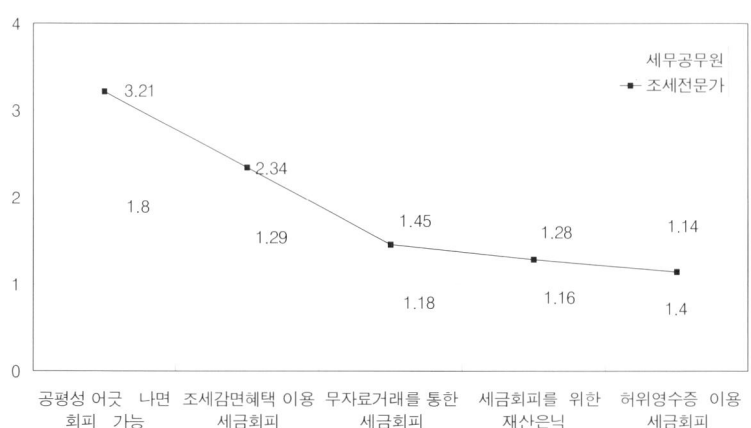

조세전문가들의 경우에는 조세회피에 대해 부정적으로 인식하는 경향이 강하지만 조세시스템이 불공정할 경우 조세를 회피하는 것에 대해서는 부정적이지 않았다. 이들은 가짜 영수증을 발급하려 한 적이 드물었으며(1.14), 세금을 적게 납부하기 위해 재산을 은닉한 경험도 거의 없었다(1.28). 무자료를 이용한 세금회피 경험도 적었고(1.45), 조세감면 혜택을 이용한 세금회피 경험 역시 많지 않았다(2.34). 하지만 이들은 조세시스템이 공평성에 어긋날 경우 조세를 회피할 것이라는 점을 부정하지는 않았다(3.21).

☞ 조세회피 행위에 대한 인식을 분석한 결과, 모든 응답자들이 조세회피 행위를 나쁜 것으로 인식하였으나, 일반납세자들의 경우 비교적 소극적 수준에 머물렀다. 즉 일반납세자들의 경우 강한 긍정도 부정도 아닌 어중간한 입장을 견지하고 있어, 상황에 따라 조세회피 행위가 발생할 수 있음을 시사한다고 하겠다. 조세전문가들의 경우에도 조세시스템이 불공평하게 적용될 경우 조세회피 행위가 무방함을 지적하는 경향이 상대적으로 강한 것으로 나타나 일반납세자들의 인식과 유사한 것으로 이해된다.

8) 조세범 처벌에 관한 의견

조세범 처벌에 대한 인식을 분석한 결과, 일반납세자들은 조세회피를 방지하기 위한 수단으로 세무조사와 과세당국의 엄격한 규제를 요구하고 있으며, 탈세범에 대한 처벌은 행정처벌을 선호하는 것으로 분석되었다. 이들은 세무조사가 조세회피자 판별에 가장 좋은 방법이라고 생각하고 있으며(3.46), 과세당국의 규제가 엄할수록 성실납세의 가능성이 증가할 것으로 생각하고 있었다(3.56). 또한 경미한 탈세범에 대한 처벌은 행정처벌인 '과징금'으로 대체하는 방안을 보다 선호하고 있었고(3.55), 조세포탈자에 대하여 징역형에 해당하는 처벌을 병행해야 한다는 인식 또한 상대적으로 강하게 나타났다(3.68). 현재 과세당국의 조세회피자에 대한 행정처분은 잘 이루어지지 않고 있다고 생각하는 경향이 강했다(3.93).

조세범 처벌에 관한 인식(일반납세자)

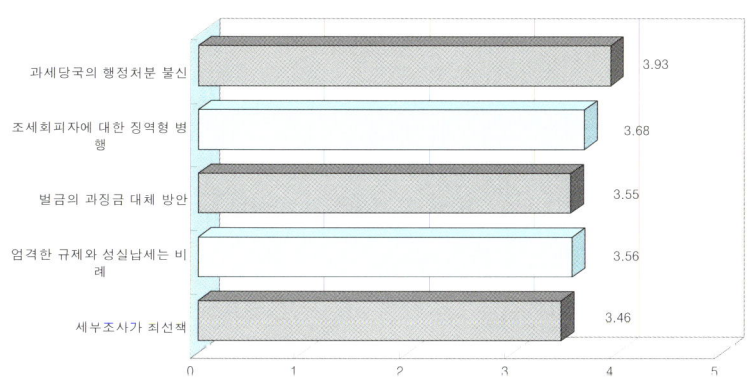

세무공무원들은 조세포탈자에 대한 처벌이 가산세, 벌금, 형사처벌 등만으로 적당하다는데 동의하지 않았고(2.69), 개인사업자에 대한 정기적 세무조사의 회수를 늘려야 한다는 점을 부정하지 않았다(3.54). 또한 일반인들과 사업자들의 세금포탈에 대한 처벌이 같아야 한다는 점 역시 부정하지 않았다(3.35).

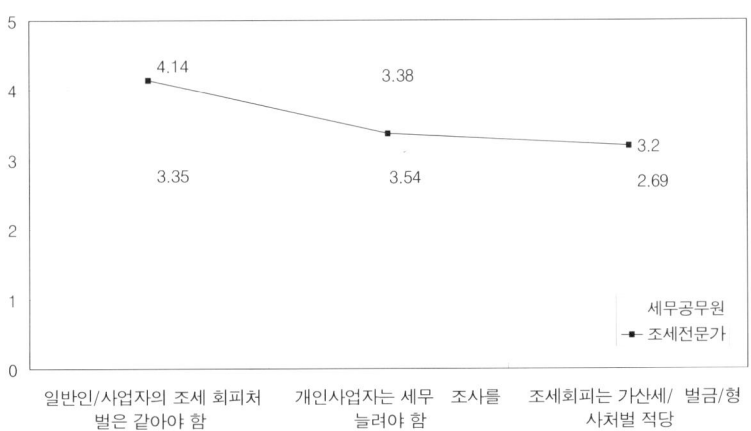

조세범 처벌에 대한 인식

조세전문가들은 조세포탈자에 대한 처벌이 가산세, 벌금, 형사처벌 등만으로 적당하다는 점을 부정하지 않았고(3.20), 개인사업자에 대한 정기적 세무조사의 회수를 늘려야 한다는 점 또한 부정하지 않았다(3.38). 그리고 일반인들과 사업자들의 세금포탈에 대한 처벌이 같아야 한다고 생각하고 있었다(4.14).

☞ 조세범 처벌에 대한 인식을 분석한 결과, 일반납세자들의 경우 현재의 조세포탈 방지에 관한 규제 및 처벌제도가 효과적인 기능을 못하는 것으로 평가하고 있으며, 따라서 세무조사 등 과세당국의 엄격한 규제가 필요함을 역설하는 것으로 이해된다. 한편 세무공무원 및 조세전문가들은 조세포탈자에 대한 처벌이 제대로 이루어지지 않고 있는 것으로 평가하며, 개인사업자에 대한 정기세무조사의 횟수

를 늘리고 일반인과 사업자의 세금포탈에 대한 처벌수위를 동일하게 적용해야 함을 지지하는 것으로 분석된다.

2. 조세환경에 대한 인식

1) 과세일반에 대한 평가

① 현행 세제상 세금부과의 공평성에 대한 인식

현 세제상 세금부과의 공평성에 대해 어떠한 인식을 갖고 있는지를 조사한 결과, 일반납세자들은 현행 세금부과의 공평성에 강한 불신을 갖고 있는 것으로 분석되었다. 조사대상 일반납세자 중 무려 91.3%(274명)가 공평하지 않다고 응답하였다.

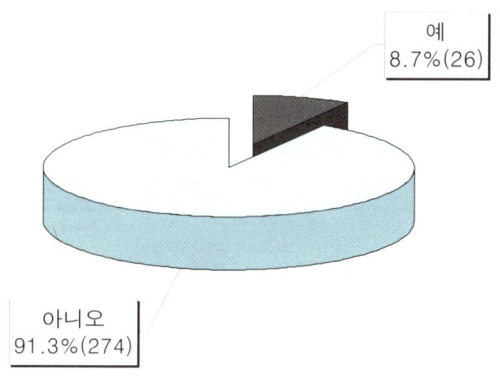

세금부과 공평성에 대한 인식(일반납세자)

세무공무원들의 경우엔 일반납세자 보다 양호하였으나, 전체의 76%(76명)가 현재의 세금부과가 공평하지 않다고 응답하였다. 따라서 세무공무원들 역시 세금의 공평성에 대해 회의적인 시각을 갖고 있는 것으로 이해된다.

세금부과 공평성에 대한 인식(세무공무원)

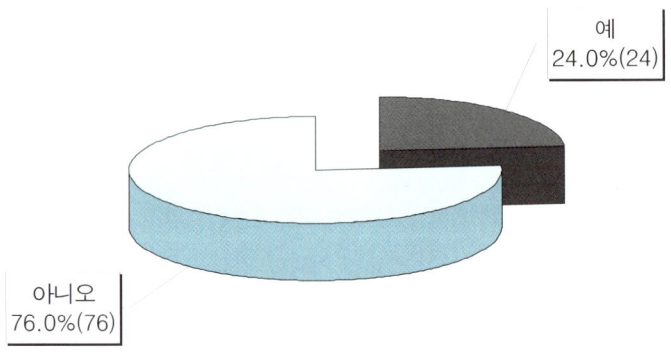

조세전문가들의 경우엔 87%(87명)가 현재의 세금부과가 공평하지 않다고 응답하였다.

세금부과 공평성에 대한 인식(조세전문가)

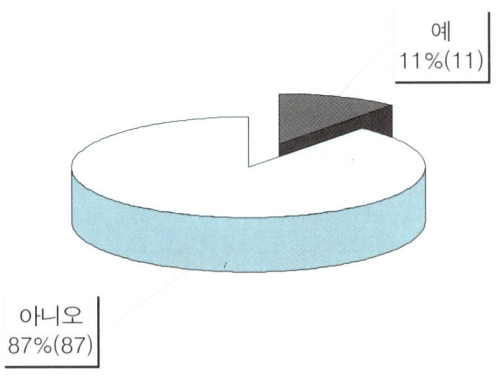

☞ 현행 세제상 세금부과의 공평성 정도에 대한 의견을 분석한 결과, 일반납세자・세무공무원・조세전문가 모두 강한 불만을 갖고 있는 것으로 나타났다. 그 중에서도 일반납세자들의 부정적 인식이 가장 강한 반면, 세무공무원의 경우 상대적으로 긍정적 인식을 갖고 있어 차이를 보였다. 이러한 차이는 직업적 특성을 반영하는 것으로 이해된다.

② 불공평 과세의 원인

세금의 공평한 부과가 이루어지지 않고 있는 이유로 일반납세자들의 48.5%(132명)가 "사회적 성실납세환경의 미비와 납세자의 정직성 부족"을 선택하였고, 다음으로 34.2%(93명)가 "조세제도 자체의 불평등한 설계"를, 그리고 17.3%(47명)는 "세무행정의 전문화, 과학화 미흡"을 지적하였다. 즉 세무행정 보다는 조세제도, 사회적 납세환경 및 납세자 인식을 보다 근원적인 원인으로 생각하는 것으로 이해된다.

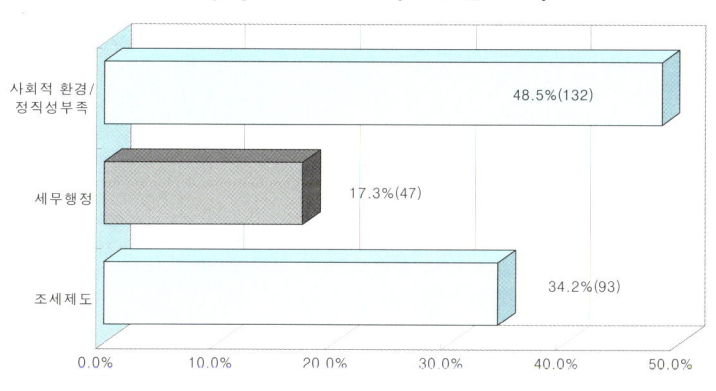

불공평 과세 원인(일반납세자)

세무공무원들의 경우엔, 세금의 공평한 부과가 이루어지지 않고 있는 이유로 63%(63명)가 "사회적 성실납세환경의 미비와 납세자의 정직성 부족"을 선택하였다.

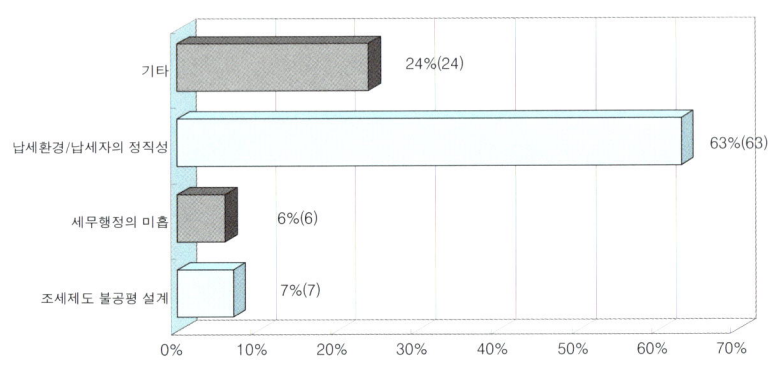

조세전문가들의 47%(47명)가 "사회적 성실납세환경의 미비와 납세자의 정직성 부족"때문이라고 응답하였고, 다음으로 27%(27명)가 "조세제도 자체의 불공평한 설계" 때문이라고 응답하였다.

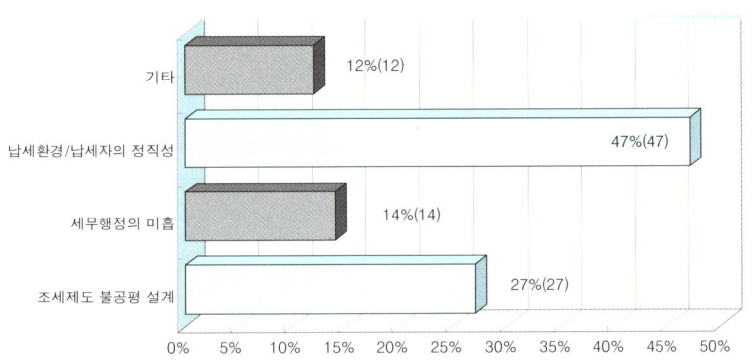

☞ 불공평 과세의 원인에 대한 생각을 분석한 결과, 일반납세자·세무공무원·조세전문가 모두 "사회적 성실납세 환경의 미비와 납세자의 정직성 부족"을 가장 심각한 요인으로 고려하는 것으로 나타났다. 한편 일반납세자와 조세전문가의 경우 "조세제도의 불공평한 설계"를 역시 중요한 요인으로 지적한데 반해, 세무공무원들은 조세제도나 세무행정적 요인을 중요한 요인으로 고려하지 않는 차이점을 드러냈다. 이러한 차이 역시 직업적 특성이 작용한 것으로 이해된다.

③ 세율에 대한 의견

"현행 우리나라 세율이 높다고 생각하는가"라는 질문에 대해 일반납세자 중 가장 많은 45.7%(137명)가 세율이 "보통이다"라고 응답하였고, 36.3%(109명)는 "높다"고 응답하였다. 반면 "높지 않다"고 생각하고 있는 응답자는 9.0%(27명)에 불과하였고, "매우 높다"고 생각하고 있는 사람도 8.7%(26명)로 나타났다.

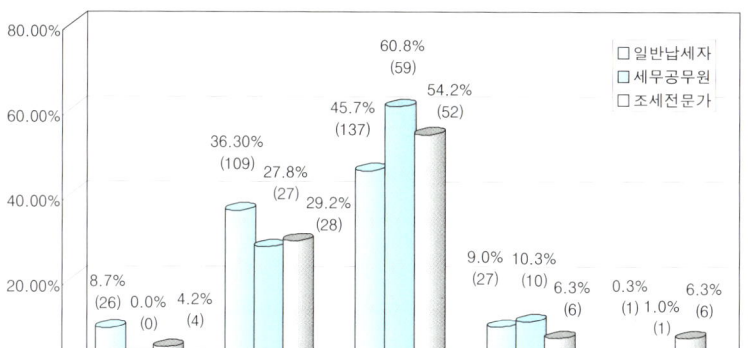

고세율에 대한 견해

세무공무원들의 경우, 응답자 중 가장 많은 60.8%(59명)는 세율이 "보통이다"라고 응답하였고, 27.8%(27명)는 "높다"고 응답하였다.

조세전문가들의 경우엔, 응답자 중 가장 많은 54.2%(52명)는 세율이 "보통이다"라고 응답하였고, 29.2%(28명)가 높은 것으로 평가했다.

☞ 우리나라의 현행 세율에 대한 의견을 분석한 결과, 일반납세자·세무공무원·조세전문가 모두 "보통" 수준이라는데 의견을 같이하는 것으로 나타났다. 그러나 세부적으로 보면, 일반납세자와 조세전문가가 세무공무원보다 세율을 보다 높은 것으로 인식하는 경향이 상대적으로 강한 것으로 분석된다.

2) 납세풍토에 대한 평가

① 성실납세자(부류)에 대한 의견

일반납세자들은 근로소득자가 가장 세금을 성실히 납부한다고 생각하고 있는 것으로 분석되었다. "세금을 가장 성실히 납부하는 사람이 누구라고 생각하는가?"라는 질문에 대해 응답자의 89.7%(269명)가 근로소득자를 선택하였다. 흥미로운 점은 이 그룹에 의사 및 변호사가 다수 포함되어 있음에도 불구하고 그에 대한 선택이 거의 포함되어 있지 않다는 점에서 자신들 스스로도 성실납부자가 아님을 인정하고 있다는 점이다.

성실 납부자에 대한 의견(일반납세자)

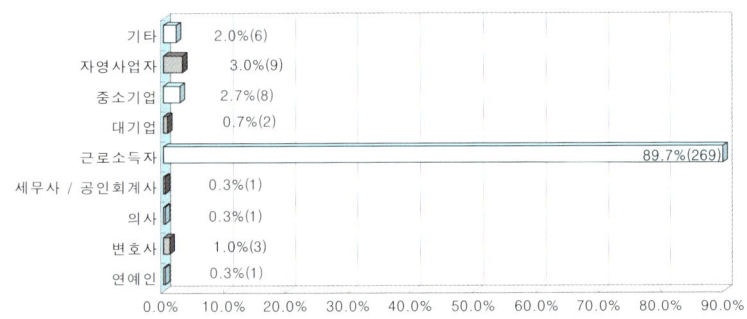

세무공무원 역시 응답자의 96%(96명)가 근로소득자라고 답하였다.

성실납부자에 대한 의견(세무공무원)

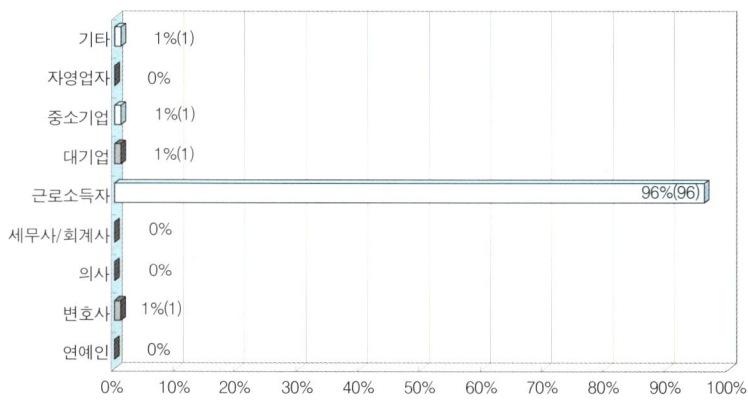

조세전문가들의 경우에는 응답자의 83%(83명)가 근로소득자라고 응답하였으며, 12%(12명)는 세무사와 회계사라고 응답하였다.

성실 납부자에 대한 의견(조세전문가)

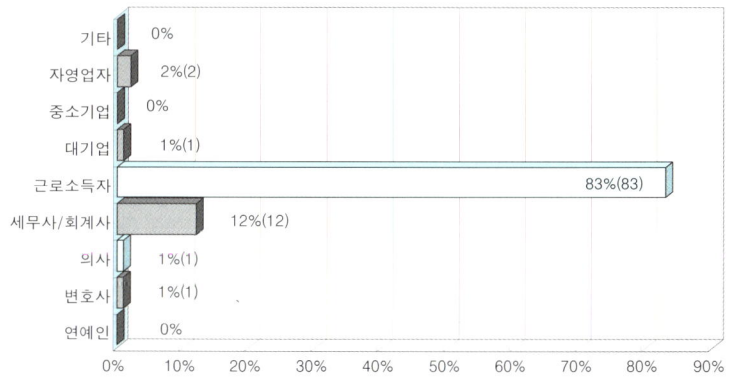

☞ 세금을 가장 성실히 납부하는 사람들에 대한 인식을 분석한 결과, 일반납세자·세무공무원·조세전문가 모두 근로소득자를 압도적으로 선택하였다. 다만, 조세전문가의 경우 세무사 및 회계사의 비율이 상대적으로 높게 나타났는데, 이는 해당 응답자 부류에 세무사/회계사가 다수 포함되어 있었기 때문으로 이해된다. 이는 일반납세자 그룹의 의사/변호사가 자신들을 선택하지 않는 것과 비교되어 흥미롭다.

② 조세회피자(부류)에 대한 의견

일반납세자들은 변호사, 의사, 대기업, 세무사와 공인회계사 등을 조세회피의 경향이 가장 큰 계층으로 인식하고 있는 것으로 분석되었다. 응답자 중 가장 많은 28.8%(85명)가 변호사를 꼽았고, 의사와 대기업을 선택한 응답자가 각각 19.0%(56명)였으며, 세무사와 공인회계사 역시 18.0%(53명)가 지목되었다.

조세회피자에 대한 의견(일반납세자)

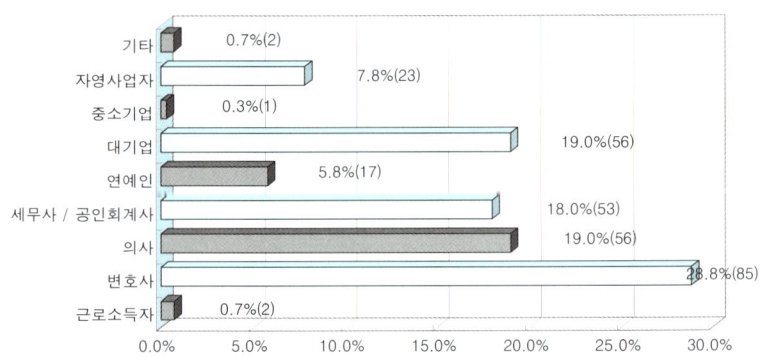

세무공무원들은 변호사, 자영사업자, 의사 등을 조세회피의 경향이 가장 큰 계층으로 인식하고 있는 것으로 분석되었다. 응답자 중 가장 많은 40%(40명)가 변호사를 꼽았고, 자영업자와 의사를 선택한 응답자는 각각 35%(35명)과 11%(11명)였다.

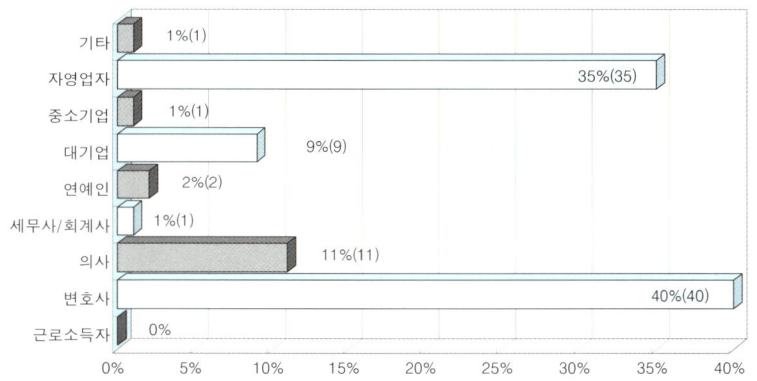

조세전문가들은 자영업자, 변호사, 의사 등을 조세회피의 경향이 가장 큰 계층으로 인식하고 있는 것으로 분석되었다. 응답자 중 가장 많은 34%(34명)가 자영업자라고 응답하였고, 변호사와 의사를 선택한 응답자는 각각 28%(28명)와 23%(23명)이었다.

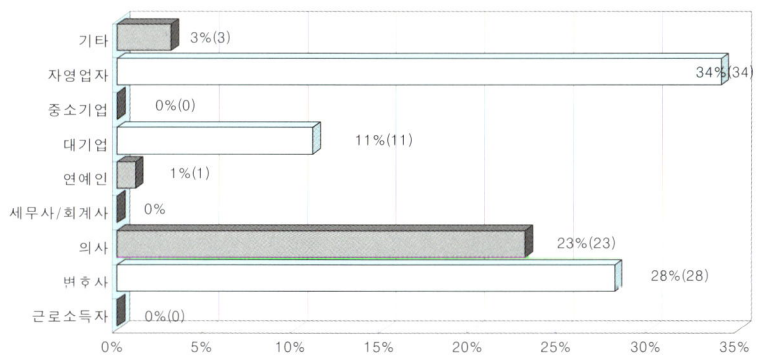

☞ 조세회피를 하려는 경향이 가장 큰 부류에 대한 생각을 분석한 결과, 응답자별 특성에 따라 약간의 차이를 보였다. 일반납세자의 경우에는 변호사, 의사, 대기업, 세무사/공인회계사 순이었으며, 세무공무원의 경우에는 변호사, 자영업자, 의사 순, 조세전문가의 경우에는 자영업자, 변호사, 의사 순이었다. 모든 그룹에서 변호사와 의사가 높은 비율을 나타냈으며, 세무공무원 및 조세전문가들은 자영업자 또한 높은 비율로 선택하였다. 따라서 조세회피 부류에 대한 인식은 보편적으로 어느 정도 동일한 경향을 띠는 것으로 이해된다.

3) 성실납세 관련 의식

① 상속세·증여세 완전포괄주의 도입에 대한 인식

노무현 정부는 상속세·증여세 완전포괄주의를 도입하기로 했다. 상속세·증여세 완전포괄주의란 과세항목이 법률에 규정되어 있지 않더라도 그와 유사한 증여 또는 상속행위가 발생하면 모두 세금을 물릴 수 있도록 하는 제도이다.

이러한 "상속세·증여세 완전포괄주의 도입"에 대해 일반납세자들은 긍정적인 인식이 상대적으로 강한 것으로 분석되었다. 응답자들 중 많은 사람인 38.1%(114명)가 "적절하다"고 인식하고 있었고, "부적절하다"고 인식하고 있는 응답자는 11.7%(35명)인 것으로 나타났다. 한편, "잘 모르겠다"고 응답한 비율도 35.8%(107명)나 되어 "상속세·증여세 완전포괄주의" 자체에 대해 잘 모르는 사람들이 전체의 1/3을 넘는 것으로 분석되었다.

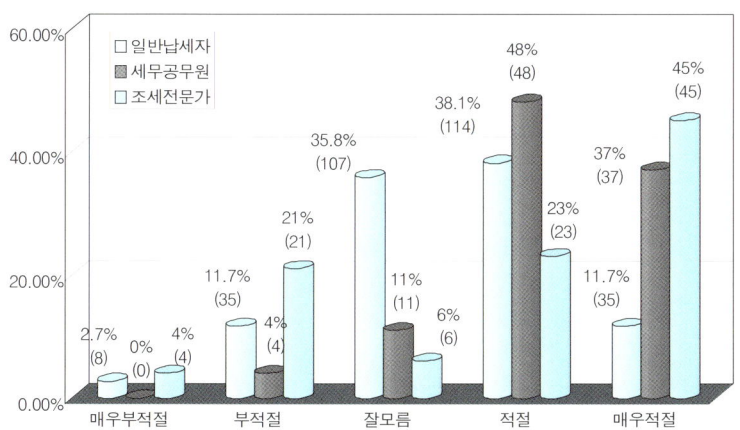

상속세/증여세 완전포괄주의에 대한 의견

세무공무원들의 경우 "상속세·증여세 완전포괄주의 도입"에 대해 긍정적인 인식이 강한 것으로 분석되었다. 응답자들 중 가장 많은 비율인 48%(48명)가 "적절하다"고 인식하고 있었고, "매우 적절하다"고 인식하고 있는 응답자도 37%(37명)나 되었다.

조세전문가들은 "상속세·증여세 완전포괄주의 도입"에 대해 긍정적으로 인식하고 있는 경우가 보다 많은 것으로 분석되었다. 응답자들 중 가장 많은 비율인 45%(45명)가 "상속세·증여세 완전포괄주의"가 "매우 적절하다"고 인식하고 있었고, "적절하다"고 인식하고 있는 응답자도 23%(23명)나 되는 등 전체의 68%가 도입에 찬성했다. 하지만 "부적절하다"고 응답한 비율도 21%(21명)나 되었다. 따라서 조세전문가들의 경우에 매우 강한 긍정이 지배적인 가운데, 부정적인 인식 또한 적지 않은 것으로 분석된다.

☞ 상속세·증여세 완전포괄주의 도입에 대한 의견을 분석한 결과, 일반납세자·세무공무원·조세전문가 모두 지지가 지배적이었다. 그러나 일반납세자의 경우 상

당수가 제도 자체를 잘 모르고 있으며, 조세전문가의 경우에는 반대하는 의견도 적지 않은 것으로 나타났다. 이는 새로운 제도 도입에 대한 적극적인 여론환기 및 사회적 합의도출이 요구됨을 시사한다고 하겠다.

② 상속세·증여세 완전포괄주의 실현가능성에 대한 의견

"상속세·증여세 완전포괄주의" 도입의 실현가능성에 대해 일반납세자들의 경우 "실현되지 않을 것이다"라는 응답과 "실현될 것이다"라는 응답의 비율이 각각 20.5%(61명)와 23.2%(69명)로 비슷하게 나타났다. 하지만 "잘 모르겠다"는 응답이 56.2%(167명)나 되어, 제도 자체에 대해 잘 모르거나 반신반의하는 것으로 이해된다.

완전포괄주의 도입실현 여부(일반납세자)

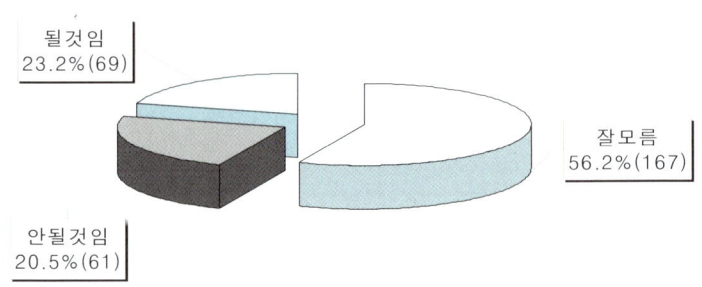

세무공무원들의 경우에는 응답자의 41%(41명)가 "도입실현이 가능하다"고 답한 반면, 실현 불가능 할 것이라고 응답한 응답자는 18%(18명)였다. 여기서도 41%가 무관심 혹은 반신반의 하는 반응을 보였다.

완전포괄주의 도입 실현여부(세무공무원)

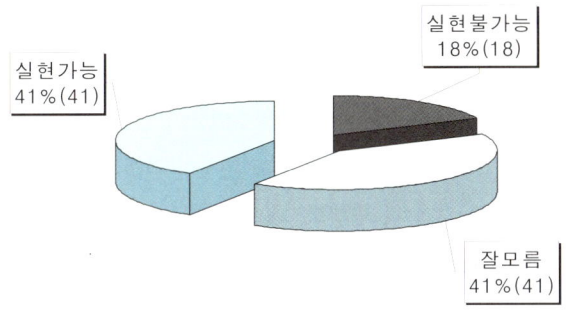

조세전문가들 중에는 "실현되지 않을 것이다"라고 응답한 사람이 조금 더 많았다. 응답자의 30%(30명)가 가능하다고 답한 반면, 실현불가능 할 것이라고 답한 응답자는 36%(36명)였다.

포괄주의 도입 실현여부(조세전문가)

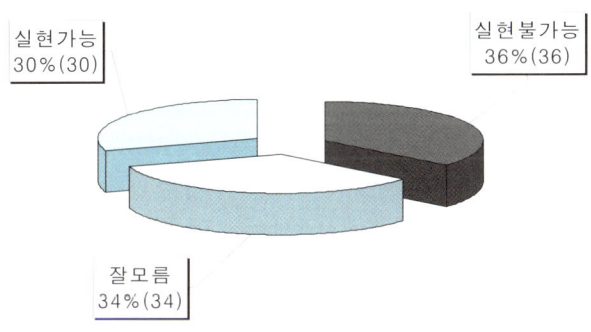

☞ 상속세·증여세 완전포괄주의 방침의 실현가능성에 대한 생각을 분석한 결과, 일반납세자 및 세무공무원은 실현가능성을 보다 높게 평가한 반면 조세전문가들은

불가능성에 보다 비중을 두는 것으로 나타났다. 그러나 전반적으로 제도 도입 방침 자체에 대해 알지 못하거나 시행가능성을 의심하고 있으므로 방침 자체에 대한 홍보와 이해가 선행되어야 할 것으로 보인다.

③ 완전포괄주의의 위헌여부 판단

"상속세·증여세 완전포괄주의"가 조세법률주의를 규정한 헌법에 어긋난 위헌이라는 지적이 제기되고 있는데, 이에 대해 조사한 결과 "위헌이 아니다"고 응답한 세무공무원들의 수가 더 많았다. 76%(76명)의 응답자가 위헌이 아니라고 답했으며, 위헌이라고 응답한 응답자는 19%(19명)에 지나지 않았다.

조세전문가 역시 56%(56명)가 위헌이 아니라고 답했으나, 위헌이라고 응답한 응답자의 비중도 12%(12명)를 차지해 세무공무원보다는 비판적 인식이 강한 것으로 분석되었다.

☞ 상속세·증여세 완전포괄주의 방침의 위헌여부에 대한 판단을 분석한 결과, 세무공무원과 조세전문가 모두 위헌이 아니라는데 의견이 모아졌다. 그러나 조세전문가의 경우 위헌이라는 판단 역시 적지 않아, 이에 대한 보다 신중한 적용·해석이 요구됨을 시사한다.

④ 배우자간 양도 및 양수시 증여세 면제에 대한 의견

배우자간 재산의 양도 및 양수시 증여세에 대해 일반납세자들은 면제되어야 한다고 생각하는 것으로 나타났다. 응답자들의 69.6%(206명)는 배우자간 양도 및 양수시 입증될 경우 증여세가 "조건에 맞게 면제되어야 한다"고 응답하였고, 응답자의 25%(74명)는 "면제되어야 한다"고 생각하고 있는 것으로 나타났다.

증여세 면제에 대한 의견(일반납세자)

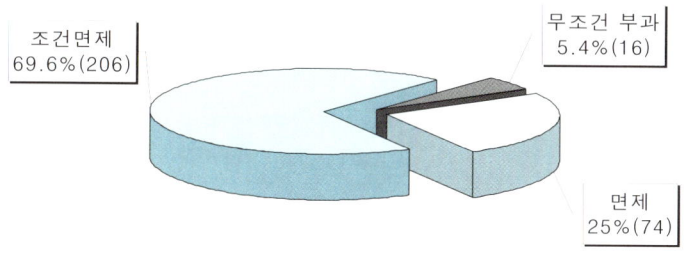

세무공무원들의 71%(71명)는 "조건에 맞게 면제되어야 한다"고 답한 반면, 16%(16명)는 "무조건 부과되어야 한다"고 응답하였다.

증여세 면제에 대한 의견(세무공무원)

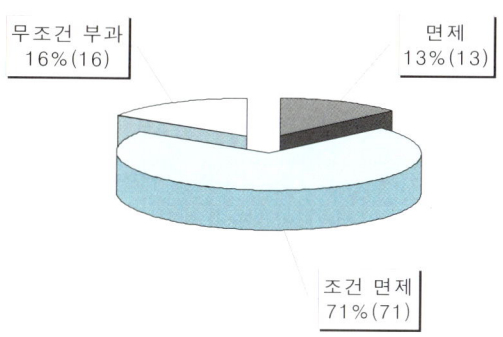

조세전문가들의 경우에는 62%(62명)가 "조건에 맞게 면제되어야 한다"고 답하였고, 29%(29명)는 "면제되어야 한다"고 답하였다.

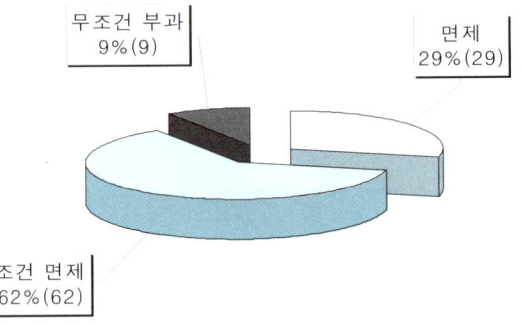

증여세 면제에 대한 의견(조세전문가)

☞ 배우자간 재산의 양도 및 양수시 증여세 부과에 대한 의견을 분석한 결과, 일반납세자·세무공무원·조세전문가 모두 면제 혹은 조건 면제되어야 한다는 생각이 압도적인 것으로 나타났다. 그러나 세무공무원의 경우에는 부과해야 한다는 의견이 다른 응답자들에 비해 상대적으로 높은 비율을 차지해 대조를 보였다.

⑤ 신고납세제도 정착에 대한 평가

우리나라는 과거 부과과세제도를 신고납세제도로 전환했는데, 신고납세제도가 정착되었다고 평가하는지에 대해, 일반납세자의 77%(229명)는 아직까지 신고납세제도의 정착이 이루어지지 않은 것으로 평가했다.

세무공무원 역시 81.8%(81명)가 아직까지 제도적 정착이 이루어지지 않은 것으로 평가했다.

세무전문가의 경우에는 52.6%(51명)가 부정적으로 평가한 반면, 47.4%(46명)는 정착된 것으로 보아 다른 응답자들과 차이를 보였다.

☞ 신고납세제도의 정착에 대한 판단을 분석한 결과, 일반납세자와 세무공무원은 아직 정착이 되지 않은 것으로 보는 시각이 지배적이었다. 반면 조세전문가의 경우에는 정착과 미정착의 평가가 비슷한 수준으로 나타났다. 따라서 전반적으로 신고

납세제도는 아직 제대로 뿌리내리지 못한 것으로 이해된다. 특히 세무공무원들은 대부분 신고 납세제도가 아직 정착되지 않았다고 생각, 납세자들에 대한 극도의 불신을 보여주고 있다. 소득세의 신고납세제도로의 전환이 96년이니까 벌써 10년이 되가는데 아직도 정착이 되지 않았다면 이는 큰 문제이며 우리의 투철하지 못한 조세의식을 염려하지 않을 수 없다.

⑥ 신고납세제도의 미정착 이유

이러한 신고납세제도가 정착되지 않고 있는 이유에 대해 일반납세자의 60% 이상이 신고납세제도가 조세회피의 수단으로 악용되고 있거나 조세제도의 결함 및 세무행정의 잘못 때문인 것으로 인식하고 있었다. 응답자의 34.8%(81명)는 신고납세제도가 조세회피의 수단으로 악용되고 있다고 생각하고 있는 것으로 나타났고, 29.6%(69명)는 조세제도의 결함 및 세무행정의 잘못으로 인해 신고납세제도가 정착되지 못하고 있는 것으로 인식하고 있는 것으로 나타났다. 세무지식 및 제도에 대한 이해부족도 미정착 사유의 16.7%(39명)를 차지했다.

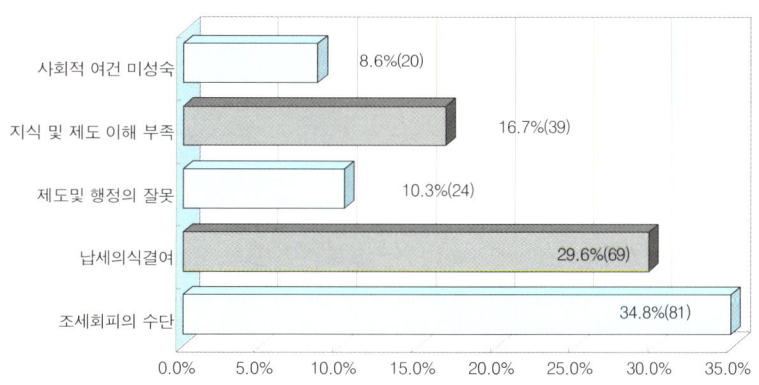

신고납세제도 미정착 원인(일반납세자)

신고납세제도가 정착되지 않고 있는 이유에 대해 세무공무원의 79.7%(63명)는 "납세자의 자발적인 의지 부족 및 납세의식 결여" 때문이라고 인식하고 있었고, 11.4%(9명)는 세무지식 및 제도에 대한 이해의 부족 때문이라고 답했다.

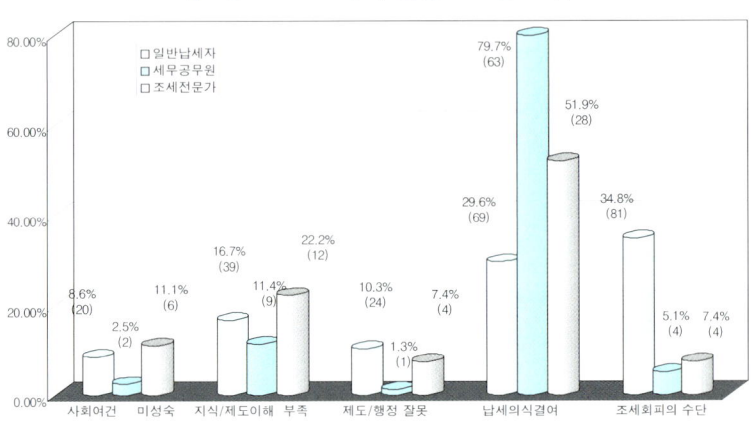

신고납세제도 미정착 원인에 대한 의견

조세전문가의 경우에는 51.9%(28명)가 납세자의 자발성과 납세의식 결여 때문이라고 응답하였고, 22.2%(12명)는 세무지식 및 제도에 대한 이해 부족 때문이라고 생각하고 있는 것으로 나타났다.

☞ 신고납세제도가 정착하지 못한 이유에 대해 분석한 결과, 일반납세자들은 신고납세제도가 조세회피의 수단으로 악용되고 있거나 조세제도의 결함 및 세무행정의 잘못 때문인 것으로 인식하는 등 제도적 차원에 원인을 두는 경향을 보였다. 반면에 세무공무원 및 조세전문가들은 납세자의 자발적 의지 부족 및 납세의식 결여를 가장 중요한 요인으로 꼽았고, 더불어 세무지식 및 제도에 대한 이해 부족 등 납세자 개인적 차원에 원인을 두는 것으로 분석된다.

⑦ 세무조사에 대한 의견

세무조사에 대해 어떻게 생각하는지를 질문한 결과, 일반납세자들은 "탈세 및 조세회피 방지를 위해 반드시 필요하다"고 생각하는 비율이 66.8%(197명)로 가장 높았다. 반면 "생계유지형 탈세는 눈감아 줄 수 있다"는 의견과 "여러 가지로 악용되기 때문에 불필요하다"는 의견도 각각 14.2%(42명)와 13.6%(40명)를 차지하였다.

세무조사에 대한 의견

	일반납세자	세무공무원	조세전문가
악용소지	13.6%(40)	0%(0)	2%(2)
생계유지형 예외	14.2%(42)	0%(0)	10.2%(10)
필요없음	5.4%(16)	0%(0)	0%(0)
반드시 필요	66.8%(197)	100%(100)	87.8%(86)

세무공무원들 중 세무조사에 대해 "반드시 필요하다"고 생각하는 비율은 100%(100명)인 것으로 나타났다. 조세전문가의 경우에는 87.8%(86명)가 세무조사를 반드시 필요하다고 생각하고 있는 것으로 나타났고, 10.2%(10명)는 생계유지형 탈세에 대해서는 '눈감아 줄 수 있다'고 응답하였다.

☞ 세무조사에 대한 생각을 분석한 결과, 일반납세자·세무공무원·조세전문가 모두 탈세와 조세회피 방지를 위해 반드시 필요하다는 생각이 압도적이었다. 그러나 일반납세자의 경우에는 생계유지형 탈세는 눈감아 줄 수 있으며, 여러 가지로 악용되기 때문에 이 제도가 불필요하다는 의견도 적지 않았다. 조세전문가 역시 생

계유지형 탈세는 묵인가능하다는 소수 의견이 있었다. 따라서 세무조사가 필요하기 하지만, 실제 집행에 있어 어느 정도 상황적 고려가 포함되어야 할 것임을 시사한다고 하겠다.

⑧ 세무조사 대상자 선정방법에 대한 의견

세무조사 대상자의 선정은 어떻게 하는 것이 바람직한가라는 질문에 대해 일반납세자들 중 51.2%(148명)는 "탈세혐의가 있으면 모두 실시해야 한다"고 생각하고 있었고, 30.8%(89명)는 "세무지도 차원에서 정기적으로 실시해야" 하는 것으로 생각하고 있는 것으로 나타났다.

세무조사 대상자 선정방법에 대한 의견

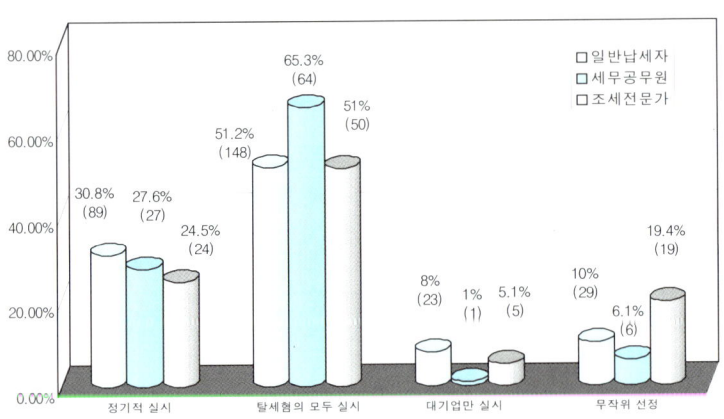

세무공무원들의 경우에는 응답자 중 65.3%(64명)는 "탈세혐의가 있으면 모두 실시해야 한다"고 응답하였고, 27.6%(27명)는 "세무지도 차원에서 정기적으로 실시해야 한다"고 답하였다.

조세전문가의 경우엔 51%(50명)는 "탈세혐의가 있으면 모두 실시해야 한다"고 생각하고 있었고, 24.5%(24명)는 "세무지도 차원에서 정기적으로 실시해야 한다"고 생각하고 있는 것으로 나타났다. 한편 무작위로 세무조사 대상자를 선택해야 한다고 생각하는 응답자도 19.4%(19명)인 것으로 나타났다.

☞ 세무조사 대상자 선정방법에 대한 생각을 분석한 결과, 일반납세자·세무공무원·조세전문가 모두 탈세혐의가 있으면 모두 실시하고, 세무지도 차원에서 정기적으로 실시하는 것이 바람직하다는 의견이 지배적이었다. 다만, 조세전문가의 경우 무작위로 선정하는 것도 효과적일 것이라는 의견이 다수를 차지하고 있어 주목된다.

⑨ 특별세무조사(심층조사)에 대한 견해

특별세무조사(심층조사)에 대한 의견을 물었는데, 여기서 특별세무조사(심층조사)란 탈세정보자료 또는 과세자료의 분석을 통해 세금을 탈루한 혐의가 구체적으로 포착된 자 중에서 탈루수법이나 규모로 보아 통상의 조사로는 실효를 거두기 어렵다고 판단되는 경우 예외적으로 조사통지 생략·장부예치 등의 방법으로 실시되는 세무조사를 말한다.

이러한 특별세무조사(심층조사)에 대해서 일반납세자의 80% 이상이 시행에 찬성하고 있는 것으로 나타났다. 조사대상 일반납세자의 47.8%(143명)는 객관성과 투명성을 보완한 뒤 그 기준에 따라 시행해야 한다고 생각하고 있었으며, 36.5%(109명)는 보다 엄격히 시행해야 한다고 생각하고 있는 것으로 나타났다. 납세자 권익침해의 소지가 있으므로 완전 폐지해야 한다는 의견은 3.3%에 지나지 않았다.

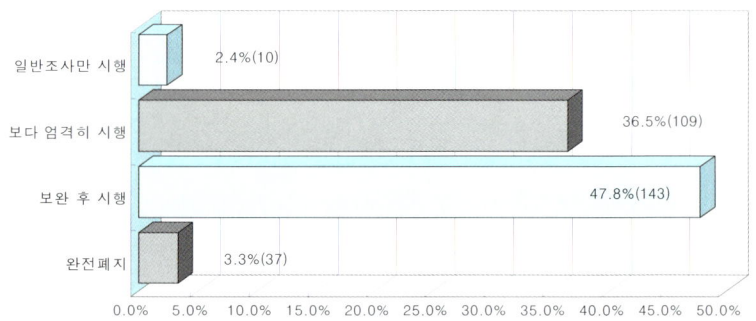

특별세무조사(심층조사)에 관해 세무공무원의 80% 이상이 시행에 찬성하고 있는 것으로 나타났다. 조사대상 세무공무원의 46%(46명)는 객관성과 투명성을 보완한 뒤 그 기준에 따라 시행해야 한다고 답했으며, 39%(39명)는 탈세를 뿌리뽑기 위해 보다 엄격히 시행해야 한다고 생각하고 있는 것으로 나타났다.

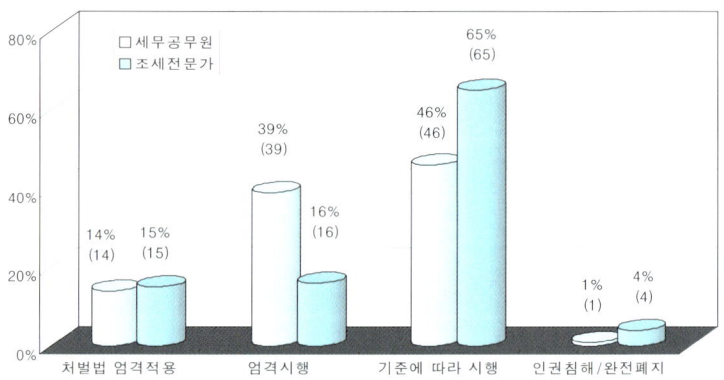

특별세무조사(심층조사)에 관해 조사대상 조세전문가의 65%(65명)는 객관성과 투명성을 보완한 뒤 그 기준에 따라 시행해야 한다고 답했으며, 16%(16명)는 탈세를 뿌리뽑기 위해 보다 엄격히 시행해야 한다고 생각하고 있는 것으로 나타났다. 또한 15%(15명)는 일반조사에 의하되 조세처벌법을 엄격히 적용해야 한다고 응답하였다.

☞ 특별세무조사(심층조사) 시행에 대한 의견을 분석한 결과, 일반납세자·세무공무원·조세전문가 모두 명확한 선정기준에 의해 시행하여 탈세를 뿌리뽑아야 한다는 의견이 지배적이었다. 다만, 객관적으로 투명하고 엄격하게 적용되어야 할 것임을 전제조건으로 하고 있는 것으로 이해된다.

⑩ 세무조사를 부정적으로 인식하는 이유

주변에서 "재수가 없어 세무조사를 받게 되었다"는 등 세무조사에 대해 부정적으로 인식하는 이유를 질문한 결과, 일반납세자들의 39.1%(117명)는 세무당국의 조사대상 선정이유에 대한 불신 때문으로 생각하고 있었고, 30.1%(90명)는 남과 비교하기 때문인 것으로 인식하고 있었다.

세무조사를 부정적으로 보는 이유

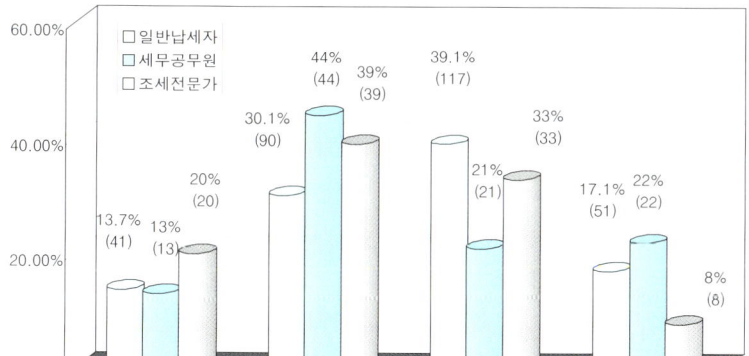

세무공무원들은 세무조사에 대해 부정적으로 인식하는 이유로 44%(44명)가 남과 비교하기 때문이라고 생각하고 있었고, 22%(22명)는 자기 자신의 잘못을 모르기 때문이라고 생각하고 있는 것으로 나타났다. 또한 21%(21명)는 세무당국의 세무조사 선정이유를 믿지 못하기 때문이라고 응답하였다.

조세전문가의 경우에는 39%(39명)가 남과 비교하기 때문이라고 생각하고 있었고, 33%(33명)는 세무당국의 세무조사 선정이유를 믿지 못하기 때문이라고 응답하였다.

☞ 세무조사를 부정적으로 인식하는 이유에 대한 생각을 분석한 결과, 일반납세자·세무공무원·조세전문가 모두 납세자들이 세무당국의 조사대상 선정이유를 믿지 못하거나 주위의 다른 사람들과 비교하기 때문이라는 이유가 지배적이었다. 이로써 세무조사에 대한 불신을 해소하기 위해서는 세무조사 대상선정의 이유에 대한 신뢰성을 담보해야 함을 시사한다고 하겠다.

⑪ 업무상 지출하는 접대비 처리에 대한 의견

기업이 업무상 지출하는 골프 접대비 및 향락업소 접대비 등을 경비로 인정해 주어야 한다는 주장이 제기되고 있는데, 이에 대한 질문을 한 결과 일반납세자들의 70% 이상이 경비로 인정하지 말아야 한다고 인식하고 있는 것으로 나타났다. 조사대상 일반납세자들의 42.0%(126명)는 "사치스러운 접대행위이므로 인정하지 말아야 한다"고 생각하고 있었고, 30.0%(90명)는 "사회전반의 투명성 확보를 위해 인정하지 말아야 한다"고 인식하고 있는 것으로 나타났다.

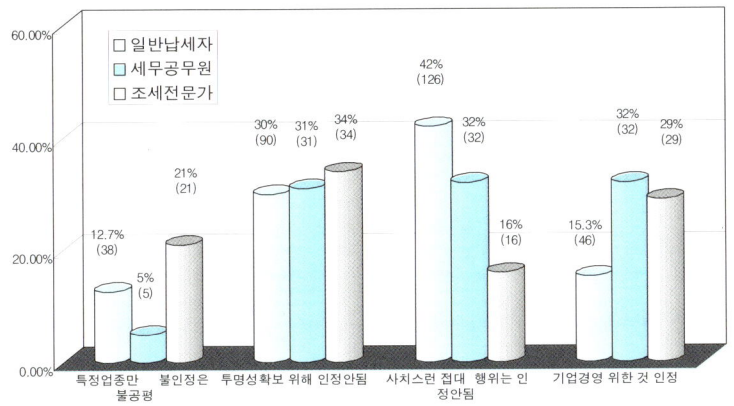

골프 및 향락업소 접대비의 경비 처리에 대해 세무공무원들은 다양한 의견을 갖고 있는 것으로 나타났다. 즉 32%(32명)는 "기업경영을 위해 인정해야 한다"고 응답한 반면, 또다른 32%(32명)는 "사치스러운 행위이므로 인정하지 말아야 한다"고 응답했다. 또한 31%(31명)는 "사회전반의 투명성 확보를 위해 인정하지 말아야 한다"고 응답하는 등 전체의 63%가 골프 및 향락업소 접대비용의 경비 처리에 대해 부정적으로 생각하고 있는 것으로 나타났다.

골프 및 향락업소 접대비용의 경비 처리에 대해 조세전문가들 중에는 인정하지 말아야 한다는 의견과 인정해야 한다는 의견이 반반으로 팽팽했다. 응답자의 34%(34명)는 "사회전반의 투명성 확보를 위해 인정하지 말아야 한다"고 인식하고, 16%(16명)는 "사치스런 접대행위이므로 인정하지 말아야 한다"고 생각하는 등 전체의 50%가 인정에 반대했다. 반면 21%(21명)는 특정업소에 지출하는 비용만 경비로 불인정하는 것은 공평하지 못하다고 생각하고 있었다.

☞ 기업의 업무상 접대비(골프 및 향락업소)의 비용처리 인정에 대한 생각을 분석한 결과, 일반납세자들은 "인정하지 못한다"는 의견이 지배적이었다. 반면, 세무공무원의 경우에는 "인정하면 안된다"는 의견(63%)이 강했으나, 조세전문가들은 인정여부에 대한 찬반의견이 각각 50%로 양분되었다. 따라서 이에 대해서 보다 폭넓은 사회적 논의가 필요함을 시사한다고 하겠다.

⑫ **금융거래조회에 대한 의견**

현행 금융실명거래에관한법률(제4조제2항 및 동시행령 제10조)에 의하면 세무조사시 필요한 경우에는 A의 성명, 주민등록번호, 계좌번호 등을 기재하여 A가 거래하는 B은행에 각 지점별로 조회하여야 그 지점의 거래내역만을 통보받을 수 있는 상황이다. 이를 둘러싼 논의에 대해 질문하였다. 그 결과, 31.1%(93명)가 "악용될 소지가 있으므로 예금자 보호를 위해 현행대로가 좋다"고 생각하고 있었고, 다음으로 25.4%(76명)가 "조회 없이 일정금액 이상의 거래내역을 모두 국세청에 통보하여 세무조사 목적상 필요시 언제나 확인이 가능하도록 해야 한다"고 인식하고 있었으며, 22.1%(66명)는 "금융거래조회는 모두 예금자의 동의를 얻어야 한다"는 인식을 갖고 있는 것으로 나타났다.

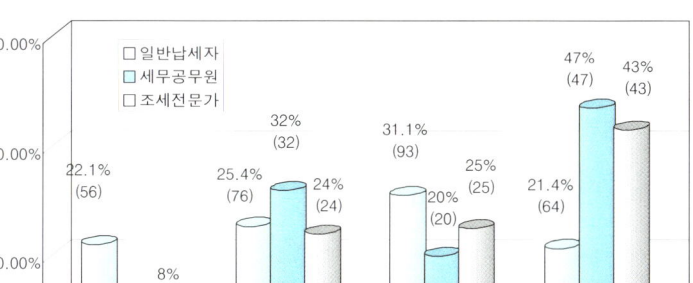

금융거래조회에 대해 세무공무원들 중 가장 많은 47%(47명)가 "효율적 세무조사를 위해 감독기관에 일괄조회 할 수 있도록 해야 한다"고 답하였고, 32%(32명)는 "필요시 언제든지 조사할 수 있도록 해야 한다"고 생각하고 있는 것으로 나타났다.

금융거래 조회에 대해 조사대상 조세전문가들 중 43%(43명)가 "감독기관에 일괄조회 할 수 있도록 해야 한다"고 답했고, 24%(24명)가 "세무조사 목적상 필요시 언제나 확인 가능하도록 하여야 한다"고 생각하고 있는 것으로 나타났다. 한편 현행대로 유지하자는 의견도 25%(25명)로 나타났다.

☞ 현행 금융거래조회 제도에 대한 생각을 분석한 결과, 일반납세자들은 악용될 소지가 있으므로 현행대로 유지하자는 의견이 많은데 반해, 세무공무원 및 조세전문가들은 효율적 세무조사를 위해 감독기관이 일괄조회 할 수 있도록 해야 한다는 의견이 지배적이었다. 또한 일정금액 이상은 국세청에 자동 통보하여 필요한 경우 확인가능하도록 제도적 장치를 보완하자는 의견도 적지 않았다. 따라서 전문가들의 의견과 달리 일반납세자들의 우려가 적지 않은 만큼 이에 대한 신뢰감을 심어 주어야 할 것으로 기대된다.

⑬ 2001년 언론사 세무조사에 대한 평가

지난 2001년 언론사 세금포탈에 대한 과징금 부과에 대해 일반납세자들 중 가장 많은 비율인 57%(170명)는 "처벌이 약했다"고 평가했고, 38.5%(115명)는 "처벌이 적절했다"고 평가하고 있는 것으로 나타났다.

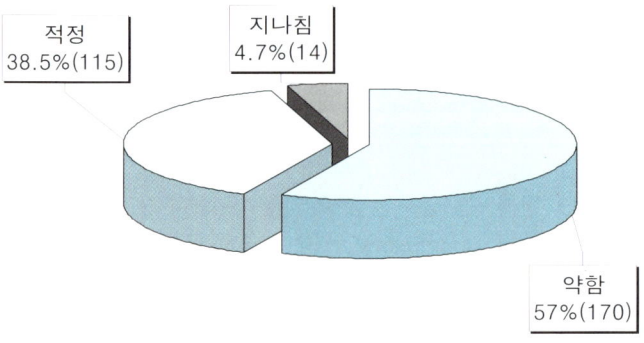

언론사 세금포탈 과징금 부과(일반납세자)

적정 38.5%(115)
지나침 4.7%(14)
약함 57%(170)

세무공무원들은 2001년 언론사 세금포탈에 대한 과징금 부과 정도의 평가에 대해 62%(62명)가 "적절했다"고 응답하였고, 30%(30명)는 "처벌이 약했다"고 평가하고 있는 것으로 나타났다.

언론사 세금포탈 과징금 부과(세무공무원)

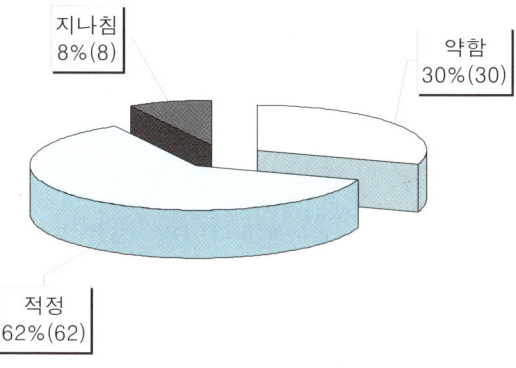

조세전문가들의 경우에는 53.1%(52명)가 "처벌이 약했다"고 응답하였고, 27.6%(27명)는 "처벌이 적절했다"고 평가하고 있는 것으로 나타났다.

언론사 세금포탈 과징금 부과(조세전문가)

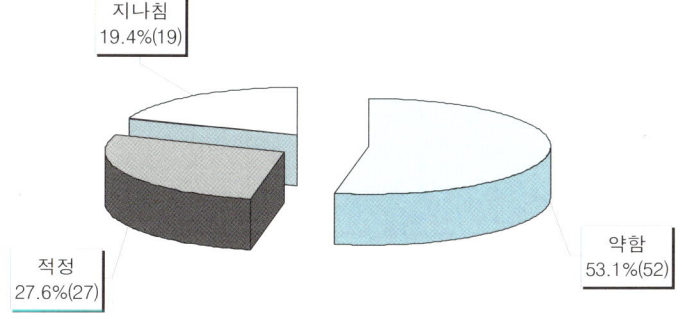

☞ 지난 2001년 언론사 세금포탈 과징금 부과 정도에 대한 생각을 분석한 결과, 일반 납세자와 조세전문가들의 60%이상이 미약했던 것으로 평가했다. 반면 세무공무원은 적절했던 것으로 평가해 대조를 보였다. 모든 응답자들에게서 "지나쳤다"는 의견은 소수에 머물렀다는 점에서 전체적인 인식경향을 읽을 수 있겠다.

⑭ 성실납세풍토 조성을 위한 정부조치에 대한 평가

그간 신용카드 사용, 영수증 수령하기 등 성실납세풍토 조성을 위해 추진된 정부차원의 노력에 대해 일반납세자들의 32.7%(98명)는 "보통"으로 평가하고, 28.0%(84명)는 훌륭한 성과를 낸 것으로 평가하는 등 전체의 60% 이상이 긍정적으로 평가하는 것으로 나타나 정부차원의 노력이 상당한 성과를 거뒀음을 시사했다.

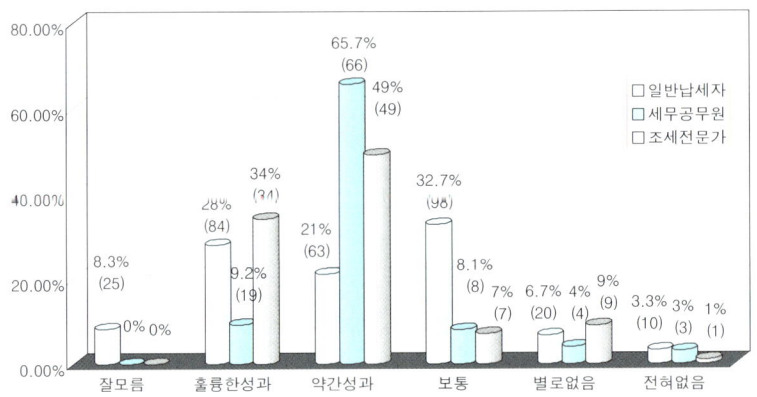

성실납세풍토 조성을 위한 정부조치 평가

성실납세풍토 조성을 위해 추진된 정부차원의 노력에 대해 세무공무원들의 65.7%(66명)는 "어느 정도 성과가 있는 것"으로 응답하였고, 19.2%(19명)는 "훌륭한 성과가 있었다"고 응답하여 85%에 이르는 압도적 다수가 긍정적인 견해를 지닌 것으로 나타났다.

조세전문가들 역시 긍정적으로 평가하고 있는 것으로 나타났다. 응답자의 49%(49명)는 "어느 정도 성과가 있는 것"으로 응답하였고, 34%(34명)는 "훌륭한 성과가 있었다"고 답하는 등 83%가 긍정적으로 평가했다.

☞ 성실납세 풍토조성을 위한 정부차원의 노력에 대한 성과를 평가한 결과, 일반납세자·세무공무원·조세전문가들 모두 정부의 성과를 매우 긍정적으로 평가하는 경향이 지배적이었다. 물론 일반납세자의 경우 보통이라는 응답도 적지 않아, 정책적 조치의 지속적인 확산이 요구됨을 시사한다고 하겠다.

III. 결과분석 2; 조세회피와 성실납세

1. 조세회피 행위의 원인

1) 조세회피 경험, 방법 및 이유

① 조세회피 경험

조세회피를 한 적이 있는지를 조사한 결과, 일반납세자 중 94.6%(281명)가 없는 것으로 나타났다.

세무공무원 중에는 95.9%(94명)가 조세회피의 경험이 없다고 답하였다. 조세전문가 중에서는 83%(83명)가 조세회피의 경험이 없는 것으로 조사되었다.

☞ 조세회피 경험을 조사한 결과, 일반납세자·세무공무원·조세전문가들 모두 압도적인 비율로 조세회피 경험이 없는 것으로 나타났다. 한편 적은 비율이기는 하지만 조세전문가, 일반납세자, 세무공무원 순으로 조세회피 경험이 있는 것으로 분석되었다. 세 부류 모두 조세 회피 경험이 별로 없다는 이 같은 조사결과는 일반인의 예상과는 전혀 다르다. 응답자들이 설문에 정직하게 답했다고 보기 어려운 점이 있는 것도 사실이다. 하지만 조세에 대해 많이 알면 알 수 록 조세 회피 경험도 많다는 조사결과는 나름대로 의미가 있다 하겠다.

② 조세회피 선호방법

만약 조세회피를 하게 될 경우 선호방법에 대해서는 일반납세자의 33.0%(67명)가 "무자료 거래", 20.7%(42명)가 "허위영수증 사용", 14.8%(30명)가 "조세감면혜택 남용", 13.8%(28명)가 "세무자료나 세무정보의 미제출"이라고 응답하였다.

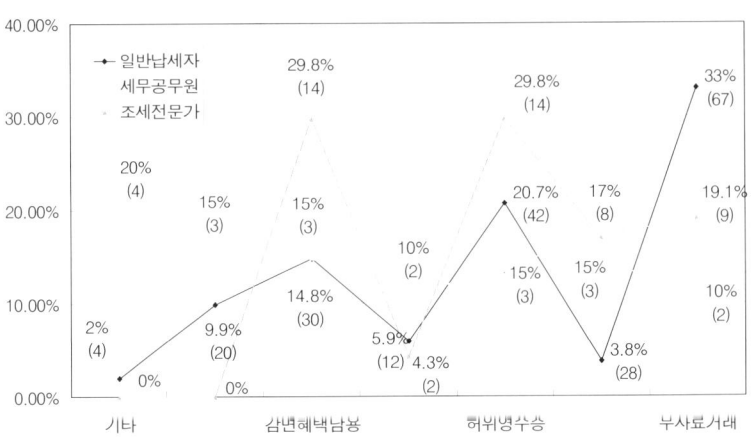

조세회피시 선호방법에 대해 세무공무원들은 주로 "세무자료나 세무정보의 미제출(15%)", "소득항목 허위보고(15%)", "조세감면 혜택 남용(15%)", "재산의 은폐(15%)" 등의 방법을 선호하는 것으로 나타났다.

조세전문가들의 경우에는 주로 "소득항목 허위보고"와 "조세감면 혜택 남용"의 방법을 선호하는 비율이 각각 29.8%(14명)로 나타났다. 무자료 거래(19.1%), 세무자료/정보 미제출(17%)도 비교적 높은 비율을 나타냈다.

☞ 조세회피 선호방법에 대한 의견을 분석한 결과, 일반납세자들은 무자료 거래, 허위영수증 사용, 조세감면혜택 남용, 세무자료나 세무정보의 미제출 등을 선호하는

것으로 나타났다. 반면 세무공무원의 경우에는 세무자료나 세무정보의 미제출, 소득항목 허위보고, 조세감면혜택 남용, 재산의 은폐 등의 방법을, 조세전문가의 경우에는 소득항목 허위보고, 조세감면혜택 남용 등의 방법을 선호하는 것으로 나타났다. 따라서 조세회피 선호방법은 각자의 입장 및 환경에 따라 다양하게 선택되는 것으로 이해된다.

③ 조세회피의 원인 평가

조세회피의 가장 큰 원인에 대해 일반납세자들은 "상대적 불공평"과 "불합리한 세제", "현실보다 높은 과세표준" 등이 그 원인으로 작용한다고 인식하고 있었다. 조세회피의 가장 큰 이유에 대해 응답자의 42.4%(126명)가 상대적 불공평(나만 세금을 많이 냄) 때문이라고 응답하였고, 24.9%(74명)는 불합리한 세제 때문이라고 응답하였다. 그리고 14.8%(44명)는 현실보다 높은 과세표준을 조세회피의 원인으로 지적했다.

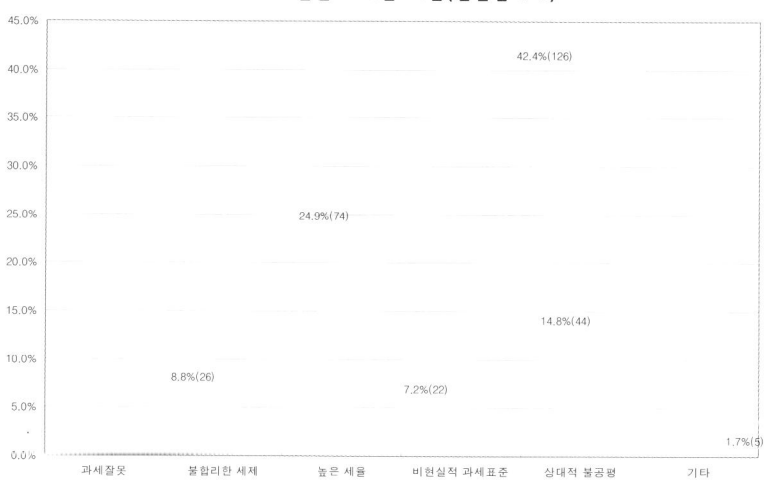

조세회피의 원인에 대해 세무공무원들은 상대적 불공평과 불합리한 세제

등이 중요한 원인으로 작용한다고 인식하고 있었다. 응답자의 49.5%(48명)가 상대적 불공평 때문이라고 응답하였고, 18.6%(18명)는 불합리한 세제 때문이라고 응답하였다.

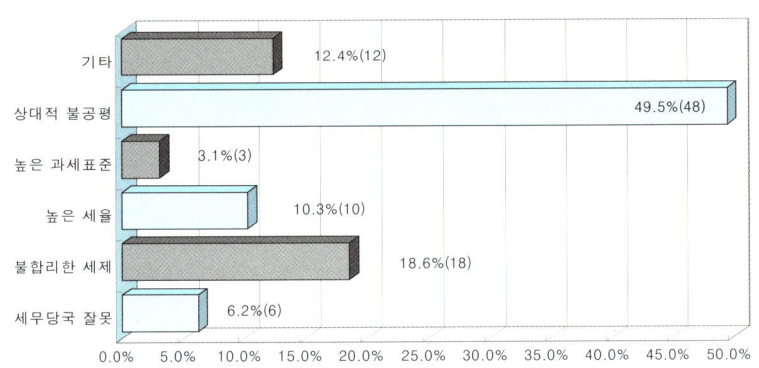

조세회피의 원인에 대해 조세전문가들은 상대적 불공평과 불합리한 세제, 높은 세율 등이 중요한 원인으로 작용한다고 응답하였다. 응답자의 55.9%(52명)는 상대적 불공평 때문이라고 응답하였고, 높은 세율과 불합리한 세제 때문이라고 응답한 응답자도 각각 16.1%(16명) 인 것으로 나타났다.

조세회피 원인에 대한 의견(조세전문가)

☞ 조세회피 원인에 대한 생각을 분석한 결과, 일반납세자・세무공무원・조세전문가들 모두 상대적 불공평성이 가장 심각한 이유라는 데 의견을 모았다. 다음으로는 불합리한 세제, 높은 세율이 원인으로 지적되었다. 따라서 나만 세금을 많이 내는 것 같은 느낌, 즉 상대적 불공평성의 해소가 조세회피 행위 방지의 중요한 방안 중 하나라는 점을 시사한다고 하겠다.

2) 조세회피 행위와 납세의식간 상관관계

여기에서는 조세회피 행위에 영향을 끼치는 의식에는 어떠한 것이 있는가를 살펴보기 위해 조세회피 행위와 조세의식간 상관관계를 분석하였다. 앞서 살펴본 다양한 의식 및 태도들(납세의식, 조세혜택 및 정부에 대한 신뢰도, 과세공평성 인식, 납세풍토 평가, 세무조사 인식, 세율인식, 조세부담률, 조세제도 인식, 조세범 처벌관련 인식 등)과 조세회피 행위간 상관정도를 측정한 것이다. 여기서 조세회피 행위는 조세회피를 위해 가짜영수증 발급, 재산은닉, 무자료 거래, 조세감면 혜택 남용, 불공평 과세시 조세회피 의도 등 다섯 가지

<조세회피 행위와 조세의식간 상관관계; 일반납세자>

구 분		조세회피 행위
납세의식 및 조세개념	세금납부는 국민의 의무	-.131
	성실납부자가 진정한 민주국민	-.133
	법의 허점 이용, 세금 적게 내는 것은 무방	.352*
	조세제도 불합리하면 세금회피 무방	.348*
	조세는 국가가 강제로 수탈하는 것	.318*
조세부담률	현행 세율은 가계에 부담	.159
	나의 소득에 비해 많은 세금 부과	.282*
	다른 나라에 비해 많은 세금 부과	.155
조세제도 인식	세금신고서식과 절차가 너무 복잡	.136
	세법이 복잡하기에 조세회피 발생	.150

p<.001 그 외 .05 이하

태도를 총합하여 평균을 적용하였다.

일반납세자의 경우 조세회피 행위와 상관을 보이는 요인으로는 납세의식 및 조세개념, 조세부담률, 조세제도 인식 등으로 나타났다. 우선 납세의식 및 조세개념과 관련하여, 세금납부를 국민의 의무라고 생각하고 성실납부자가 진정한 민주국민이라고 생각하는 경향이 강할수록 조세회피 행위가 적은 것으로 나타났다. 반면 법의 허점을 이용해 세금을 적게 내는 것은 무방하고, 조세제도는 국가가 반대급부 없이 강제로 수탈하는 것으로서 조세제도가 불합리하면 세금회피도 무방하다는 생각이 강할수록 조세회피 행위가 많은 것으로 이해된다. 다음 조세부담률과 관련하여, 나의 소득에 비해 많은 세금을 부과하는 현행 세율은 가계에 부담이라고 생각하는 경향이 강할수록 조세회피 행위가 심각해지는 것으로 나타났다. 또한 다른 나라에 비해 많은 세금을 내고 있다고 생각하는 경향이 강할수록 조세회피 행위가 심화되는 것으로 이해된다. 조세제도 인식과 관련하여, 세금신고서식과 절차가 복잡하다고 생각할수록, 세법이 복잡하기에 조세회피가 발생하는 것이라고 생각할수록 조세회피

<조세회피 행위와 조세의식간 상관관계; 세무공무원>

구 분		조세회피 행위
납세의식 및 조세개념	조세제도 불합리하면 세금회피 무방	.201
조세혜택 및 정부 신뢰도	세금이 올바로 사용되고 있다고 생각	-.388*
	세금투자가 적절하게 선정되고 있다고 생각	-.276
	정부예산의 목적에 맞는 사용	-.251
	정부의 예산사용 내역 정확히 고지	-.363*
과세공평성	현행 세제가 공평과세에 적합	-.225
조세부담률	세율이 인하되면 조세납부 성실도 증가	-.716

p<.001 그 외 .05 이하

행위가 심화되는 것으로 분석된다.

　세무공무원의 경우 조세회피 행위와 상관을 보이는 요인으로는 납세의식 및 조세개념, 조세혜택 및 정부 신뢰도, 과세공평성, 조세부담률 등으로 다양하게 나타났다. 먼저 납세의식 및 조세개념과 관련하여, 조세제도가 불합리하면 세금회피도 무방하다고 생각할수록 조세회피 행위가 심화되는 것으로 나타났다. 조세혜택 및 정부신뢰도와 관련하여, 세금이 올바르게 사용되지 않고 있다고 생각할수록, 세금투자가 부적절하게 선정되고 있다고 생각할수록 조세회피 행위가 증가할 것으로 나타났다. 또한 정부예산이 목적에 맞게 사용되지 않고, 예산사용에 있어서도 고지가 정확하지 않다고 생각할수록 조세회피 행위가 심화될 것임을 시사했다. 과세공평성과 관련하여, 현행 세제가 공평하게 과세되는 것으로 인식할수록 조세회피 행위가 감소할 것으로 나타났다. 조세부담률과 관련하여, 세율이 인하되면 조세납부 성실도가 증가할 것으로 생각하는 경향이 강할수록 조세회피 행위가 감소할 것으로 나타났다.

　마지막으로 조세전문가의 경우에는 납세의식 및 조세개념 하나의 요인만이 상관관계를 갖는 것으로 나타났다. 즉 조세제도가 불합리하면 세금회피해도 무방하다고 생각할수록 조세회피 행위가 심화되는 것으로 나타났다.

<조세회피 행위와 조세의식간 상관관계; 조세전문가>

구 분		조세회피 행위
납세의식 및 조세개념	조세제도 불합리하면 세금회피 무방	.199

p<.05

☞ 조세회피 행위에 영향을 끼치는 인식을 살펴본 결과, 일반납세자·세무공무원·조세전문가들 모두 납세의식 및 조세개념이 영향을 끼치는 것으로 나타났다. 또한 일반납세자의 경우에는 조세부담률, 조세제도 인식 등이, 세무공무원에게는 조세혜택 및 정부신뢰도, 과세공평성, 조세부담률 등이 조세회피 행위에 각각 영향을 끼치는 것으로 분석된다. 그 외 과세공평성, 납세풍토, 조세범 처벌 등에 관한 인식은 실제 조세회피 행위에는 직접적인 영향을 끼치지 않는 것으로 분석된다. 예컨대, 공평한 과세가 되든 안 되든, 납세풍토가 건전하든 않든, 조세범 처벌이 강력하든 않든 간에 이러한 요인들은 조세회피 행위에 직접적인 영향을 주는 것으로는 보기 어렵다는 것이다. 결국 조세회피 행위를 방지하기 위한 최선의 방법은 (특히 일반납세자의 경우) 납세의식 및 조세개념을 건전화하고, 조세부담률을 현실화시켜 주는 방식에서 찾아야 할 것으로 보인다.

2. 성실납세 풍토조성을 위한 제언

1) 공평과세 달성을 위한 과제

① 수직적 공평성 달성을 위한 과제

현재 상황에서 우리나라의 수직적 공평과세 달성을 위해 가장 시급한 문제에 대해 세무공무원들의 57.6%(57명)는 "음성·불로소득의 중과세"라고 응답하였고, 다음으로 26.3%(26명)가 "많은 재산소유자에 대한 고율과세"라고 응답하였다.

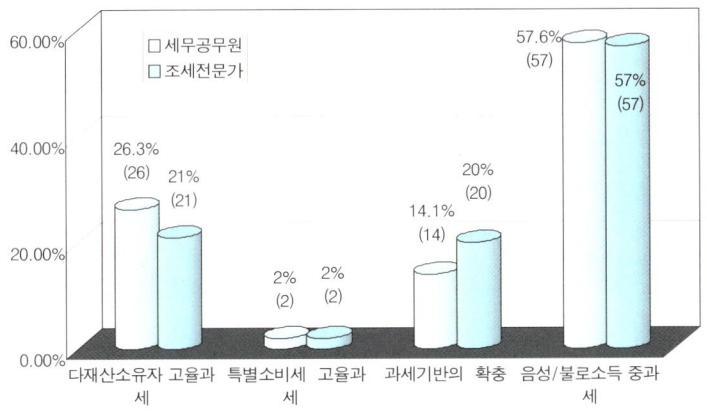

수직적 공평과세 달성을 위해 가장 시급한 문제에 대해 조세전문가들 역시 57%(57명)는 "음성·불로소득의 중과세"라고 응답하였고, 다음으로 21%(21명)가 많은 재산소유자에 대한 고율과세라고 응답하였다. 또한 "소득세 과세기반의 확충"이라는 응답자도 20%(20명)였다.

☞ 현상황에서 우리나라의 수직적 공평과세를 위한 의견에 대해 분석한 결과, 세무공무원과 조세전문가들은 음성·불로소득의 중과세를 가장 시급한 과제로 꼽았으며, 다음으로 많은 재산소유자에 대한 고율과세, 소득세 과세기반의 확충 등을 지지했다. 고급물품과 고급소비에 대한 특별소비세 고율과세는 상대적으로 낮은 지지를 보여 대조를 이뤘다.

② 수평적 공평성 달성을 위한 과제

조세의 공평성은 소득이 많은 사람이 많은 세금을(수직적 공평), 같은 처지에 있는 사람은 같은 세금을(수평적 공평) 부담하는 조건이 상호충족되어야 한다는 의견이 있다.

이와 관련 현재 상황에서 우리나라의 수평적 과세 공평성 달성을 위해 가장 시급한 문제에 대해 세무공무원들의 74%(74명)는 "과세자료의 완전확보"라고 응답하였고, 다음으로 17%(17명)가 "공평한 세무행정 집행"이라고 응답하였다.

수평적 공평성 달성을 위한 과제

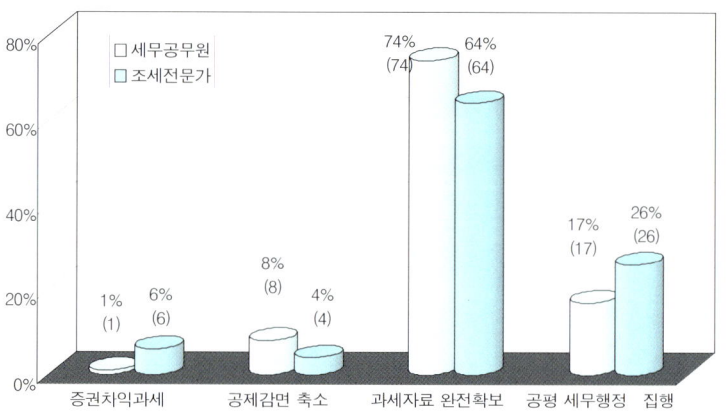

현재 상황에서 우리나라의 수평적 공평과세 달성을 위해 가장 시급한 문제에 대해 조세전문가들 역시 64%(64명)가 "과세자료의 완전확보"라고 응답하였고, 다음으로 26%(26명)는 "공평한 세무행정 집행"이라고 응답하였다.

☞ 현 상황에서 우리나라의 수평적 공평과세를 위한 의견에 대해 분석한 결과, 세무공무원과 조세전문가들은 과세자료의 완전확보를 가장 시급한 과제로 꼽았으며, 다음으로 공평한 세무행정 집행을 중요한 과제로 지지했다. 증권양도차익의 과세, 공제감면의 축소 등은 상대적으로 낮은 지지를 보여 대조를 이뤘다.

③ 조세부담 공평성 확보를 위해 가장 시급한 사항

조세부담의 공평성을 확보하기 위해서는 소득, 소비, 재산에 대한 과세를 적절히 조정해야 한다. 이에 현재 상황에서 우리나라 조세부담의 공평성 확보를 위해 가장 시급한 과제는 무엇인지를 질문한 결과, 세무공무원들의 43.4%(43명)는 "소득에 대한 과세기반의 확대"라고 답하였고, 다음으로 34.3%(34명)는 "지하경제에 과세할 사회적 장치의 마련"이라고 응답하였다.

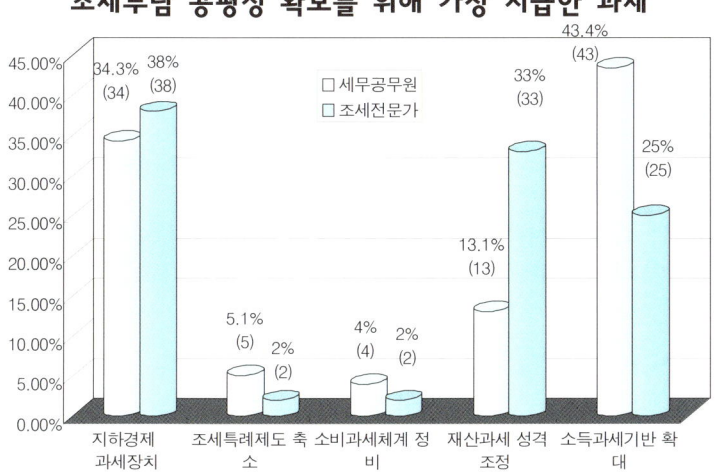

조세부담 공평성 확보를 위해 가장 시급한 과제

현재 상황에서 우리나라 조세부담의 공평성 확보를 위해 가장 시급한 과제에 대해 조세전문가들의 38%(38명)는 "지하경제에 과세할 사회적 장치의 마련"이라고 응답하였고, 다음으로 33%(33명)는 "재산에 대한 과세의 성격 조정"이라고 답하였으며, 25%(25명)는 "소득에 대한 과세기반의 확대"라고 응답하였다.

☞ 현상황에서 조세부담의 공평성을 확보하기 위한 과제에 대해 분석한 결과, 세무공무원과 조세전문가들은 지하경제에 과세할 사회적 장치의 마련, 소득에 대한 과세기반 확충 등을 주요한 과제로 꼽았다. 또한 조세전문가들은 재산에 대한 과세의 성격 조정도 중요한 과제로 지적하였다. 반면 소비에 대한 과세체계의 정비, 비과세·감면 등 조세특례제도의 축소 등은 별로 심각한 문제로 지적되지 않았다.

2) 직접세 대비 간접세의 비율조정

직접세(소득세)의 비중(1999년 기준)이 미국 92.5%, 일본과 영국 57% 등으로 매우 높은데, 우리나라는 4대6(직접세 : 간접세) 정도로 간접세의 비중이 더 높은 상황이다. 우리나라의 이러한 비중에 대해 세무공무원의 93%(93명)는 "직접세 비율을 높여야 된다"고 생각하고 있는 것으로 나타났다.

우리나라의 간접세 비중에 대해 조세전문가들 역시 79%(79명)가 "직접세 비율을 높여야 된다"고 생각하고 있는 것으로 나타났다.

☞ 우리나라의 직접세 대비 간접세의 비중에 대한 생각을 분석한 결과, 세무공무원과 조세전문가들 모두 직접세의 비중을 높여야 한다는데 의견이 일치했다. 다만 조세전문가의 경우 세무공무원 보다 현재의 비율에 대한 지지성향이 상대적으로 높게 나타나 차이를 보였다. 그러나 전반적으로 보아 직접세 대비 간접세의 비율 조정이 필요할 것으로 분석되었다.

3) 국세의 지방세 이전

① 국세의 일부를 지방세로 이전하는 방안에 대한 의견

노무현 정부에서는 열악한 지방재정난 타개책의 일환으로 국세의 일부를 지방세로 이전하는 방안이 논의되고 있다. 이에 대한 의견을 물은 결과, 세무공무원들의 34%(34명)는 "필요하나, 일부 보완이 필요하다"고 응답하였고, 30%(30명)는 "오히려 지역간 불균형을 심화시키는 방안"이라고 응답하였으며, 19%(19명)는 "필요하지만 아직은 시기상조"로 생각하고 있는 것으로 나타났다.

일부 국세를 지방세로 이전하는 방안에 대해 조세전문가들의 40%(40명)는 "반드시 필요하다"고 응답하였고, 29%(29명)는 "필요하되 일부 보완이 필요하다"고 생각하고 있었으며, 18%(18명)만이 "오히려 지역간 불균형을 심화시키는 방안"이라고 응답하였다.

☞ 국세의 일부를 지방세로 이전하는 방안에 대한 의견에 대해 분석한 결과, 세무공무원과 조세전문가들의 인식에 있어 약간의 차이를 드러냈다. 세무공무원의 경우 일부 보완해서 실시하는데 동의하면서도 지역별 불균형을 심화시킬 것을 심각하게 우려하는 것으로 분석된다. 반면 조세전문가들은 반드시 필요한 조치라는 의견(반드시 필요, 일부 보완 필요)이 강하게 나타나고 있으며 부작용에 대한 우려는 그리 크지 않은 것으로 이해된다. 이처럼 다양한 의견으로 나뉘는 것은 이에 대한 사회적 논의가 부족했음을 반영한다고 하겠다.

② 국세 일부의 지방세 이전에 대한 구체적 방안

국세의 일부를 지방세로 이전할 경우, 그 구체적인 방안에 대해서 세무공무원들의 41.9%(31명)가 "부가가치세의 일부를 지방자치단체에 배정하여 지방소비세로 전환"하여야 할 것이라고 응답하였고, 25.7%(19명)와 24.3%(18명)는 각각 "현행 10%로 되어 있는 소득세할 주민세의 비중을 높이는 방안"과 "소득세와 법인세율의 인하분을 지방재원으로 양여"하는 방안을 지지하였다.

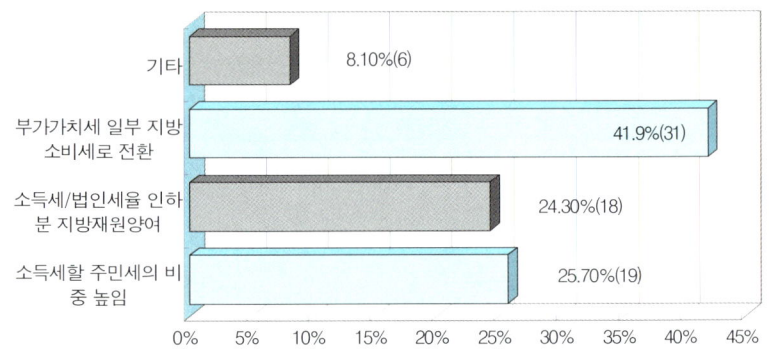

국세의 지방세 이전에 대한 구체적 방안
(세무공무원)

국세의 일부를 지방세로 이전하기 위한 구체적 방안에 대해 조세전문가들 역시 43.6%(34명)는 "부가가치세의 일부를 지방자치단체에 배정하여 지방소비세로 전환"하는 방안을 선호했고, 32.1%(25명)는 "현행 10%로 되어 있는 소득세할 주민세의 비중을 높이는 방안"을 선호했다. 또한 "소득세와 법인세율의 인하분을 지방재원으로 양여"하는 방안을 선호한 응답자의 비율은 21.8%(17명)인 것으로 분석되었다.

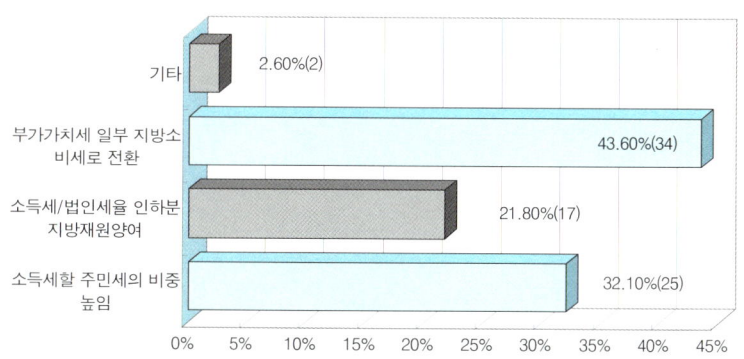

☞ 국세의 일부를 지방세로 이전하는 구체적인 방안에 대해 분석한 결과, 세무공무원과 조세전문가들 모두 부가가치세의 일부를 지방자치단체에 배정해 지방소비세로 전환하는 방안을 가장 선호했다. 다음으로 소득세할 주민세의 비중을 높이는 방안, 소득세와 법인세율의 인하분을 지방재원으로 양여하는 방안 등도 20~30%대의 높은 지지도를 보였다.

4) 세무관서의 효율화를 위한 의견

깨끗하고 투명한 세무관서를 만들기 위해 가장 필요하다고 생각하는 것을 질문한 결과, 일반납세자들은 "청탁이 불가능한 제도적 시스템"을 만드는 것이 가장 필요하다고 생각하고 있었다. 일반납세자의 43.3%(130명)는 청탁이 불가능한 행정상의 제도적 장치가 요구된다고 인식하고 있었고, 20.3%(61명)와 20.0%(60명)에 해당하는 응답자들은 각각 "금품제공 사업자들에게도 수뢰공무원과 같은 수준의 처벌을 해야 한다"와 "세무공무원의 보수 현실화 후 처벌 강화가 필요하다"고 인식하고 있는 것으로 나타났다.

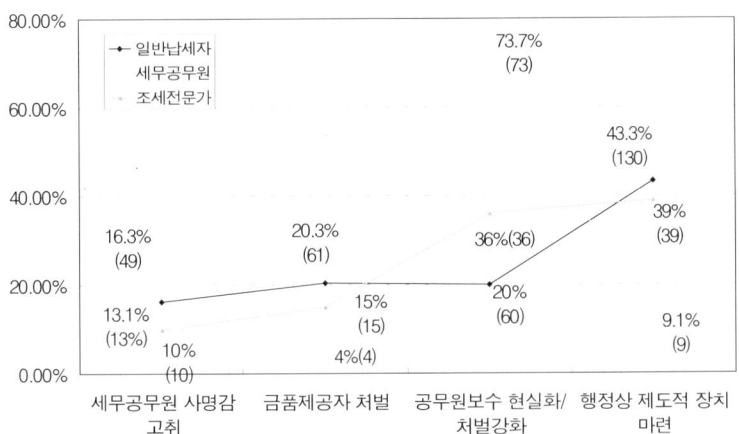

깨끗하고 투명한 세무관서를 만들기 위해 필요한 것으로 세무공무원들의 73.7%(73명)가 "세무공무원의 보수 현실화 후 처벌 강화"가 필요하다고 인식하고 있는 것으로 나타났다. 또한 "세무공무원에게 사명감을 갖도록 하는 것이 중요하다"는 의견도 13.1%(13명)로 나타났다.

조세전문가들의 경우 깨끗하고 투명한 세무관서를 만들기 위해 필요한 것으로 39%(39명)가 "행정상의 제도적 장치가 필요하다"고 답했고, 36%(36명)은 "세무공무원의 보수 현실화 후 처벌 강화"가 필요한 것으로 인식하고 있었다.

☞ 세무관서의 효율화를 위한 의견에 대해 분석한 결과, 일반납세자와 조세전문가들은 청탁이 발붙일 수 없는 행정상의 제도적 장치를 마련하는 것이 최우선의 조치라는데 동의하였다. 반면 세무공무원의 경우에는 세무공무원의 보수를 현실화한 후 처벌을 강화하는 것이 바람직하다는 의견을 지지했다. 이에 대해 일반납세자와 조세전문가들도 어느 정도 동의하는 것으로 나타나, 세무공무원의 처우에 대한 논의가 요청된다고 하겠다.

5) 성실 세금납부를 위한 조치

① 성실납세를 위한 요구사항

성실한 납세를 위해 가장 요구되는 사항에 대해서 일반납세자들 중 가장 많은 32.8%(97명)가 "공평과세 확립"이라고 응답하였고, 27.7%(82명)는 "납세윤리와 납세의식", 14.9%(44명)는 "정부에 대한 신뢰", 11.8%(35명)는 "강력한 법규 적용"이라고 각각 응답하였다.

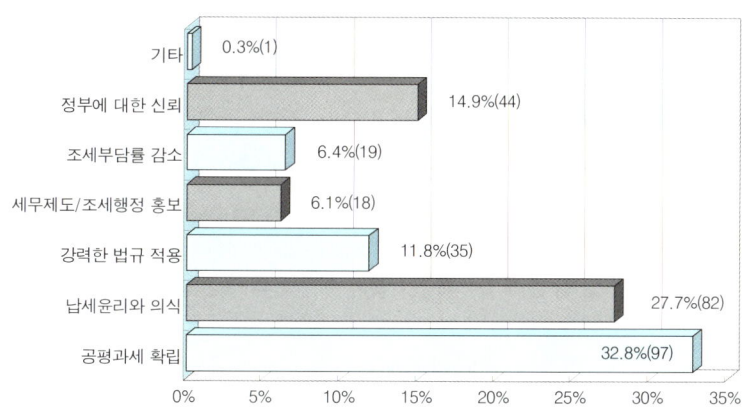

성실납세를 위한 필요사항(일반납세자)

성실한 세금 납부를 위해 가장 필요한 사항에 대해 세무공무원은 72%(72명)가 "납세윤리와 납세의식"이라고 압도적인 응답을 보인 반면, "공평과세 확립"과 "강력한 법규 적용", "국세행정 홍보", "조세부담률 축소" 등에 대해서는 각각 5~6%의 지지도에 그쳤다.

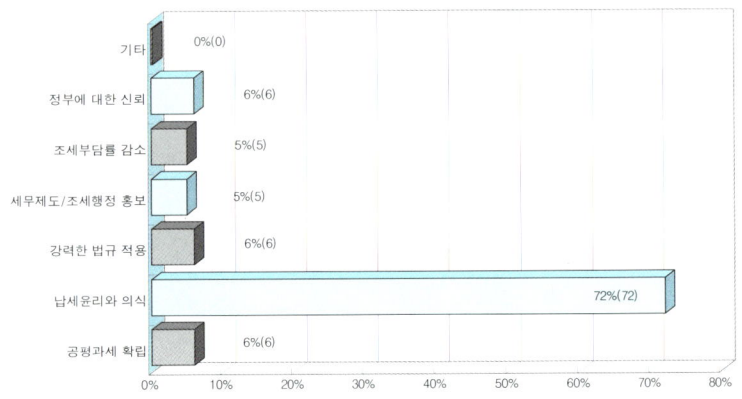

성실한 세금 납부를 위해 가장 필요한 사항에 대해 조세전문가들 중 46.5%(46명)는 "공평과세의 확립"이라고 응답하였고, 31.3%(31명)는 "납세윤리와 납세의식"이라고 생각하고 있는 것으로 나타났다.

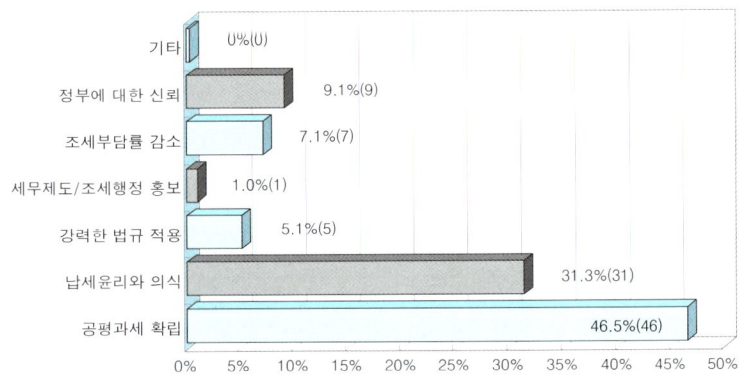

☞ 성실 세금납부를 위해 필요한 사항에 대해 분석한 결과, 일반납세자와 조세전문가들은 공평과세 확립이 최우선의 과제임을 지지한 반면, 세무공무원들은 납세윤리 및 납세의식이라는데 압도적 지지를 보였다. 일반납세자와 조세전문가도 납세윤리 및 의식을 중요한 요인으로 꼽았으며, 더불어 정부에 대한 신뢰 역시 중요한 것으로 인식하고 있는 것으로 분석된다. 따라서 성실 세금납부 풍토조성을 위해서는 무엇보다 공평과세 체계 확립을 통한 정부 신뢰도 회복과 동시에 납세의식 및 납세윤리의 건전화가 요구된다고 하겠다.

② 조세범 처벌법 벌칙규정의 적정성

조세범 처벌법 벌칙규정의 적정성에 대한 인식조사 결과, 세무공무원의 57.1%(56명)는 "처벌규정을 다소 완화하되 철저히 적용하는 것이 바람직하다"고 응답하였고, 41.8%(41명)는 "적절하다"고 응답하였다.

조세범 처벌법 벌칙규정의 적정성

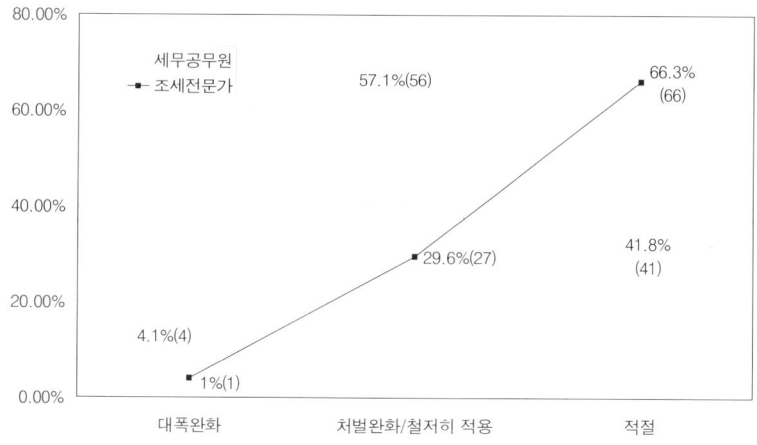

조세전문가의 경우에도 66.3%(65명)가 "처벌규정을 다소 완화하되 철저히 적용하는 것이 바람직하다"고 답하였고, 29.6%(29명)는 "적절하다"고 답하였다.

☞ 조세범 처벌법의 벌칙규정의 적절성에 대한 의견을 분석한 결과, 세무공무원과 조세전문가 모두 처벌규정을 다소 완화하되 철저히 적용하는 것이 바람직하다는 의견이 지배적이었다. 이는 조세범 처벌법에 있어 처벌의 수준(강도) 보다는 엄격한 적용의 문제가 보다 중요한 문제임을 시사한다고 하겠다.

③ 탈세나 세금포탈 포착시 처벌방법

탈세나 세금포탈 사실이 드러났을 경우, 어떻게 처벌하는 것이 바람직한가 하는 질문에 대해 일반납세자들의 42.1%(126명)가 세금과 가산세 이외에 벌금이나 형사처벌이 더해져야 한다고 생각하는 것으로 나타났다. 31.1%(93명)는 세금 및 가산세 이외에도 벌금이 더해져야 한다고 응답하였다. 따라서 70%이상이 세금, 가산세, 벌금 이상의 처벌방법을 선호하는 것으로 나타나, 일반납세자들은 탈세나 세금포탈에 대해 엄중한 처벌이 필요한 것으로 인식하고 있는 것으로 이해된다.

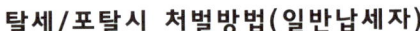

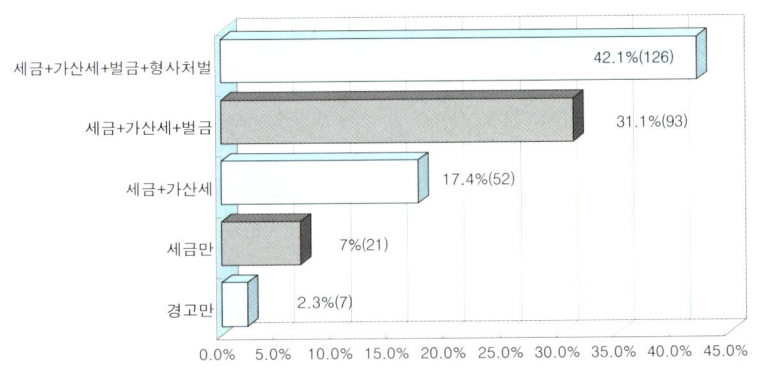

탈세나 세금포탈 포착시의 처벌방법에 대해 세무공무원들은 보다 엄격한 방법을 선호하는 것으로 나타났다. 응답자의 81%(81명)가 "세금과 가산세 및 벌금 이외에 형사처벌이 더해져야 한다"고 응답하였다.

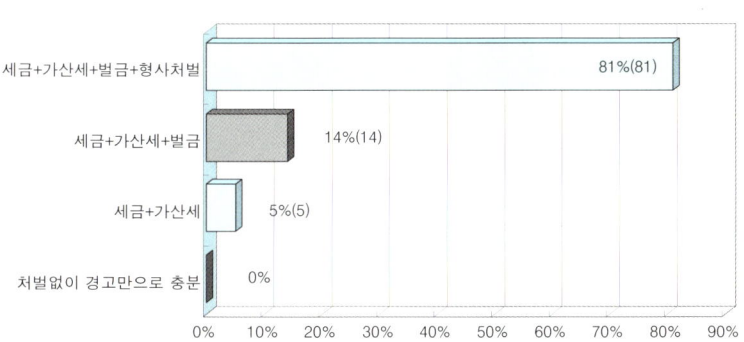

탈세나 세금포탈시의 처벌방법에 대해 조세전문가들 역시 유사한 경향을 보였는데, 60%(60명)가 "세금과 가산세 및 벌금 이외에 형사처벌이 더해져야 한다"고 응답하였다.

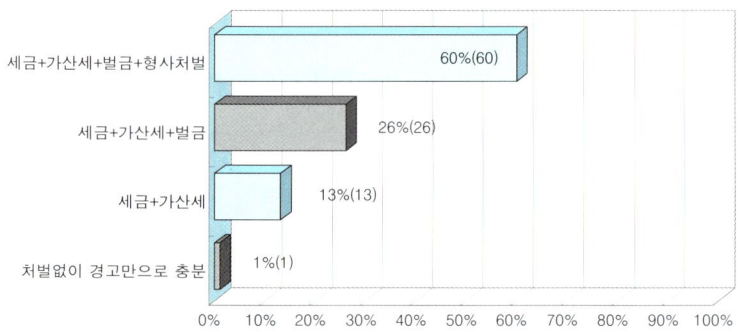

☞ 탈세나 세금포탈이 발각되었을 경우 처벌방법에 대한 의견을 분석한 결과, 일반납세자·세무공무원·조세전문가들 모두 세금, 가산세, 벌금 외에 형사처벌까지 부여해야 한다는 강력한 처벌규정을 지지하는 것으로 나타났다. 그러나 세무공무원에 비해 일반납세자와 조세전문가들은 형사처벌까지는 아닌 벌금까지만을 지지하는 비율도 상대적으로 높게 나타나, 이에 대한 사회적 합의 도출이 필요함을 시사해다.

제3부

성실납세 풍토 조성을 위한 과제

Ⅰ. 조사결과에 따른 정책적 함의

1. 납세의식 개선

(1) 조세개념 인식 및 납세의식

일반납세자·세무공무원·조세전문가 모두 "세금납부는 국민의 당연한 의무, 세금회피는 범죄"로 인식하는 것으로 보인다. 그러나 절세 및 세금회피 행위에 대해서는 입장차이를 보였는데, 일반납세자는 가능 혹은 필요하면 조세회피를 해도 무방한 것으로 생각하는 반면, 세무공무원과 조세전문가들은 어떤 경우라도 이러한 행위는 범죄로 간주했다. 이는 일반납세자들의 경우 조세개념에 대한 합리적 이해가 부족한 때문으로 이해된다. 따라서 조세회피 행위가 법적으로나 국가경제적으로 어떠한 결과를 낳게 되는지에 대한 정보를 제시하여 조세개념을 합리적으로 정립할 수 있도록 해주어야 할 것이다.

(2) 조세혜택 및 정부의 재정지출에 대한 신뢰도

일반납세자·조세전문가와 세무공무원간 확연한 인식의 차이를 드러냈다. 즉 일반납세자와 조세전문가들은 세금이 올바로 사용되지 않고, 정부의 복지

향상 노력이 미흡하며, 정부의 각종 투자 및 사업선정이 부적절하게 이뤄지고 있으며, 정부예산이 합목적적으로 이용·관리되고 있지 못한 것으로 평가하고 있다. 반면 세무공무원들은 그렇게 만족할 수준은 아니지만 긍정적으로 평가하는 것으로 나타났다. 그러나 정부가 재정지출내역(예산사용)을 납세자에게 제대로 알려주고 있지 못하다는 점에서는 모두가 동의하는 것으로 분석된다. 따라서 납세자에 대한 홍보 강화의 필요성이 도출된다고 하겠다.

(3) 과세공평성

일반납세자·조세전문가와 세무공무원간 확연한 인식의 차이를 드러냈다. 즉 일반납세자와 조세전문가들은 현행 세법과 세무행정이 과세공평성을 제대로 실현하지 못하고 있는 것으로 인식하는 반면, 세무공무원들은 세무행정이 공평하게 적용되는 것으로 평가하고 있는 것이다. 세금납부의 공평성과 관련하여, 일반납세자 및 조세전문가들은 자신의 소득수준보다 많은 세금이 부과되고, 다른 동료들보다 많은 세금을 부과하고 있다는 피해의식을 드러냈다. 반면, 세무공무원들은 소득수준에 비해 세금이 많긴 하나, 동료들과 같은 수준으로 부과되는 과세공평성은 실현되고 있는 것으로 평가했다. 마지막으로 같은 처지의 납세자는 같은 수준의 세금을 납부해야 한다고 하는 생각에는 모두 강한 긍정을 보여, 과세공평성에 대한 열망이 매우 강한 것으로 평가된다. 이로써 공평과세 수준에 대한 정책적 재고(再考)가 필요하며, 다양한 사회계층이 참여하는 사회적 논의가 요구된다고 하겠다.

(4) 납세풍토

세무공무원 및 조세전문가들은 우리사회 전반적으로 세금회피 풍토가 만연된 것으로 평가했다. 특히 개인사업자(자영업자 및 전문직)의 조세회피 풍토가 성행하고, 봉급생활자를 제외한 주위사람들이 가능한 세금을 적게 내려는 분위기가 지배적인 것으로 인식하였다. 이러한 상황이다 보니 이들 역시, 자신들이 세금을 적게 낸 사실을 알았다 할지라도 스스로 추가 납부하는데 대해서 부담을 갖는 것으로 분석되었다. 따라서 조세회피 현실 및 그에 대한 대책을 적극적으로 알릴 필요가 있다.

(5) 조세부담률

응답자들의 특성에 따라 차이가 명확하게 나타났다. 먼저 일반납세자들은 세금납부액이 본인의 소득에 비해 너무 많아 가계에 부담이 되는 것으로 생각하는 반면, 세무공무원과 조세전문가들은 적정수준인 것으로 평가했다. 또한 다른 나라와 비교해 볼 때 일반납세자들은 상대적으로 세금이 많은 것으로 인식하는 반면, 세무공무원과 조세전문가들은 오히려 적은 것으로 평가했다. 따라서 일반납세자들은 세금납부에 대해 상당한 부담을 안고 있으나, 세무공무원 및 전문가들이 볼 때는 현재의 조세부담률이 적절하거나 오히려 부족한 것으로 평가해 대조를 보였다. 이는 세정당국과 납세자간 인식의 괴리를 보여주는 것으로서, 그 간극을 좁히기 위해서는 관련정보를 풍부하게 제공하는 등 대국민 설득기능을 강화해야 함을 시사한다.

(6) 조세제도

먼저 현행 조세제도에 대해 일반납세자들은 너무 복잡해 문제가 많으며, 그로 인해 공평과세에 부적절한 것으로 평가하는 반면, 세무공무원과 조세전문가들은 조세제도의 문제점을 인정하면서도 복잡한 세법이 조세회피의 원인은 아닌 것으로 인식하였다. 다만 정책적 목적을 가진 조세행정이 너무 많아 공평과세에 지장을 준다는 점에는 일정 부분 동의하는 태도를 보였다.

다음으로 세율과 관련하여 세무공무원과 조세전문가 모두 납세자들이 세율을 잘 모르고 있을 것으로 생각하고, 세율인하가 조세납부를 보장하는 것으로는 보지 않았다. 한편 세율이 조세회피의 원인으로 작용하는가 하는 문제와 관련하여 세무공무원들은 부정하는 반면, 조세전문가들은 긍정함으로써 시각차이를 드러냈다. 조세제도 및 세율과 관련하여 일반납세자, 세무공무원, 조세전문가들은 각자의 입장에 따른 다양한 태도를 견지하는 것으로 이해된다. 이에 따라 세정당국은 조세제도에 대한 보편적 이해를 널리 확산시켜야 하는 필요성이 제기된다.

(7) 조세회피 행위

모든 응답자들이 조세회피 행위를 나쁜 것으로 인식하였으나, 일반납세자들은 비교적 소극적 수준에 머물렀다. 즉 일반납세자들은 강한 긍정도 부정도 아닌 어중간한 입장을 견지하고 있어, 상황에 따라 조세회피 행위가 발생할 수 있음을 시사한다고 하겠다. 조세전문가들도 조세시스템이 공평성에 어긋나게 적용될 경우 조세회피 행위가 무방함을 지지하는 경향이 상대적으로 강한 것으로 나타나 일반납세자들의 인식과 유사한 것으로 이해된다. 이는 제도적 보완책이 마련되지 않으면 조세회피 행위가 근절되지 않을 것임을 시사한다고 하겠다.

(8) 조세범 처벌

일반납세자들의 경우 현재의 조세회피 방지제도가 효과적으로 기능하지 못하는 것으로 평가하고 있으며, 따라서 세무조사 등 과세당국의 엄격한 규제가 필요함을 역설하는 것으로 이해된다. 한편 세무공무원 및 조세전문가들은 조세회피자에 대한 처벌이 제대로 이루어지지 않고 있는 것으로 평가하며,

개인사업자에 대한 정기세무조사의 회수를 늘리고 일반인과 사업자의 세금포탈에 대한 처벌을 같은 수준으로 해야 한다는 입장을 견지하는 것으로 이해된다. 즉 조세범에 대해서는 보다 엄격한 법규 적용을 바라는 것으로 보인다.

2. 조세환경 개선

(1) 과세일반

① 현행 세금부과의 공평성 정도

일반납세자·세무공무원·조세전문가 모두 강한 불만을 갖고 있는 것으로 나타났다. 그 중에서도 일반납세자들의 부정적 인식이 가장 강하게 표출된 반면, 세무공무원의 경우 상대적으로 많은 긍정적 인식을 드러냈다. 이러한 차이는 직업적 특성을 반영하는 것으로 이해된다.

② 불공평 과세의 원인

일반납세자·세무공무원·조세전문가 모두 "사회적 성실납세 환경의 미비와 납세자의 정직성 부족"을 가장 심각한 요인으로 인식하고 있는 것으로 나타났다. 한편 일반납세자와 조세전문가는 "조세제도의 불공평한 설계"를 역시 중요한 요인으로 지적한데 반해, 세무공무원들은 조세제도나 세무행정적 요인을 중요한 요인으로 생각하지 않는 차이점을 드러냈다. 이러한 차이 역시 직업적 특성이 반영된 것으로 이해된다.

③ 세율

일반납세자·세무공무원·조세전문가 모두 "보통" 수준이라는데 의견을 같이 하는 것으로 나타났다. 그러나 세부적으로 보면, 일반납세자와 조세전문가가 세무공무원보다 세율이 보다 높은 것으로 인식하는 경향이 상대적으로 강한 것으로 분석된다.

따라서 과세공평성 및 세율에 대한 이해를 확산시키는 등 사회적 공감대 형성을 위한 정책적 노력이 요구된다고 하겠다.

(2) 납세풍토

① 성실납부자(부류)

일반납세자·세무공무원·조세전문가 모두 근로소득자를 성실납세자로 인정하는 비율이 압도적으로 높았다. 다만, 조세전문가는 세무사 및 회계사를 성실납세자로 인정하는 비율이 상대적으로 높게 나타났는데, 이는 해당 응답자 부류에 세무사·회계사가 다수 포함되어 있었기 때문으로 이해된다. 이는 일반납세자 그룹의 의사·변호사가 자신들을 선택하지 않는 것과 비교되어 흥미롭다. 결국 근로소득자의 상대적 박탈감이 큰 것으로 이해되는 바, 이에 대한 정책적 배려가 요구된다고 하겠다.

② 조세회피자(부류)

응답자별 특성에 따라 약간의 차이를 보였다. 일반납세자는 변호사, 의사, 대기업, 세무사·공인회계사 순으로 조세회피를 많이 한다고 지목했으며, 세무공무원은 변호사, 자영업자, 의사 순, 조세전문가는 자영업자, 변호사, 의사 순으로 각각 조세회피를 많이 한다고 지적했다. 모든 그룹에서 변호사와 의사가 높은 비율로 지적되었으며, 세무공무원 및 조세전문가들은 자영업자 또한 높은 비율로 선택하였다. 따라서 조세회피 부류에 대한 인식은 우리 사회 보편적으로 어느 정도 동일한 경향을 띠고 있는 것으로 이해된다.

(3) 성실납부 관련

① 상속세·증여세 완전포괄주의 제도 도입

일반납세자·세무공무원·조세전문가 모두 높은 지지율을 보였다. 그러나 일반납세자의 상당수가 제도 자체를 잘 모르고 있으며, 조세전문가도 반대하는 의견이 적지 않은 것으로 나타났다. 이는 새로운 제도 도입에 대한 적극적인 여론환기 및 사회적 합의도출이 요구됨을 시사한다고 하겠다.

② 상속세·증여세 완전포괄주의 실현가능성

일반납세자 및 세무공무원은 실현가능성을 보다 높게 평가한 반면 조세전문가들은 불가능성에 보다 더 많은 비중을 두는 것으로 나타났다. 그러나 전반적으로 방침 자체에 대한 무지 혹은 무관심의 정도가 심해 이 제도 자체에 대한 이해가 선행되어야 할 것임을 시사한다.

③ 완전포괄주의의 위헌여부

세무공무원과 조세전문가 모두 위헌이 아니라는 의견에 압도적인 동의를 나타냈다. 그러나 조세전문가의 경우 위헌이라는 판단 역시 적지 않아, 이 제도 도입과정에서 일부 반론도 예상된다고 하겠다.

④ 배우자간 양도 및 양수시 증여세 면제

일반납세자·세무공무원·조세전문가 모두 "면제 혹은 조건에 맞게 면제되어야 한다"는 생각이 압도적인 것으로 나타났다. 그러나 세무공무원은 "부과해야 한다"는 의견이 다른 응답자들에 비해 상대적으로 높은 비율을 차지해 대조를 보였다.

⑤ 신고납세제도 정착

일반납세자와 세무공무원은 이 제도가 아직 정착되지 않은 것으로 보는 시각이 지배적이었다. 반면 조세전문가는 정착과 미정착에 대한 평가가 비슷한 수준으로 나타났다. 따라서 전반적으로 신고납세제도는 아직 제대로 뿌리 내리지 못한 것으로 이해된다. 보다 철저한 제도적용과 상시 점검 체계의 구축이 요구된다고 하겠다.

⑥ 신고납세제도의 미정착 이유

일반납세자들은 신고납세제도가 조세회피의 수단으로 악용되고 있거나 조세제도의 결함 및 세무행정의 잘못 때문인 것으로 인식하는 등 제도적 차원에 원인을 두는 경향을 보였다. 반면에 세무공무원 및 조세전문가들은 납세자의 자발적 의지 부족 및 납세의식 결여를 가장 큰 요인으로 꼽았고, 더불어 세무지식 및 제도에 대한 이해 부족을 꼽는 등 납세자 개인적 차원에 원인을 두는 것으로 분석된다.

⑦ 세무조사

일반납세자·세무공무원·조세전문가 모두 탈세와 조세회피 방지를 위해 반드시 필요하다는 생각이 압도적이었다. 그러나 일반납세자는 생계유지형 탈세는 눈감아 줄 수 있으며, 여러 가지로 악용되기 때문에 불필요하다는 의견도 적지 않았다. 조세전문가 역시 생계유지형 탈세는 묵인 가능하다는 의견이 포함되었다. 이는 세무조사가 필요하긴 하지만, 실제 집행에 있어서 어느 정도 상황적 고려도 해야 할 것임을 시사한다고 하겠다.

⑧ 세무조사 대상자 선정방법

일반납세자·세무공무원·조세전문가 모두 탈세혐의가 있으면 세무조사를 전부 실시하되, 세무지도 차원에서 정기적으로 실시하는 것이 바람직하다는 의견이 지배적이었다. 다만, 조세전문가는 무작위로 선정하는 것도 효과적일 것이라는 의견이 다수를 차지, 주목된다.

⑨ 특별세무조사(심층조사)

일반납세자·세무공무원·조세전문가 모두 명확한 선정기준에 의해 특별세무조사를 시행, 탈세를 뿌리뽑아야 한다는 의견이 지배적이었다. 다만, 객관적으로 투명하고 엄격하게 적용되어야 할 것임을 전제조건으로 하고 있는 것으로 이해된다.

⑩ 세무조사를 부정적으로 인식하는 이유

일반납세자·세무공무원·조세전문가 모두 세무조사를 부정적으로 인식하는 이유는, 납세자들이 세무당국의 조사대상 선정이유를 믿지 못하거나 주위의 다른 사람들과 비교하기 때문이라는 이유가 지배적이었다. 즉 세무조사에 대한 불신을 해소하기 위해서는 세무조사 대상 선정의 이유에 대한 신뢰성을 담보해야 함을 시사한다고 하겠다.

⑪ 업무상 접대비 처리

골프, 유흥업소 등의 업무상 접대비에 대해서 일반납세자들은 인정하지 못한다는 의견이 지배적이었다. 반면, 세무공무원과 조세전문가들은 인정하면 안된다는 의견이 강했으나, 기업경영을 위한 것이라면 인정해야 한다는 의견도 적지 않아 대조를 보였다. 이에 대한 보다 폭넓은 사회적 논의가 필요함을 시사한다고 하겠다.

⑫ 금융거래조회

일반납세사들은 악용될 소지가 있으므로 현행대로 유지하자는 의견이 많은데 반해, 세무공무원 및 조세전문가들은 효율적 세무조사를 위해 감독기관이 일괄조회 할 수 있도록 해야 한다는 의견이 지배적이었다. 또한 일정금액

이상은 국세청에 자동 통보하여 필요한 경우 확인가능하도록 제도적 장치를 보완하자는 의견도 적지 않았다. 전문가들의 의견과 달리 일반납세자들의 우려가 적지 않은 만큼 이에 대한 신뢰감을 심어주어야 할 것으로 보인다.

⑬ 2001년 언론사 세무조사

일반납세자와 조세전문가들은 각각 과반수 이상이 처벌이 약했던 것으로 평가하고 일부만이 적정한 것으로 평가했다. 반면 세무공무원은 과반수 이상이 적절했던 것으로 평가하는 동시에 일부는 처벌이 약했던 것으로 평가, 대조를 보였다. 모든 응답자들에게서 "지나쳤다"는 의견은 소수에 머물렀다는 점에서 전체적인 인식경향을 읽을 수 있겠다.

⑭ 성실납세 풍토 조성을 위한 정부조치

일반납세자·세무공무원·조세전문가들 모두 정부차원의 노력에 대한 성과를 긍정적으로 평가하는 경향이 지배적이었다. 그러나 일반납세자의 경우 보통이라는 응답도 적지 않아, 정책적 조치의 지속적인 확산이 요구됨을 시사한다고 하겠다.

3. 조세회피 행위의 원인 치유

(1) 조세회피 경험

일반납세자·세무공무원·조세전문가들 모두 압도적인 비율로 조세회피 경험이 없는 것으로 나타났다. 한편 적은 비율이기는 하지만 조세전문가, 일반납세자, 세무공무원 순으로 조세회피 경험이 있는 것으로 나타났다.

(2) 조세회피 선호방법

조세회피 방법으로 일반납세자들은 무자료 거래, 허위영수증 사용, 조세감면혜택 남용, 세무자료나 세무정보의 미제출 등을 선호하는 것으로 나타났다. 반면 세무공무원은 세무자료나 세무정보의 미제출, 소득항목 허위보고, 조세감면혜택 남용, 재산 은폐 등의 방법을, 조세전문가는 소득항목 허위보고, 조세감면혜택 남용 등의 방법을 각각 선호하는 것으로 나타났다. 이는 조세회피 선호방법이 각자의 입장 및 환경에 따라 다양하게 선택되는 것으로 이해된다.

(3) 조세회피의 원인

일반납세자·세무공무원·조세전문가들 모두 상대적 불공평성이 조세회피의 가장 심각한 원인이라는 데 의견을 같이했다. 다음으로는 불합리한 세제, 높은 세율이 원인으로 지적되었다. 이는 자신만 세금을 많이 내는 것 같은 느낌, 즉 상대적 불공평성의 해소가 조세회피 행위 방지의 중요한 방안 중 하나라는 점을 시사한다고 하겠다.

(4) 조세회피 행위와 조세의식간 상관관계

일반납세자·세무공무원·조세전문가들 모두 납세의식 및 조세개념이 영향을 끼치는 것으로 나타났다. 또한 일반납세자의 경우에는 조세부담률, 조세제도 인식 등이, 세무공무원에게는 주세혜택 및 정부신뢰도, 과세공평성, 조세부담률 등이 조세회피 행위에 영향을 끼치는 것으로 분석된다. 그 외 과세공평성, 납세풍토, 조세범 처벌 등에 관한 인식은 실제 조세회피 행위에는 직접적인 영향을 끼치지 않는 것으로 분석된다. 예컨대, 공평한 과세가 되든 안 되든,

납세풍토가 건전하든 않든, 조세범 처벌이 강력하든 않든 간에 이러한 요인들은 조세회피 행위에 직접적인 영향을 주는 것으로는 보기 어렵다는 것이다. 결국 조세회피 행위를 방지하기 위한 최선의 방법은 (특히 일반납세자의 경우) 납세의식 및 조세개념을 건전화하고, 조세부담률을 현실화시켜 주는 방향에서 찾아야 할 것으로 보인다.

4. 성실납부 풍토 조성을 위한 조치

(1) 공평과세 달성을 위한 과제

① 수직적 공평성 달성을 위한 과제

세무공무원과 조세전문가들은 음성·불로소득에 대한 중과세를 수직직 공평성 달성을 위한 가장 시급한 과제로 꼽았으며, 다음으로 많은 재산소유자에 대한 고율과세, 소득세 과세기반의 확충 등을 지지했다. 고급물품과 고급소비에 대한 특별소비세 고율과세는 상대적으로 낮은 지지를 보여 대조를 보였다.

② 수평적 공평성 달성을 위한 과제

세무공무원과 조세전문가들은 과세자료의 완전확보를 수평적 공평성 달성을 위한 가장 시급한 과제로 꼽았으며, 공평한 세무행정 집행을 그 다음의 중요한 과제로 지지했다. 증권양도차익의 과세, 공제감면의 축소 등은 상대적으로 낮은 지지를 보여 대조를 보였다.

③ 조세부담 공평성 확보를 위해 가장 시급한 사항

세무공무원과 조세전문가들은 지하경제에 과세할 사회적 장치의 마련, 소득에 대한 과세기반 확충 등을 조세부담 공평성 확보를 위한 가장 시급한 과제로 꼽았다. 또한 조세전문가들은 재산에 대한 과세의 성격 조정도 중요한 과제로 지적하였다. 반면 소비에 대한 과세체계의 정비, 비과세·감면 등 조세특례제도의 축소 등은 별로 심각한 문제로 지적되지 않았다.

(2) 직접세 대비 간접세의 비율조정

세무공무원과 조세전문가들 모두 직접세의 비중을 보다 높여야 한다는 데 의견이 일치하고 있다. 다만 조세전문가의 경우 세무공무원 보다 현재비율 지지성향이 상대적으로 높게 나타나 차이를 보였다. 그러나 전반적으로 보아 직접세 대비 간접세의 비율 조정이 필요할 것으로 이해된다.

(3) 국세의 지방세 이전

① 국세 일부의 지방세 이전에 대한 견해

국세의 일부를 지방세로 이전하는 방안에 대해서는 세무공무원과 조세전문가들의 인식에 약간의 차이를 드러냈다. 세무공무원의 경우 일부 보완해서 실시하는데 동의하면서도 지역별 불균형을 심화시킬 것을 심각하게 우려하는 것으로 분석됐다. 반면 조세전문가들은 반드시 필요한 조치라는 의견(반드시 필요, 일부 보완 필요)이 강하게 나타나고 있으며 부작용에 대한 우려는 그리 크지 않은 것으로 이해된다. 이처럼 다양한 의견으로 나뉘는 것은 이에 대한 사회적 논의가 부족함을 반영한다고 하겠다.

② 국세 일부의 지방세 이전 방안

세무공무원과 조세전문가들 모두 부가가치세의 일부를 지방자치단체에 배정해 지방소비세로 전환하는 것을 최우선의 방안으로 지지하였다. 다음으로 소득세할 주민세의 비중을 높이는 방안, 소득세와 법인세율의 인하분을 지방재원으로 양여하는 방안 등을 지지했다.

(4) 세무행정의 효율화

일반납세자와 조세전문가들은 청탁이 발붙일 수 없는 행정상의 제도적 장치를 마련하는 것이 최우선의 조치라는데 동의하였다. 반면 세무공무원들은 세무공무원의 보수를 현실화한 후 처벌을 강화하는 것이 바람직하다는 의견을 지지했다. 이에 대해 일반납세자 및 조세전문가들도 어느 정도 동의하는 것으로 나타나, 세무공무원의 처우에 대한 논의가 요청된다고 하겠다.

(5) 성실납세를 위한 조치

① 성실납세를 위한 요구사항

일반납세자와 조세전문가들은 성실납세의 최우선 과제로 공평과세 확립을 지지한 반면, 세무공무원들은 납세윤리 및 납세의식이라는데 압도적 지지를 보였다. 일반납세자와 조세전문가 역시 납세윤리 및 의식을 중요한 요인으로 꼽았으며, 더불어 정부에 대한 신뢰도 중요한 것으로 인식하고 있는 것으로 분석된다. 따라서 성실 세금납부 풍토조성을 위해서는 공평과세 체계 확립을 통한 정부의 신뢰도 회복과 동시에 납세의식 및 납세윤리의 건전화가 요구된다고 하겠다.

② 조세범 처벌법 벌칙규정의 적정성

세무공무원과 조세전문가 모두 처벌규정을 다소 완화하되 철저히 적용하는 것이 바람직하다는 의견이 지배적이었다. 이는 조세범 처벌법에 있어 처벌의 수준(강도) 보다는 엄격한 적용의 문제가 보다 중요한 문제임을 시사한다고 하겠다.

③ 탈세나 세금포탈 포착시 처벌방법

일반납세자·세무공무원·조세전문가들 모두 세금, 가산세, 벌금 외에 형사처벌까지 부여해야 한다는 강력한 처벌규정을 지지하는 것으로 나타났다. 그러나 일반납세자와 조세전문가들은 형사처벌은 제외하고 벌금정도로 충분하다는 의견 또한 적지 않아, 이에 대한 사회적 합의 도출이 필요함을 시사한다.

정부는 지난 10여 년간 납세자의 자발적 의지에 따라 성실한 납부행태를 유도하고자 자진신고납세제도를 실시해왔다. 그러나 납세자의 의식조사 결과, 성실납부를 위한 사회전반적인 의식은 아직 미흡한 것으로 이해된다.

그 이유는 무엇보다 납세자들이 공평과세가 실현되지 않고 있는 것으로 인식하고 있기 때문이다. 정부를 믿지 못한다는 것이다. 이러한 불신과 상대적 박탈감 혹은 피해의식으로 인해 납세를 회피하고자 하는 경향이 강하게 나타난다고 볼 수 있다.

따라서 성실납부 풍토 조성을 위해서는 과세가 공평하게 집행된다는 점과 세금이 유용하고 적절하게 쓰이고 있다는 점에 대한 신뢰풍토 조성이 요청된다고 하겠다. 대국민 홍보활동을 보다 강화하고, 교육기관 등을 활용하여 조세 및 납세에 관한 계몽과 교육도 강화할 필요가 있다. 물론 납세자의 입장을 고려한 조세 인프라에 대한 재검토 및 정비가 전제되어야 할 것이다. 이를 통해 조세당국, 정부에 대한 납세자의 신뢰도를 강화해야 할 것이다. 동시에 납세자의 권리구제에 대한 노력 또한 요청된다고 하겠다.

납세자와 과세당국간 상호신뢰, 바로 이점이 성실납부 풍토 조성을 위한 우리의 과제인 것이다.

Ⅱ. 성실납세 풍토 조성을 위한 정책방향

1. 납세의식 개혁을 위한 조세정책 추진

1) 조세정의 구현

하나의 사회가 유지된다는 것은 그 자체가 지향하는 목적 또는 규범에 대다수의 사람들이 동의하고 있으며, 개인의 이해관계를 넘어서서 구성원간의 공감대를 이루는 정의 기준이 존재한다는 것을 의미한다. 조세정의도 사회적 가치를 바탕으로 사회구성원 간에 조세의 역할이나 기능에 대한 합의가 이루어질 때 가능한 것이다.

조세정의를 구현하기 위해서는 입법과정에서 공평한 세부담을 실현할 수 있는 조세체계를 구축하고, 세법의 집행과정에서도 공평한 세부담의 이념이 실현되도록 해석·적용되어야 한다. 이러한 조세평등사상은 대한민국 헌법에 의해 보장되고 자유민주주의의 근간을 이루는 평등사상을 구현한 것이다. 따라서 정부가 국민 개개인의 경제적 능력을 감안하여 공평하게 과세할 때 조세정의가 구현되며, 국민은 국가를 신뢰하게 되고 사회계층간 화합이 가능하게 되는 것이다.

조세에 대해 국민이 거는 기대와 역할은 시대에 따라 변화한다. 과거 고도 경제성장 시기에는 경제성장에 필요한 재원을 적절하게 조달함으로써 조세의 기능을 수행했다. 경제성장을 중요시 하던 개발연대에는 우리 모두 경제의 효율성을 최우선의 가치로 여기고 이를 큰 비판없이 수용한 것이다. 그러나 최근에는 IMF 외환위기로 인한 저소득·취약계층의 확대, 부동산 가격의 폭등, 지식정보사회의 도래 등으로 부의 불균등이 심화되면서 조세가 과거와는 달리 새로운 역할을 해줄 것을 국민들은 기대하고 있다.

조세제도나 행정에 있어서 효율성의 추구가 반드시 공평한 분배를 가져오지 않으며 때로는 상충할 수도 있기 때문에 지혜를 모아 두 가지 이념의 조합을 현명하게 선택해야 한다. 물론 그 개선방향은 사회구성원 간의 합의에 의해 도출되어야 한다.

이러한 맥락에서 현 시점에서 조세정의 구현을 위한 정책과제를 정리하면 다음과 같다(김재진·한상국, 2003).

① 과세 인프라 확충을 위한 세제의 개선방향

소득세의 과세미달자비율 축소, 기장의무자의 확대, 개인투자자의 유가증권양도차익의 과세, 근로소득공제제도와 근로소득세액공제제도의 통폐합을 모색하는 한편, 부가가치세의 간이과세제도의 폐지, 부가가치세의 면세·영세율 적용범위의 축소, 조세감면규정의 점진적 축소 등으로 근거과세의 기반을 확대해 나간다.

② 과세 인프라 확충을 위한 세정의 개선방향

현금거래 비중을 축소하기 위해 직불거래카드 활성화, 신용카드 사각지대 해소와 함께 금융기관과 국세청과의 연결고리 강화, 미국이나 호주처럼 일정 금액 이상의 현금거래에 대해서는 금융기관이 국세청에 보고하도록 의무화 한다.

또한 탈세 등 불법거래의 혐의가 있는 현금거래를 차단하기 위해서는, 금융정보분석원(FIU)에 보고해야 하는 기준금액을 대폭하향 조정할 필요가 있으며, 세무대리인의 윤리교육과 책임을 강화하여 납세자의 성실납부를 유도하는 계도자의 역할을 성실하게 하도록 유도한다. 이와 함께 세무조사를 객관화과학화하여 납세자의 신뢰확보와 세무조사의 실효성을 제고하고 세무조사의 평가기준을 개선하여 납세자의 의견을 반영한다.

③ 세부담의 수직적 공평성 추구

고의적이고 계획적인 방법으로 적정 세부담 없이 부를 세습하는 것을 방지하기 위해 상속증여세의 완전포괄주의를 도입한다. 금융소득종합과세의 기준금액을 점진적으로 인하하여 궁극적으로는 모든 금융소득을 누진세율로 과세하여 수직적 공평성을 달성한다.

재산세 및 종합토지세의 과표를 점진적으로 현실화하되, 예측 가능하도록 다년간에 걸쳐서 예고제를 실시하는 것이 필요하다. 근로빈곤층에 대한 소득재분배와 근로유인을 강화하기 위해 중장기적으로 EITC(획득소득공제제도) 제도를 도입할 필요가 있다.

2) 조세 인프라의 정비 및 조세절차 법규의 재정비

세제의 복잡성이 세무행정을 어렵게 하는 원인이며, 이것이 국민에게 추가부담을 지운다. 따라서 세법 단순화를 통한 사회적 조세 인프라의 정비가 관건이 된다. 구체적으로 보아 첫째, 조세 인프라의 가장 중요한 것 중 하나가 금융실명제로서 이에 대한 재징비가 요구된다. 금융소득의 종합과세 범위를 넓히고 차명거래에 대해서는 과징금(원본금액의 30% 정도)을 부과하거나 차명된 금융자산에 대해 증여로 추정하여 증여세를 부담시키는 방안을 강구·확충하되, 배우자간 예금의 차명거래는 이를 허용할 수 있겠다. 둘째, 부동산실명제를 중요한 조세 인프라로 볼 수 있다. 이는 법제의 정비가 비교적 양호하므로 정부의 의지만 확고하면 그 정착이 어렵지 않다. 셋째, 신용카드와 직불카드의 사용이 세정의 과학화 내지 근거과세의 인프라임을 인정하고 그 사용 활성화를 세제로 유인하는 정책은 바람직하다(최명근, 2002).

조세행정의 본질은 적법 절차에 따라 세법을 집행하는 작용이며 그 적정성은 절차법에 의해 제약받는다. 따라서 조세행정의 적정성 보장은 조세절차법을 기초로 하게 된다. 이러한 조세절차법은 세무행정 측면에서 조세채권을 실현하는데 편리하고 행정의 비용이 최소화되는 것이어야 하지만, 납세자의 측면에서는 그 절차가 간소하고 납세가 편리할 뿐만아니라 납세순응비용이 최소화되어야 한다. 또한 그 법은 국가의 강력한 과세권력의 행사기준을 정하는 것이므로 납세자기본권을 존중하는 철학이 충실하게 담겨야 한다는 원칙을 준수해야 한다. 구체적으로 다음과 같은 방안을 고려할 수 있겠다(최명근, 2002).

첫째, 각 세법에 산발적으로 규정되어 있는 절차규정을 정리하여 이를 국세기본법에 흡수통합시켜 정비하거나 조세절차법을 제정할 필요가 있다.

둘째, 납세자의 기본권 존중을 위한 방안으로 고려해야 한다. 세무행정의 녹자성을 보장하기 위한 고위공직자의 세무조사에 대한 영향력의 행사금지, 납세자 본인에 한해 자기정보접근권과 그 정정권의 보장, 조세절차를 명백히 위반(사전통지절차 위반과 세무조사결과 통지절차 위반)하여 납세자의 권리를 침해하는 행위에 대한 제재조치의 강구, 세무조사의 결과통지를 받은 후 세무조사자의 상급자를 중재자로 하고 세무조사자와 대면하여 의견을 교환할 수 있도록 하는 제도의 신설, 할당량 또는 목표량을 부여하고 그 달성수치를 기준으로 하는 근무평가의 금지 등을 제도화할 필요가 있다.

셋째, 물가단속, 과외금지, 투기억제 등 정부가 당면한 정책의 추진을 지원하기 위해 남용하는 세무조사를 단절하는 장치의 강구를 고려할 수 있겠다.

3) 국세행정 개선

　납세자가 세금납부를 꺼리게 되는 이유로, 아직까지도 과세의 형평성이 이루어지지 않고 있으며 납세자가 제기한 불만해결을 위한 세정당국의 노력이 부족하다는 점을 지적할 수 있다. 이로 인해 납세자는 조세행정 자체에 대해 부당함을 제기하더라도 세정당국의 정당한 심사가 이뤄지기 어렵다는 판단하에 처음부터 과세행정의 대상이 되는 자체를 피하려는 행태를 보이게 된다. 또한 고액납세자에 대한 사회적 인식이 부당하다는 점 또한 이유로 지적된다. 즉 고액성실납세자에 대한 사회의 부정적인 시각이 바뀌지 않고 사회적 기여도가 인정되지 않는 한, 이들은 납세를 기피하고자 할 것이다. 따라서 고액성실납세자에 대한 여러 가지 혜택부여를 통해 이들의 사회적 기여도를 인정함으로써 고액납세자들이 자부심을 가질 수 있도록 해주어야 한다. 국세청 등에서 성실납세자에 대한 다양한 인센티브를 제공하는 등의 노력을 기울이고 있으나, 동시에 이들을 사회적으로 높이 평가해주는 여건이 조성되어야 하는 것이다. 예컨대, 미국 일부지역에서는 초등학교의 졸업식이나 마을행사 때 그 지역에서 세금을 많이 낸 사람을 단상의 상석에 앉게 함으로써, 성실납부자가 사회적으로 인정받는 풍토를 조성하고 있다.

　납세자들은 정부가 효율적인 세금운영을 하지 못하고 있는 것으로 생각한다. 이러한 인식은 '세금은 다 쓰고 보자'는 식의 정부의 낭비적인 운영 속성에서 빚어지는 결과이다. 이로 인한 납세의식 저하의 문제를 해결하기 위해서는 세금운영의 낭비를 차단하기 위한 재정회계 운영의 개선뿐만 아니라 세수운영을 감시하는 납세자단체의 시민운동 등을 통해 비효율적인 운영이 사전에 차단되어야 할 것이다.

　또한 납세의식을 증진시키기 위해서는 경기불황의 시기에 낮은 수준의 납세순응도를 나타낸 고소득자에게 적용되는 최고세율(소득세 혹은 법인세)을 인하하거나, 최고세율이 적용되는 과세구간을 높여 세부담을 줄여주는 방안을 강구해 볼 수 있다. 더불어 현시대는 '많은 세금을 내고 낮은 서비스를 제공하는 국가로부터 적은 세금을 내고 높은 수준의 서비스를 제공하는 국가로의 이동이 가능'하기 때문에, 조세이론을 의무론적 시각에 국한하는 것은 한계가 있다. 따라서 세정당국은 세금에 관한 이론적 인식전환을 통해 납세의식 고양에 이바지할 수 있는 조세행정 마련에 노력을 경주해야 할 것이다.

4) 조세회피 행위 근절을 위한 제도적 장치

납세자의 조세회피를 줄인다는 점에서 원천징수라는 제도적인 장치는 효과적이다. 소득내역을 객관적으로 모두 확인할 수 있고, 그 총 소득액에 대한 세금을 원천징수하기 때문에 사실상 조세회피를 할 기회가 크게 제한되어 있는 것이다. 설령 조세회피를 할 수 있다고 해도 그 액수가 적고 세무조사를 통한 적발이 용이하다. 소득원에 대한 객관적인 정보의 확보 및 투명성이 그만큼 중요하다는 것이며, 이를 위한 제도적 장치를 보완하는데 관심을 기울여야 한다.

그러나 근로소득세 납세자들은 이러한 원천징수제도를 통해 사실상 조세회피 기회를 차단당하고 있기 때문에, 상대적으로 조세회피 기회가 많은 사업소득세 납세자들과의 관계에서 불공평한 입장에 있을 수 밖에 없다. 다시 말해, 근로소득세 납세자들은 꼬박꼬박 세금을 내는 반면, 사업소득세 납세자들은 여러 통로를 통해 조세를 회피한다는 것이다. 따라서 근로소득세 납세자들은 자신들만 손해를 보고 있다는 불만을 갖게 될 가능성이 크다. 따라서 자영업자들의 소득원을 투명하게 할 수 있는 장치를 강구해야 하는 것이다.

사업소득세 납세자들에 대한 소득원이 투명하게 밝혀지지 않으면 근로소득세 납세자들의 불만은 결국 과세제도가 불공평하다는 인식으로 이어지게 되고, 정부에 대한 신뢰도를 추락시키게 된다. 이는 공평과세 실현이라는 조세행정의 이상에도 위배되는 것이기에 반드시 해결해야 할 과제라 할 것이다. 예컨대, 고소득자에 대한 종합소득과세를 위한 제도적 정치를 마련하고 사업소득에 대한 원천징수를 확대 실시하여 원천징수라는 제도적 장치를 통한 과세자료와 세원의 양성화를 유도해야 할 것이다. 반면에 근로소득자에게는 근로소득공제 등을 더욱 확충하여 근로자의 세부담률을 경감 조치함으로써 정부의 공평과세에 대한 국민의 납세의식 인프라가 확산되도록 조세정책을 펴나가야 할 것이다.

현재 사업자의 과세표준 양성화는 미진한 반면, 근로자의 세원은 전액 노출되어 상대적으로 근로자의 세부담이 높다는 인식이 팽배해 있다. 이런 점을 고려할 때 일반사업자, 고소득자와 근로소득자간의 세부담 형평성을 제고할 수 있도록 사업자고소득자의 과표를 양성화함은 물론 근로소득자의 세율을 적정수준으로 경감시키는 정책을 시행해야 한다. 이것이 해결되지 않으면 사업소득세 납세자들과 부를 가진 자의 세부담이 상대적으로 적고 조세회피도 계속될 것이며, 그에 대한 근로소득세 납세자들의 불만도 더욱 확산될 것이다.

세정 투명성이 이슈가 되고 있는 상황에서 불로소득을 원천적으로 차단할 수 있는 시스템을 조세제도와 연계시켜 개발함으로써 납세의식 수준을 높이는 것이 요구된다.

한편 향후 탈세를 최소화하면서 납세순응도를 높이기 위해 TCMP(납세자 순응도 측정 프로그램)를 적용하는 방법을 고려해야 할 것이다. 물론 이 제도의 도입에는 신중한 접근이 요청된다. 우선 정치적으로 지지를 얻을 수 있을지 의문이다. 실제적으로 TCMP 조사는 실험실의 실험과 유사하다. 이는 개인에게 오히려 면죄부를 제공하는 결과를 초래할 수도 있다. 조사를 받는 납세자들은 상당한 거부감을 표출할 것이며, 국세청에 대한 저항을 조직화할 수도 있다. NGO와 언론 또한 조사 프로그램의 무용성에 대해 납세자들을 지원할 수도 있다. 이러한 이유 때문에 국내에서 TCMP에 대한 논의가 있었으나,

결국엔 포기하고 말았던 것이다. 보다 현실적인 문제점으로, 우선 표본의 문제이다. 미국 국세청은 매 5년마다 5만명의 표본을 조사한다. 반면에 우리 국세청은 조사인력의 부족으로 인해 매년 1만명 미만의 납세자만을 조사할 수 있다. 자영업자의 조사비율은 매년 0.3% 미만이다. 또한 No-Change Rate이 매우 낮기때문에 표본자체가 의심스럽다. 세무조사 결과 추가징수할 세액이 전혀 없는 납세자의 비율이 50%정도인 미국의 경우엔 이러한 제도적용이 가능하지만, 우리의 자영업자의 경우엔 거의 제로에 가깝다. 이러한 현실적인 이유들이 TCMP의 도입을 어렵게 하고 있다.

2. 성실납세 풍토 조성을 위한 조치

1) 납세의식 선진화 유도

납세의식은 국가와 국민관계의 기본이며 상호신뢰와 공동체 의식으로서, 공동체발전의 토대가 되며 선·후진국을 구별하는 척도가 된다.

우리 국민의 납세의식을 선진화하기 위해서는 다음과 같은 사항을 중점적으로 추진해야 한다(전승훈·김재진, 2002).

첫째, 세부담의 공평성 및 납세자의 편의성을 제고하고, 공공재에 대한 국민의 신용을 높이며, 우리 사회의 투명성을 제고해야 한다. 정부는 조세제도를 적정하고 공평하게 설계하고, 국세행정을 투명하고 납세자 편의 위주로 집행해야 하며, 거두어들인 세금을 납세자들의 기호에 맞게 공공재를 공급하는 데 사용해야 한다.

둘째, 조세에 대한 이해도를 높여서 자발적 납세순응도를 제고하기 위해 대국민 홍보를 강화해야 한다.

셋째, 미래의 납세자인 청소년들에게 납세의식 강화를 위한 체계적인 교육을 실시해야 한다. 납세의식을 제고하는 것은 하루아침에 이루어지는 것이 아니므로 초등학교부터 조세의 기능과 역할, 납세의무 등 세금관련 내용을 정규교과과정에 포함시켜 체계적인 교육을 실시할 필요가 있다.

2) 납세자의 신뢰확보

납세자들의 신뢰를 확보하기 위한 기본조치로서, 조세제도 및 조세행정에 대한 납세자들의 반응을 매년 조사하고 그 결과를 발표하는 방안을 고려할 수 있겠다.

세무조사 선정대상의 투명성을 확보하고 탈세규모를 파악하기 위해 일정비율의 납세자들을 표본추출하여 강도 높은 세무조사를 한 후, 세무조사 선정프로그램의 타당도를 높이는 데 활용하고 그에 따른 탈루유형을 주기적으로 발표한다. 한국에서 세무조사는 종종 납세자의 권리를 간과한다. 예컨대 세무조사 통보를 너무 급작스럽게 한다든지 업무시간에 세무조사를 한다든지 하는 것 등이다. 또한 세무조사 대상자의 선정과정이 비밀로 되어 있고 조세포탈범에 대한 벌칙이 매우 낮고 비합리적이다. 즉 체벌수준은 실제 집행이 불가능할 정도로 매우 높은 반면에 벌과금은 낮은 편이다.

세무조사의 가장 심각한 문제점은 그것이 정치적 압력으로부터 자유롭지 못하고 종종 정치적으로 악용된다는 것이다. 예컨대 국세청 당국이나 정부는 부정하지만 기업들로 하여금 정부정책에 순응하도록 압력을 가하는데 이용된다고 많은 국민들이 믿고 있고 세무조사를 당하는 대상들이 그렇게 생각하고 있다는 것이다. 이러한 오해를 불식시키지 못한다면 세무조사에 대한 국민들의 신뢰는 결코 높아질 수 없을 것이다. 따라서 세무조사에 대한 원칙을 사전에 발표하고 장기적으로 일관성있게 추진해야 한다.

납세자들이 조세정책을 친근하게 느끼도록 하기 위해 조세제도의 복잡도 수준을 매년 평가하고 발표한다.

조세에 대한 개인정보의 보호 또한 중요하다. 개별 납세자에 대한 조세정보는 절대적으로 보장되어야 하며, 조세 및 관련연구 이외의 어떠한 목적으로도 사용되어서는 안된다. 개인의 세무정보는 그 관계된 납세자가 범죄를 저지르지 않는 한 보호되는 것이 원칙이다. 그렇지 않으면 그러한 정보가 정치적으로 또는 사법기관에 의해 다른 목적으로 악용될 수 있기 때문이다.

결국 납세자의 신뢰를 회복하기 위한 세무행정 조처로는, 다음과 같은 내용들을 포함한다(최명근, 2002).

- 공정하고 신뢰할 수 있는 투명한 방법으로 세법을 집행한다.
- 납세자가 활용할 수 있는 불복절차와 여러 가지 행정기법의 개선뿐만 아니라 납세자의 권리 및 의무에 관해 그 개요를 알리는 설명서 등을 제작하여 홍보함과 동시에 납세자와의 의사소통을 증진한다.
- 세무행정의 일관성을 유지하면서 납세자의 문의·요청에 대해 정확하고 적시성이 있는 질 높은 정보를 제공하고, 납세자의 불복에 대해서는 공정하게 처리한다.
- 납세자의 권리와 의무에 관해 접근하기 쉽고 신뢰할 수 있는 정보와 서비스를 제공한다.
- 조세법에의 자발적인 순응에 소요되는 납세자의 부담비용이 최저수준을 유지하도록 보장한다.
- 적당하다고 인정되는 경우, 납세자가 세무행정정책이나 세무절차 변경에 대해 논평할 수 있는 기회를 부여한다.
- 납세자집단 등 광범위한 사회공동체와 바람직한 관계를 개발하여 유지한다.

3) 교육 및 홍보활동 강화

국민의 납세의식 개혁을 위해서는 납세윤리의 강화와 조세행정의 신뢰성 확보, 과세의 형평성과 성실납세 분위기 유도 등 예방적 조치를 세련되게

구사하는 방안을 보다 적극적으로 검토, 실천해야 한다. 즉 과세당국이 세수를 확보하고 납세자들의 조세회피를 줄이는 수단으로 이용하고 있는 가산세 제도나 세율, 세무조사 등의 실효성은 납세윤리나 정부에 대한 신뢰도, 과세공평성에 대한 태도, 동료집단의 납세풍토 등 이른바 주관적 인식요인들보다 조세회피 행위에 대한 설득력이 더 적다는 것이다. 이는 직접세제중심과 신고납세제도하에서는 과세자 변인보다는 납세자 쪽 변인이 실제로 더 중요한 의미를 지니고 있다는 것을 시사한다. 따라서 제도적인 수단을 통해 납세자의 조세회피를 줄이고 성실신고를 유도한다기보다는, 언론이나 정규 교육과정을 통해 조세의 필요성을 홍보, 교육함으로써 납세윤리를 고양하는 것이 더 효과적인 방안이라고 할 수 있다. 즉, 세정의 투명성을 위해 그리고 각 시민이 보다 합리적인 경제생활을 영위할 수 있도록 조세관련 소비자교육 및 홍보기회를 확대해야 할 것이다.

그럼에도 현재 정부에서 제공하는 조세정보의 활용은 미미한 수준이다. 이는 국민이 정부가 발행하는 자료를 불신하고 있거나 납세자의 오해로 인한 것이다. 이러한 불신을 해결하기 위해서는 세정당국의 치적을 홍보하는 것이 아니라, 납세자라면 꼭 알아야 하는 실질적인 정보를 알리는 데 주력해야 한다. 예컨대 절세에 대한 내용은 납세자에게 실질적인 효용을 제공한다.

사람들은 세금에 대해 본원적으로 회피하려는 성향을 보이는데, 이에 대한 응징에 관해 홍보하고 특히 탈세예방을 위한 시스템을 개발함으로써 불성실한 납세태도를 근절해야 한다. 탈세기회가 있다고 판단되는 경우 국민들의 납세의식 수준은 결코 향상될 수 없기 때문이다.

〈참고문헌〉

강신택(1997), ≪재무행정론≫, 박영사.

곽태원(2000), ≪조세론≫, 법문사.

국세청(2003), ≪국세통계연보≫

국세청(1996), ≪국세청 30년사≫, 국세청.

권의만(2000), "국세부과원칙에 관한 고찰," ≪지역개발연구≫, 군산대학교 지역개발연구소.

김경주(2001), "조세구제제도에 관한 연구," 건국대학교 행정대학원 석사학위논문.

김규성(1998), ≪新版 행정학원론≫, 법문사.

김동건(1996), ≪현대재정학≫, 박영사.

김두철(1997), "지하경제가 보험산업에 미치는 영향," ≪산업과학연구≫, 상명대학교 산업과학연구소.

김문한(1994), ≪부동산에 관련된 세금상담≫, 성신문화사.

김상조·채희우(2001), ≪생활과 세무경영≫, 세학사.

김완석(1989), "조세심판에 관한 연구," 중앙대학교 박사학위논문.

김연태·김중권·유지태(1998), ≪세법≫, 법문사.

김운태(1986), 《행정학원론》, 박영사.

김윤환(1992), 《경제정책》, 박영사.

김익래(2001), "조세행정개혁에 대한 역사적 고찰과 평가," 성균관대 박사논문.

김재진(2002), "세제 복잡성의 사회적 비용과 세제 단순화를 위한 선진국의 노력," 《재정포럼》, 제78호, 한국조세연구원.

김재진·한상국(2003), 《조세정의 구현을 위한 주요 정책과제》, 한국조세연구원

김철수(1983), 《헌법학개론》, 박영사.

김청식(2003), 《쉽게 알자, 세금》, 더난출판.

김효명(1995), 《현대경제정책》, 박영사.

김효석(2002), 《조세환경의 변화와 개혁과제》, 김효석의원실

김훈(1998), "조세부담과 조세회피에 관한 이론적 고찰," 《상경연구》, 호남대학교 지방행정경영연구소, 제14집.

나중식·이영근(1995), 《민주주의조세행정론》, 형설출판사.

노정현·박우서·안용식 편(1994), 《행정개혁론》, 나남출판사.

박춘래·최평윤(1997), "납세자 특성에 따른 조세회피성향에 관한 연구," 《세무학연구》, 한국세무학회, 제10호.

백완기(1998), 《행정학》, 박영사.

법무부(1993), 《각국의 조세심판제도》, 법무부.

서재석(1993), 《현대조세론》, 학문사.

성명재(2002), 《조세정책의 소득재분배 효과 분석에 관한 연구》, 한국조세연구원.

손광락(1997), "우리나라 가산세 관련 제도의 합리화," 한국조세연구원.

송쌍종(1995), 《세무회계론》, 조세통람사.

안연환 외(1988), 《세법(Ⅰ)》, 박산출판사.

안해균(1985), 《현대행정학》, 다산출판사.

오현천(1992), 《한국조세론》, 박영사.

오영수 編(1990), 《지하경제의 정체》, 도서출판 좋은 책.

우명동(2002), 《조세론》, 해냄.

유시영(1992), "조세회피 의사결정요소에 관한 연구" 전북대 박사논문.

윤성식·이문영(1995), ≪재무행정론≫, 학현사.

이기형(1999), "납세자의 조세회피요인과 조세회피의 관계에 관한 연구," 대전대 박사논문.

이병권(2003), ≪생활설계를 위한 새테크 상식≫, 새로운 제안.

이성정(2001), "관세행정구제제도의 문제점과 개선방안에 관한 연구," 한남대학교 석사논문.

이우택·이철재(1998), ≪조세법과 세무회계≫, 조세통람사.

이우윤(1996), "납세자의 조세포탈성향의 결정요인에 관한 연구," 영남대 박사논문.

이종남(1975), ≪조세법연구≫, 법조문화사.

이종남(1979), ≪조세범죄론≫, 대검찰청.

이종환(1992), "납세자의 조세회피 행위에 관한 연구," 청주대 박사논문.

이태로(1998), ≪조세법강의≫, 박영사.

이태로·이철송(1985), ≪세법상 실질과세에 관한 연구: 조세회피의 규제 방안을 중심으로≫, 한국경제연구원.

이효익·김기풍(2000), "기준시가과세제도의 조세제도적 요인이 조세회피성향에 미치는 영향," <세무학연구>, 한국세무학회, 제15호.

이필우(1998), ≪재정학개론≫, 법문사.

임원식(1998), "조세회피 행태에 관한 실증적 연구", 호남대 박사논문.

장기용(2000), "조세회피요인의 상대적 중요성에 대한 납세자의 인지분석," <세무학연구>, 한국세무학회, 제15호.

장재식(1992), ≪조세법≫, 서울대출판부.

재정경제부(2003), ≪조세개요≫, 재정경제부.

전경련(1968), ≪한국경제연감≫, 전경련.

전정구(1986), ≪한국조세법의 문제점≫, 조세통람사.

전태영(1990), "조세회피에 영향을 미치는 요소에 관한 연구," 고려대 박사논문.

정도현·이규원(2002), ≪사례를 알면 절세가 보인다≫, 박문각.

조경환(2001), ≪세법개론≫, 한국교육문화원.

차병권(1994), ≪재정학개론≫, 박영사.
최 광(1992), "지하경제 - 지하경제란 무엇인가," <월간 사회평론>, 제92호, 사회평론.
최 광(1987), ≪한국의 지하경제에 관한 연구≫, 한국경제연구원.
최명근(1985), ≪조세의 공평과 효율≫, 경영사.
최명근(1998), ≪세법학총론≫, 세경사.
최명근(2002), ≪우리나 세무행정의 발전적 개선방안: 세무절차의 민주화를 중심으로≫, 한국조세연구원
최준욱(2003), "국세적 탈세방지를 위한 정책방향," <재정포럼>, 제83호, 한국조세연구원.
하길문(2002), "한국 조세제도에 관한 연구," 국방대학교 국방관리대학원 석사논문.
한국납세자연합회(2002), ≪납세절차에 관한 납세자 의식조사 연구보고서≫.
한국조세연구원(2003), "독일 연방정부의 2003년 세제개혁안," ≪조세·재정 해외동향≫, 03-13.
한국조세연구원(1998), ≪조세정책에 대한 OECD의 논의와 대응방향≫, 한국조세연구원.
한국조세연구원(1996), ≪납세자의 권익보호 제고에 관한 연구≫, 한국조세연구원.
한국조세연구원(2001), "정책토론 리포트 ; 국세행정 선진화를 위한 정책과제", <재정포럼>, 3월호
한국조세연구원(2002), "정책토론 리포트 ; 납세의식 선진화와 국세행정 개선방향", <재정포럼>, 3월호
한국조세연구원(2003), "소득재분배의 관점에서 본 세제개편방향," <조세재정동향>, 4월 7일.
한국조세연구원(2003), ≪주요국의 최신 조세·재정 동향≫, 5월/ 6월.
현대경제사회연구원(1993), ≪신경제하의 지하경제 규모와 돈의 흐름≫.
함영복(2000), ≪세법총론≫, 조세통람사.
홍정화·김완희(1997), "납세자특성과 탈세수단선택에 관한 실증연구," <세무학연구>, 한국세무학회, 제10호.

홍준형(2000), "조세법률주의와 과세대상을 확대한 시행령의 효력," <국세법무월보>, 통권 17호.

홍학표(1988), "납세자의 조세저항행동에 관한 연구" 중앙대 박사논문.

한국세정연구회(1998), ≪세무대백과사전≫, 한국세정연구회.

한국조세연구원(2003), ≪조세정의 구현을 위한 주요정책 과제≫, 정책토론회.

한국조세연구원(2003), ≪참여정부의 재정운영 방향≫, 정책토론회.

한국일보, 2002년 11월 29일.

Allingham, M.G. and A. Sandmo(1972), "Income Tax Evasion : A Theoretical Analysis," Journal of Public Economics, Vol, 1.

Alm, J.(1991), "A Perspective on the Experimental Analysis of Taxpayer Reporting," The Accounting Review, Vol.66. No.3.

Benjamini, Y. and S. Maital(1985), "Optimal Tax Evasion and Optimal Tax Evasion Policy : Behavioural Aspects," in the Economy of the Shadow Economy, edited by W. Gaetndr and A. Wenig Berlin: Springer-Verlag.

Caiden, N.(1978), "Patterns of Budgeting," Public Administration Review, Vol.30.

Christensin, A.L., Weihrich, S.G. & Newman, D.G.(1994), "The Impact of Deduction or Perception of Tax Fairness," Advances Taxation 6.

Christiansen, V.(1980), "Two Comments on Tax Evasion," Journal of Public Economics, Vol, 15.

Clotfelter, C.T.(1983), "Tax Evasion and Tax Rates; An Analysis of Individual Returns," The Review of Economics and Statistics.

Cowell, F.A.(1985), "Tax Evasion with Labour Income," Journal of Public Economics, February.

Cox, D.(1984), "Rasing Revenue in the Underground Economy," National Tax Journal, Sepember.

Dean, P., T. Keenan and F. Kenncy(1980), "Taxpayers' Attitudes to income Tax Evasion : An Empirical Study," British Tax Review 1.

Due, J.F. and A. F. Friedlaender(1973), Government Finance.

Duncan, W.A.(1994), Easentials of V. S. Taxation, The Dryden Press, Harcourt

Brace College Publishers, 1994 edition.

Ekstrand, L.(1980), "Factors Affection Compliance Focus Group and Survey Results," 1980 Proceedings of the 73rd Annual Conference on Taxation, National Tax Association, November.

E.S Redford, E.S(1975), Ideal and Practice in Public Administration, University of Alabama Press.

Friedland.N., S. Maital and Retenberg(1978), "A Simulation Study of Income Tax Evasion," Journal of Public Economics, August.

Goode, R.(1952), "Reconstruction of Foreign Tax System", Proceedings of the Forty Annual Conference on Taxation, National Tax Association.

Graetz, M. and L. Wiled(1985), "The Economics of Tax Compliance: Fact and Fantasy," National Tax Journal, Sepember.

Grasmick, H. and W. Scott(1982), "Tax Evasion and Mechanism of Social Control : A Comparison with Grand and Petty Theft," Journal of Economics Psychology.

Guttman, P.M.(1977), "The Subterranean Economy," Financial Analysis Journal, Vol.33.

Holland, D.M. and Oliver Oldman(1984), "A Review of Selected Research on Measuring Income Tax Base Evasion, Including Lessons To Be Drawn From The Data From Measuring and Controlling Income Tax Evasion." in International Bureau of Fiscal Documentation, The Challenge of Tax Administration Until The End of The 20th Century, Amsterdam.

Hotaling, A. and D. Arnold(1981), "The Underground Economy," Massachusetts CPA Review, May-June.

Jackson, B. and S. Jones(1985), "Salience of Tax Evasion Penalties versus Detection Risk," Journal of the American Taxation Association, Spring.

Jackson, B.R. & Milliron, V.C.(1986), "Tax Compliance Research; Findings, Problems, and Prospects," Journal of Accounting Literature.

Kaplan, S.E., P. Reckers and S. Roark(1988), "An Attribution Theory Analysis of Tax Evasion Related Judgerment," Accountion Organizations and Society, Vol, 14(4).

Madeo, S.A. & Schepanski, A. & Uecker, W.C.(1987), "Modeling Judgement of

Taxpayer Compliance," The Accounting Review, Vol.62., No.2.

Mason, R. and L. Calvin(1978), "A Study of Adimitted Income Tax Evasion," Law and Society Review.

Mcbarnet, M.(1991), "Whiter than Whitercollar Crime; Tax, Fraud Insurance and Management of Stigma," The British Journal of Sociology, Vol.42.

Milliron, V.C.(1985), "A Behavioral Study of the Meaning and Influence of Tax Complexity," Journal of Accounting Research, Vol.23., No.2.

Moser, D.V., Evans, J.H. & Chung K., Kim(1995), "The Effects of Horizontal and Tax Reporting Decisions," The Accounting Review.

Musgrave, R.A. and P. B Musgrave(1989), Public Finance in Theory and Practice.

Note, "The New Taxpayer's Charter or Taxation without tear," British Tax Review, Nov.

Porcano, T.M.(1985), "Distributive Justice and tax Policy," The Accounting Review.

Shaya, L.A.(1988), The New Taxpayer's Bill of Right; Panaced or placebo, 65 U. Det. L. Rev.

Singh, B.(1973), "Making Honesty the Best Policy," Journal Public Economics, Vol, 2.

Song, Y.D. and T. E. Yabrough(1978), "Tax Ethics and Taxpayer Attitudes : A Survey," Public Administration Review, September-October.

Spicer, M.W.(1986), "Civilizationn at a Discount; The Problem of Tax Evasion," National Tax Journal, Vol.39.

Spicer, M.W. and L. Becker(1980), "Fiscal Inequity and Tax Evasion : An Experimental Approach." National Tax Journal, June.

Spicer, M.W. and R. Hero(1985), "Tax Evasion and Heuristics : A Research Note," Journal of Public Economics, February.

Spicer, M.W. & Lundstedt, S.B.(1976), "Understanding Tax Evasion," Public Finance, Vol.31.

Spicer, M.W. and S. B. Lundstedt(1976), "Audit Probabilities and the Tax Evasion Decision : An Experimental Approach," Journal of Economic Psychology, (2).

Srinivasan, T.N.(1973), "Tax Evasion : A Model." Journal of Public Economics. Vol. 2.

Tittle,C.(1980), Sanctions and Social Deviance : The Question of Deterrence, New York : Prager.

Vogel, J.(1974), "Taxation and Public Opinion in Sweden; An Interpretation of Recent Survey Data," National Tax Journal.

Witte, A.D. & Woodbury, D.F.(1985), "The Effects of Tax Laws and Tax Administration an Tax Compliance; The Case of U.S. Individual Income Tax," National Tax Journal, Vol.38.

Yitzhaki, S.(1974), "A Note on Income Tax Evasion : A Theoretical Analysis," Journal of Public Economics, Vol, 3.

Young, J.C.(1994), "Factors Associates With Noncompliance; Evidence from the Michigan Tax Amnesty Program," The Journal of American Taxation Association, Vol. 6., No.2.

北野弘久(1992), ≪납세자 기본권의 전개≫, 삼성당.

부록

설문지

조세 행정 개선을 위한 설문

관련전문가 용

안녕하십니까?

본 설문지는 세금납부 및 조세행정과 관련한 의견을 구하기 위해 마련된 것입니다. 귀하의 성실한 답변은 성실납부 풍토 조성 및 합리적 조세정책 마련을 위한 기초자료로 활용될 것입니다.

본 설문은 익명으로 실시됩니다. 귀하께서 응답하신 내용은 통계처리를 통하여 다른 응답과 함께 수치로만 표시될 것입니다.

솔직하고 성의있는 답변을 부탁드립니다. 본 설문에 참여해 주신데 대해 진심으로 감사드립니다.

2003. 5.

참바른리서치 (www.chambarun.com, 02-338-3559)

■ 아래의 문항을 읽고 귀하의 생각과 일치하는 곳에 √표 해주십시오.

A. 납세의식에 관한 문항

문항	전혀 그렇지 않다 보통이다 매우 그렇다
1. 세금납부는 국민의 당연한 의무이다.	1-------2-------3-------4-------5
2. 세금을 회피하는 행위는 범죄라고 생각한다.	1-------2-------3-------4-------5
3. 세금을 성실하게 내는 사람이 진정한 민주국민이라고 생각한다.	1-------2-------3-------4-------5
4. 법의 허점을 이용해서 세금을 적게 내는 것도 무방하다고 생각한다.	1-------2-------3-------4-------5
5. 조세제도가 현실에 맞지 않다면 세금을 다소 회피한다고 해도 죄의식을 느낄 필요가 없다.	1-------2-------3-------4-------5

B. 조세혜택 및 정부에 대한 신뢰도에 관한 문항

문항	전혀 그렇지 않다 보통이다 매우 그렇다
1. 내가 내는 세금이 올바르게 사용되고 있다고 생각한다.	1-------2-------3-------4-------5
2. 정부는 국민의 복지향상을 위해 많은 노력을 하고 있다고 생각한다.	1-------2-------3-------4-------5
3. 국민의 세금을 재원으로 하는 정부의 각종 투자 및 사회간접자본 확충사업은 적절하게 선정되고 있다고 생각한다.	1-------2-------3-------4-------5
4. 정부의 예산은 그 목적에 맞게 쓰여지고 있다고 생각한다.	1-------2-------3-------4-------5
5. 정부는 재정지출내역(예산사용)을 납세자에게 제대로 알려주고 있다고 생각한다.	1-------2-------3-------4-------5

C. 과세공평성에 대한 문항

문항	전혀 그렇지 않다 보통이다 매우 그렇다
1. 나는 현행 세제가 공평과세에 적합하다고 생각한다.	1-------2-------3-------4-------5
2. 세무행정은 세법의 범위 내에서 공평하게 적용되고 있다고 생각한다.	1-------2-------3-------4-------5
3. 나의 소득수준에 비해 세금을 많이 납부하고 있다고 생각한다.	1-------2-------3-------4-------5
4. 나는 다른 동료보다 많은 세금을 부담하고 있다고 생각한다.	1-------2-------3-------4-------5
5. 같은 처지에 있는 납세자는 같은 수준의 세금을 납부해야 한다.	1-------2-------3-------4-------5

D. 납세풍토에 대한 문항

문항	전혀 그렇지 않다 보통이다 매우 그렇다
1. 우리 사회 전반적으로 세금회피 풍토가 만연되어 있다고 생각한다.	1-------2-------3-------4-------5
2. 특히 개인사업자들(자영업자 및 전문직 등) 사이에 조세회피 풍토가 성행하고 있다고 생각한다.	1-------2-------3-------4-------5
3. 봉급생활자를 제외한 내 주위의 사람들은 가능한 세금을 적게 내려한다.	1-------2-------3-------4-------5
4. 만약 규정보다 세금을 적게 낸 사실을 알았을 때 자진해서 이를 추가 납부하겠다.	1-------2-------3-------4-------5

E. 세무제도에 대한 인식

문항	전혀 그렇지 않다　　보통이다　　매우 그렇다
1. 현행 세제는 세금의 종류가 너무 많고 세율도 너무 복잡하다고 생각한다.	1-------2-------3-------4-------5
2. 나는 현재의 각종 세금신고서 식과 절차가 너무 많고 복잡하다고 생각한다.	1-------2-------3-------4-------5
3. 현행 각종 세금신고서 양식이 조세회피 의욕을 증가시킨다고 생각한다.	1-------2-------3-------4-------5
4. 세법이 복잡하기 때문에 조세회피가 많다고 생각한다.	1-------2-------3-------4-------5
5. 정책적 목적을 가진 조세행정이 너무 많아 공평과세에 지장을 준다고 생각한다.	1-------2-------3-------4-------5

F. 세율에 대한 인식

문항	전혀 그렇지 않다　　보통이다　　매우 그렇다
1. 나는 납세자들이 현재의 세율을 잘 알고 있다고 생각한다.	1------2------3------4------5
2. 나는 세율이 현재보다 인하된다면 납세자들이 조세납부를 성실하게 하리라 생각한다.	1------2------3------4------5
3. 나는 납세자들에게 소득금액에 상관없이 동일한 세율을 적용해야 한다고 생각한다.	1------2------3------4------5
4. 나는 납세자들이 현행 세율체계에 대하여 만족한다고 생각한다.	1------2------3------4------5
5. 나는 조세를 회피하고자 하는 욕구가 세금과 관련된 다른 요인보다 세율때문이라고 생각한다.	1------2------3------4------5

G. 조세부담율에 대한 사항

문항	전혀 그렇지 않다 보통이다 매우 그렇다
1. 현행 세법상 세금의 비율은 국민들의 가계에 많은 부담을 주고 있다.	1-------2-------3-------4-------5
2. 내가 부담하고 있는 세금은 공평하다고 생각한다.	1-------2-------3-------4-------5
3. 나의 소득에 비해 세금이 많이 부과되고 있다고 생각한다.	1-------2-------3-------4-------5
4. 나는 우리나라와 수준이 같은 다른 나라의 국민들에 비해 세금을 많이 낸다고 생각한다.	1-------2-------3-------4-------5

H. 조세회피 행위에 관한 사항

※ 조세회피란, 합법적이든 불법적이든 상관없이 세금을 가능한 적게 납부하기 위한 것을 의미합니다.

문항	전혀 그렇지 않다 보통이다 매우 그렇다
1. 나는 세금을 회피하기 위해 종교단체 등에 기부하였다고 하는 가짜 영수증을 발급하려 한 적이 있다.	1-------2-------3-------4-------5
2. 나는 나의 소득을 제외한 재산에 대해 세금을 적게 납부하기 위해 재산을 은닉한 적이 있다.	1-------2-------3-------4-------5
3. 나는 무자료 거래를 이용하여 세금을 회피한 적이 있다.	1-------2-------3-------4-------5
4. 나는 조세감면 혜택을 남용하여 세금을 회피하고자 한 경험이 있다.	1-------2-------3-------4-------5
5. 조세시스템이 공평성에 어긋나게 자신에게 적용될 경우 조세를 회피하여도 된다.	1-------2-------3-------4-------5

I. 조세범 처벌에 관한 사항

문항	전혀 그렇지 않다	보통이다	매우 그렇다
1. 조세회피자에 대한 처벌은 가산세, 벌금, 형사처벌 등 만으로도 적당하다고 생각한다.	1-------2-------3-------4-------5		
2. 나는 개인사업자에 대한 정기적인 세무조사 회수를 늘려야 한다고 생각한다.	1-------2-------3-------4-------5		
3. 일반인이 세금을 포탈하는 행위에 대한 처벌과 사업자들이 세금을 포탈하는 행위에 대한 처벌은 같아야 한다고 생각한다.	1-------2-------3-------4-------5		

J. 조세일반 및 시사관련 인식에 대한 사항

1. 귀하는 국가 전반적으로 보아 세금이 공평하게 부과되고 있다고 생각하십니까?

    ① 예 (2.로 가시로)   ② 아니오 (1-1.로 가시오.)

    1-1. (아니오)의 경우, 그 이유는 무엇이라고 생각하십니까?

    ① 조세제도 자체의 불공평한 설계
    ② 세무행정의 전문화, 과학화 미흡
    ③ 사회적 성실납세환경의 미비와 납세자의 정직성 부족
    ④ 기타 (   )

2. 귀하는 현행 우리나라 세율이 높다고 생각하십니까?

    ① 전혀 아니다   ② 아니다   ③ 보통이다
    ④ 그렇다   ⑤ 매우 그렇다

3. 다음은 과세공평성에 대한 질문입니다.

    > 조세의 공평성은 '소득이 많은 사람이 많은 세금을(수직적 공평), 같은 처지에 있는 사람은 같은 세금을 부담(수평적 공평)' 하는 조건이 상호충족 되어야 한다는 의견이 있습니다.

    3-1. 현재 상황에서 우리나라의 수직적 공평성을 달성하기 위해 가장 시급한 과제는 무엇이라고 생각하십니까?

    ① 음성, 불로소득에 중과세

② 소득세 과세기반의 확충
③ 고급물품과 고급소비에 특별소비세 고율과세
④ 많은 재산소유자에 고율과세

3-2. 현재 상황에서 우리나라의 수평적 공평성을 달성하기 위해 가장 시급한 과제는 무엇이라고 생각하십니까?
① 공평한 세무행정의 집행　　② 과세자료의 완전확보
③ 공제감면의 축소　　　　　　④ 증권양도차익의 과세

3-3. 조세부담의 공평성을 확보하기 위해서는 소득, 소비, 재산에 대한 과세를 적절히 조정해야 한다는 의견이 많습니다. 우리나라 현재의 상황에서 가장 시급한 과제는 무엇이라고 생각하십니까?
① 소득에 대한 과세기반의 확대
② 재산에 대한 과세의 성격 조정
③ 소비에 대한 과세체계의 정비
④ 비과세, 감면 등 조세특례제도의 축소
⑤ 지하경제에 과세할 사회적 장치의 마련

4. 직접세(소득세)의 비중(1999년 기준)이 미국 92.5%, 일본과 영국 57% 등으로 매우 높은데, 우리나라는 4대6(직접세 : 간접세) 정도로 간접세의 비중이 더 높습니다. 이 같은 비율에 대해 어떻게 생각하십니까?
① 직접세의 비율을 더 높여야 한다.
② 현재로도 문제없다.

5. 다음 중 세금을 가장 성실히 납부하는 사람은 누구라고 생각하십니까?
   ① 근로소득자　　　② 변호사　　　③ 의사
   ④ 세무사와 회계사　⑤ 연예인　　　⑥ 대기업
   ⑦ 중소기업　　　　⑧ 자영사업자　⑨ 기타(　　　　　　)

6. 다음 중 조세회피를 하려는 경향이 가장 큰 층은 누구라고 생각하십니까?
   ① 근로소득자　　　② 변호사　　　③ 의사
   ④ 세무사와 회계사　⑤ 연예인　　　⑥ 대기업
   ⑦ 중소기업　　　　⑧ 자영사업자　⑨ 기타(　　　　　　)

7. 귀하는 노무현 정부에서 도입키로 한 상속세·증여세 완전포괄주의에 대해 어떻게 생각하십니까?

   > ※ 상속세·증여세 완전포괄주의란 과세항목이 법률에 규정돼 있지 않더라도 그와 유사한 증여 또는 상속행위가 발생하면 모두 세금을 물릴 수 있도록 하는 제도입니다.

   ① 매우 적절하다　　② 적절하다　　③ 잘 모르겠다
   ④ 부적절하다　　　⑤ 매우 부적절하다

8. 귀하는 노무현 정부의 상속세·증여세 완전포괄주의 방침이 실현될 것이라고 생각하십니까?
   ① 실현되지 않을 것이다　② 잘 모르겠다　③ 실현될 것이다

9. 귀하는 상속세·증여세 완전포괄주의가 조세법률주의를 규정한 헌법규정에 어긋나 위헌이라고 생각하십니까?
   ① 위헌이 아니다　　② 위헌이다　　③ 잘 모르겠다

10. 귀하는 배우자간 재산의 양도 및 양수에 대해 증여세를 면제해야 한다고 생각하십니까?

　① 면제되어야 한다

　② 조건에 맞게 면제되어야 한다

　③ 무조건 부과되어야 한다

11. 노무현 정부에서는 열악한 지방재정난 타개책의 하나로 국세의 일부를 지방세로 이전하는 방안이 논의되고 있습니다. 이에 대해 어떻게 생각하십니까?

　① 반드시 필요한 조치라고 생각한다

　② 필요하나, 현재로선 시기상조이다

　③ 필요하나, 일부 보완이 필요하다

　④ 불필요한 조치이다.

　⑤ 시·도별 세원의 차이로 지역별 불균형이 오히려 심화된다.

　　11-1. 국세의 일부를 지방세로 이전한다면 구체적으로 어떻게 해야 한다고 생각하십니까?

　　　① 현행 10%로 되어 있는 소득세할 주민세의 비중을 높이는 방안

　　　② 소득세와 법인세율의 인하분을 지방재원으로 양여

　　　③ 부가가치세의 일부를 지방자치단체에 배정해 지방소비세로 전환

　　　④ 기타 (　　　　　　　　　　　)

12. 탈세나 세금포탈 사실이 드러났을 경우, 어떻게 처벌하는 것이 바람직하다고 생각하십니까?

　① 처벌은 필요 없고 경고만으로도 충분하다.

② 세금만 부과

③ 세금 + 가산세

④ 세금 + 가산세 + 벌금

⑤ 세금 + 가산세 + 벌금 + 형사처벌

13. 귀하는 조세회피를 하려는 가장 큰 이유가 무엇이라고 생각하십니까?

① 세무당국의 과세 잘못　　② 불합리한 세제

③ 높은 세율　　④ 현실보다 높은 과세표준

⑤ 상대적 불공평(나만 세금을 많이 내기 때문)

⑥ 기타 (　　　　　　　　　　)

14. 조세범처벌법의 벌칙규정은 적정하다고 생각하십니까?

① 적절하다

② 처벌규정을 다소 완화하되 철저히 적용하는 것이 바람직하다

③ 대폭 완화해야 한다

15. 우리나라는 과거 부과납세제도를 신고납세제도로 바꾸었는데 신고납세제도가 정착됐다고 보십니까?

① 예 (16.으로 가시오)　　② 아니오 (15-1.로 가시오)

　15-1. (아니오)의 경우, 그 이유는 무엇이라고 보십니까?

　　① 조세회피의 수단으로 악용

　　② 납세자의 자빌직 의지 부족 및 납세의식 설여

　　③ 조세제도의 결함 및 세무행정의 잘못

　　④ 세무지식 및 제도에 대한 이해 부족

⑤ 상거래질서 등 사회적 여건 미성숙

16. 세무조사에 대하여 어떻게 생각하십니까?
   ① 탈세와 조세회피 방지를 위해 반드시 필요하다
   ② 모두가 성실납부하므로 필요없다
   ③ 생계유지형 탈세는 눈감아 줄 수 있다
   ④ 여러 가지로 악용되기 때문에 불필요하다

   16-1. 세무조사 대상자는 어떻게 선정하는 것이 바람직하다고 생각하십니까?
   ① 무작위로 선정해야 한다
   ② 대기업에만 실시해야 한다
   ③ 탈세혐의가 있으면 모두 실시해야 한다
   ④ 세무지도 차원에서 정기적으로 실시해야 한다

17. 특별세무조사에 대해 귀하는 어떠한 견해를 갖고 계십니까?

   > 특별세무조사는 탈세정보자료 또는 과세자료의 분석을 통해 세금을 탈루한 혐의가 구체적으로 포착된 자 중에서 탈루수법이나 규모로 보아 통상의 조사로는 실효를 거두기 어렵다고 판단되는 경우 예외적으로 조사통지 생략·장부예치 등의 방법으로 실시됩니다.

   ① 납세자 권익 침해의 소지가 있으므로 완전 폐지되어야 한다.
   ② 선정기준이 불명확하므로 기준·절차 등을 법제화해서 객관성과 투명성을 보완한 뒤 그 기준에 따라 시행하여야 한다.
   ③ 탈세를 뿌리뽑기 위하여 보다 엄격히 시행하여야 한다.
   ④ 일반조사에 의하되 조세범처벌법을 엄격히 적용하여야 한다.

18. 귀하의 주변에서 "재수가 없어 세무조사를 받게 되었다"고 생각하는 사람이 있다면 그 이유는 무엇 때문이라고 보십니까?

   ① 자기의 잘못을 모르기 때문이다.
   ② 세무당국이 설명하는 조사대상 선정이유를 믿지 않기 때문이다.
   ③ 남과 비교하기 때문이다.
   ④ 총사업자수에 비하여 조사업체수가 너무 적기 때문이다.

19. 기업이 업무상 지출하는 골프 접대비와 향락업소 접대비 등은 경비로 인정해 주어야 한다고 생각하십니까?

   ① 기업경영을 위하여 사용된 것이라면 인정함이 당연하다.
   ② 사치스런 접대행위이므로 인정하지 말아야 한다.
   ③ 사회전반의 투명성 확보를 위하여 인정하지 말아야 한다.
   ④ 특정업종(업소)에 지출하는 비용만 인정하지 않는 것은 공평하지 않다.

20. 금융거래조회에 관한 다음 규정에 대해 어떻게 생각하십니까?

   > 현행 금융실명거래에관한법률(제4조 제2항 및 동시행령 제10조)에 의하면 세무조사시 필요한 경우에는 A의 성명, 주민등록번호, 계좌번호 등을 기재하여 A가 거래하는 B은행에 각 지점별로 조회하여야 그 지점의 거래내역만을 통보받을 수 있습니다.
   > 예) 서울은행 명동지점, 한국증권 충정지점 등에 A의 계좌번호를 알아야만 금융거래 조회가 가능함

   ① 효율적 세무조사를 위해 감독기관에 일괄조회 할 수 있도록 하여야 한다.
   ② 일괄통보나 일괄조회는 다른 용도로 악용될 소지가 있으므로 예금자

보호를 위해 현행 그대로가 좋다.
③ 조회 없이 일정금액 이상의 거래내역을 모두 국세청에 통보하여 세무조사 목적상 필요시 언제나 확인이 가능하도록 하여야 한다.
④ 금융거래조회는 모두 예금자의 동의를 얻어야 한다.

21. 「깨끗하고 투명한 세무관서」를 만들기 위해 가장 필요하다고 생각하는 것은 무엇입니까?
① 청탁이 발붙일 수 없는 행정상의 제도적 장치를 만드는 것이다.
② 세무공무원의 보수를 현실화한 후 처벌을 강화하여야 한다.
③ 금품제공 사업자에게도 수뢰공무원과 같은 수준의 처벌을 해야 한다.
④ 세무공무원에게 사명감을 갖도록 하는 것이 중요하다.

22. 귀하는 2001년 언론사 세금포탈에 대한 과징금 부과 정도가 어떠했다고 생각하십니까?
① 처벌이 약했다   ② 적정했다   ③ 처벌이 지나쳤다

23. 신용카드 사용, 영수증 수령하기 등 성실납세풍토 조성을 위한 정부차원의 노력이 추진되었는데, 그 성과를 어떻게 평가하십니까?
① 전혀 성과가 없었다고 본다
② 별 성과가 없었다
③ 보통이다
④ 어느정도 성과가 있었다
⑤ 훌륭한 성과를 냈다
⑥ 잘 모르겠다

24. 귀하는 성실 세금납부를 위해 가장 필요한 사항은 무엇이라고 생각하십니까?

① 공평과세 확립　　② 납세윤리와 납세의식
③ 강력한 법규 적용　④ 세무제도와 국세행정에 대한 홍보
⑤ 조세부담율의 감소　⑥ 정부에 대한 신뢰
⑦ 기타 (　　　　　　　)

K. 일반적인 사항에 관한 질문

1. 귀하의 성별은?

① 남　　　　② 여

2. 귀하의 연령은?

① 20대　② 30대　③ 40대　④ 50대　⑤ 60대 이상

3. 귀하의 최종학력은?

① 중졸이하　② 고졸　③ 대졸　④ 대학원졸 이상

4. 귀하의 작년 총 소득액은?

① 1천만-2천만원 미만　② 2천만-3천만원 미만
③ 3천만-4천만원 미만　④ 4천만-5천만원 미만
⑤ 5천만원 이상

5. 귀하의 직업 및 직종은 무엇입니까?

① 국세청 공무원　　② 교수 및 연구원

③ 세무사 및 공인회계사 ④ (법인) 경리책임자

6. 귀하의 경력은? (해당분야)
   ① 1년미만   ② 1년~5년미만
   ③ 5년~10년미만   ④ 10년~15년미만   ⑤ 15년이상

7. 현재 귀하가 거주하고 있는 지역은?
   ① 서울   ② 부산   ③ 울산   ④ 대전
   ⑤ 대구   ⑥ 광주   ⑦ 인천   ⑧ 경기

8. 귀하의 우리나라 세법 및 세무에 관한 지식은 어느 정도입니까?
   ① 매우 잘 안다   ② 잘 안다   ③ 보통이다
   ④ 모른다   ⑤ 전혀 모른다

9. 귀하는 소득세 신고를 어떠한 방법으로 하고 있습니까?
   ① 세무전문가 사무실로 간다
   ② 직접 신고한다
   ③ 소득세 신고에 관하여 아는 바가 없다
   ④ 봉급에서 원천 징수 된다
   ⑤ 기타(   )

10. 귀하는 조세정책에 변화가 생겼을 때 주로 알게 되는 경로는 어떤 것입니까?
    ① 인터넷   ② 신문과 방송 등 언론매체
    ③ 세금고지서   ④ 교육기관

⑤ 세무서의 안내와 비치자료   ⑥ 기타(   )

11. 귀하는 세무조사를 받은 경험이 있습니까?
   ① 없다   ② 1~2번   ④ 3~4번
   ⑤ 4~5번   ⑥ 6번 이상

12. 귀하는 조세회피를 해본 경험이 있으십니까?
   ① 있다 (12-1로 가시오.)   ② 없다

   12-1. 만약 귀하께서 조세회피를 하신다면 선호하는 방법은 무엇입니까?
   ① 무자료거래   ② 세무자료나 세무정보 미제출
   ③ 소득항목 허위보고   ④ 회계처리 조작
   ⑤ 조세감면 혜택 남용   ⑥ 재산(동산, 부동산)의 은폐
   ⑦ 기타 (   )

13. 귀하의 소득원천은 무엇입니까?
   ① 사업소득   ② 근로소득   ③ 부동산임대소득
   ④ 양도소득   ⑤ 금융소득   ⑥ 퇴직소득

끝까지 응답해 주서서 대단히 감사합니다.
조사결과를 원하시면, 이메일 주소를 기입해 주십시오.
E-mail 주소 : _____

조세 행정 개선을 위한 설문
근로소득자 및 자영사업자 용

안녕하십니까?

본 설문지는 세금납부 및 조세행정과 관련한 의견을 구하기 위해 마련된 것입니다. 귀하의 성실한 답변은 성실납부 풍토 조성 및 합리적 조세정책 마련을 위한 기초자료로 활용될 것입니다.

본 설문은 익명으로 실시됩니다. 귀하께서 응답하신 내용은 통계처리를 통하여 다른 응답과 함께 수치로만 표시될 것입니다.

솔직하고 성의있는 답변을 부탁드립니다. 본 설문에 참여해 주신 데 대해 진심으로 감사드립니다.

2003. 5.

참바른리서치 (www.chambarun.com, 02-338-3559)

■ 아래의 문항을 읽고 귀하의 생각과 일치하는 곳에 √ 표 해주십시오.

A. 납세의식 및 조세개념에 관한 문항

문항	전혀 그렇지 않다　　보통이다　　매우 그렇다
1. 세금납부는 국민의 당연한 의무이다.	1-------2-------3-------4-------5
2. 세금을 회피하는 행위는 범죄라고 생각한다.	1-------2-------3-------4-------5
3. 세금을 성실하게 내는 사람이 진정한 민주국민이라고 생각한다.	1-------2-------3-------4-------5
4. 법의 허점을 이용해서 세금을 적게 내는 것도 무방하다고 생각한다.	1-------2-------3-------4-------5
5. 조세제도가 현실에 맞지 않다면 세금을 다소 회피한다고 해도 죄의식을 느낄 필요가 없다.	1-------2-------3-------4-------5
6. 조세는 국가가 국민의 재산을 반대급부 없이 강제로 수탈하는 것이다.	1-------2-------3-------4-------5
7. 조세는 국가나 지방자치단체의 살림을 위해 꼭 필요한 것이다.	1-------2-------3-------4-------5
8. 국가재난으로 많은 세금이 필요하면 스스로 세금을 더 내겠다.	1-------2-------3-------4-------5

B. 조세혜택 및 정부에 대한 신뢰도에 관한 문항

문항	전혀 그렇지 않다　　보통이다　　매우 그렇다
1. 내가 내는 세금이 올바르게 사용되고 있다고 생각한다.	1-------2-------3-------4-------5
2. 정부는 국민의 복지향상을 위해 많은 노력을 하고 있다고 생각한다.	1-------2-------3-------4-------5

문항	전혀 그렇지 않다　　보통이다　　매우 그렇다
3. 국민의 세금을 재원으로 하는 정부의 각종 투자 및 사회간접자본 확충사업은 적절하게 선정되고 있다고 생각한다.	1-------2-------3-------4-------5
4. 정부의 예산은 그 목적에 맞게 쓰여지고 있다고 생각한다.	1-------2-------3-------4-------5
5. 정부는 재정지출내역(예산사용)을 납세자에게 제대로 알려주고 있다고 생각한다.	1-------2-------3-------4-------5

C. 과세공평성에 대한 문항

문항	전혀 그렇지 않다 보통이다 매우 그렇다
1. 현행 세법은 공평과세에 적합하다고 생각한다.	1-------2-------3-------4-------5
2. 세무행정은 세법의 범위 내에서 공평하게 적용되고 있다고 생각한다.	1-------2-------3-------4-------5
3. 나의 소득수준에 비해 세금을 많이 납부하고 있다고 생각한다.	1-------2-------3-------4-------5
4. 같은 처지에 있는 납세자는 같은 수준의 세금을 납부해야 한다.	1-------2-------3-------4-------5

D. 조세부담율에 대한 사항

문항	전혀 그렇지 않다 보통이다 매우 그렇다
1. 현행 세법상 세율은 국민들의 가계에 많은 부담을 주고 있다.	1-------2-------3-------4-------5
2. 내가 부담하고 있는 세금은 적당하다고 생각한다.	1-------2-------3-------4-------5
3. 나의 소득에 비해 세금이 많이 부과되고 있다고 생각한다.	1-------2-------3-------4-------5
4. 나는 우리나라와 수준이 같은 다른 나라의 국민들에 비해 세금을 많이 낸다고 생각한다.	1-------2-------3-------4-------5

E. 조세제도에 대한 인식

문항	전혀 그렇지 않다　　보통이다　　매우 그렇다
1. 현행 조세제도는 너무 복잡하여 이해하기 어렵다.	1-------2-------3-------4-------5
2. 현행 세제는 세금의 종류가 너무 많고 세율도 너무 복잡하다고 생각한다.	1-------2-------3-------4-------5
2. 세금신고서식과 절차가 너무 많고 복잡하다고 생각한다.	1-------2-------3-------4-------5
4. 나는 세법이 복잡하기 때문에 조세회피가 많다고 생각한다.	1-------2-------3-------4-------5
5. 정책적 목적을 가진 조세행정이 너무 많아 공평과세에 지장을 준다고 생각한다.	1-------2-------3-------4-------5

H. 조세회피 행위에 관한 사항

※ 조세회피란, 합법적이든 불법적이든 상관없이 세금을 가능한 적게 납부하기 위한 것을 의미합니다.

문항	전혀 그렇지 않다	보통이다	매우 그렇다
1. 나는 세금을 적게 납부하기 위해 재산을 은닉할 생각이다.	1-------2-------3-------4-------5		
2. 만약 내가 사업을 한다면, 조세회피를 하기 위해 모든 방법을 강구할 것이다.	1-------2-------3-------4-------5		
3. 나에게 조세회피의 기회가 주어지더라도, 소득을 성실하게 신고할 것이다.	1-------2-------3-------4-------5		
4. 만약 미신고 소득에 대한 처벌이 강화되어도 나는 세금회피를 할 것이다.	1-------2-------3-------4-------5		

I. 조세범 처벌에 관한 사항

문항	전혀 그렇지 않다		보통이다		매우 그렇다
1. 나는 세무조사가 조세회피자를 판별하는 가장 좋은 방법이라고 생각한다.	1	2	3	4	5
2. 과세당국의 규제가 엄격할수록 성실납세 가능성이 증가한다고 생각한다.	1	2	3	4	5
3. 범칙조사 결과 경미한 탈세범을 전과자로 만드는 것을 방지하기 위해 형사처벌인 '벌금'을 행정벌인 '과징금'으로 대체하는 방안이 타당하다.	1	2	3	4	5
4. 조세회피자에 대하여 벌과금뿐만아니라 징역형에 해당하는 처벌을 병행해야 한다고 생각한다.	1	2	3	4	5
5. 현재 과세당국의 조세회피자에 대한 행정처분이 잘 이루어지지 않고 있다고 생각한다.	1	2	3	4	5

J. 조세일반 및 시사관련 인식에 사항

1. 귀하는 우리나라에서 전반적으로 보아 세금이 공평하게 부과되고 있다고 생각하십니까?

   ① 예 (2.로 가시로)   ② 아니오 (1-1.로 가시오.)

   1-1. (아니오)의 경우, 그 이유는 무엇이라고 생각하십니까?

   ① 조세제도 자체의 불공평한 설계
   ② 세무행정의 전문화, 과학화 미흡
   ③ 사회적 성실납세환경의 미비와 납세자의 정직성 부족
   ④ 기타 (   )

2. 귀하는 현행 우리나라 세율이 높다고 생각하십니까?

   ① 전혀 아니다   ② 아니다   ③ 보통이다
   ④ 그렇다   ⑤ 매우 그렇다

3. 다음 중 세금을 가장 성실히 납부하는 사람은 누구라고 생각하십니까?

   ① 근로소득자   ② 변호사   ③ 의사
   ④ 세무사와 공인회계사   ⑤ 연예인   ⑥ 대기업
   ⑦ 중소기업   ⑧ 자영사업자   ⑨ 기타(   )

4. 다음 중 조세회피를 하려는 경향이 가장 큰 층은 누구라고 생각하십니까?

① 근로소득자　　② 변호사　　③ 의사
④ 세무사와 공인회계사　⑤ 연예인　　⑥ 대기업
⑦ 중소기업　　⑧ 자영사업자　⑨ 기타(　　　　　)

5. 귀하는 노무현 정부에서 도입키로 한 상속세·증여세 완전포괄주의에 대해 어떻게 생각하십니까?

> ※ 상속세·증여세 완전포괄주의란 과세항목이 법률에 규정돼 있지 않더라도 그와 유사한 증여 또는 상속행위가 발생하면 모두 세금을 물릴 수 있도록 하는 제도입니다.

① 매우 적절하다　　② 적절하다　　③ 잘 모르겠다
④ 부적절하다　　⑤ 매우 부적절하다

6. 귀하는 노무현 정부의 상속세·증여세 완전포괄주의 도입방침이 실현될 것이라고 생각하십니까?

① 실현되지 않을 것이다　② 잘 모르겠다　③ 실현될 것이다

7. 귀하는 배우자간 재산이 양도 및 양수에 대해 증여세를 면제해야 한다고 생각하십니까?

① 면제되어야 한다
② 조건에 맞게 면제되어야 한다
③ 무조건 부과되어야 한다

8. 탈세나 세금포탈 사실이 드러났을 경우, 어떻게 처벌하는 것이 바람직하다고 생각하십니까?

① 처벌은 필요 없고 경고만으로도 충분하다.
② 세금만 부과
③ 세금 + 가산세
④ 세금 + 가산세 + 벌금
⑤ 세금 + 가산세 + 벌금 + 형사처벌

9. 귀하는 조세회피를 하려는 가장 큰 이유가 무엇이라고 생각하십니까?

① 세무당국의 과세 잘못   ② 불합리한 세제
③ 높은 세율   ④ 현실보다 높은 과세표준
⑤ 상대적 불공평(나만 세금을 많이 내기 때문)
⑥ 기타 (   )

10. 우리나라는 과거 부과납세제도를 신고납세제도로 바꾸었는데 신고납세제도가 정착됐다고 보십니까?

① 예 (11.로 가시오)   ② 아니오 (10-1.로 가시오)

   10-1. (아니오)의 경우, 그 이유는 무엇이라고 보십니까?

     ① 조세회피의 수단으로 악용
     ② 납세자의 자발적 의지 부족 및 납세의식 결여
     ③ 조세제도의 결함 및 세무행정의 질못
     ④ 세무지식 및 제도에 대한 이해 부족
     ⑤ 상거래질서 등 사회적 여건 미성숙

11. 세무조사에 대하여 어떻게 생각하십니까?

① 탈세와 조세회피 방지를 위해 반드시 필요하다
② 모두가 성실납부하므로 필요없다
③ 생계유지형 탈세는 눈감아 줄 수 있다
④ 여러 가지로 악용되기 때문에 불필요하다

11-1. 세무조사 대상자는 어떻게 선정하는 것이 바람직하다고 생각하십니까?

① 무작위로 선정해야 한다
② 대기업에만 실시해야 한다
③ 탈세혐의가 있으면 모두 실시해야 한다
④ 세무지도 차원에서 정기적으로 실시해야 한다

12. 특별세무조사에 대해 귀하는 어떠한 견해를 갖고 계십니까?

> 특별세무조사는 탈세정보자료 또는 과세자료의 분석을 통해 세금을 탈루한 혐의가 구체적으로 포착된 자 중에서 탈루수법이나 규모로 보아 통상의 조사로는 실효를 거두기 어렵다고 판단되는 경우 예외적으로 조사통지 생략·장부예치 등의 방법으로 실시됩니다.

① 납세자 권익 침해의 소지가 있으므로 완전 폐지되어야 한다.
② 선정기준이 불명확하므로 기준절차 등을 법제화해서 객관성과 투명성을 보완한 뒤 그 기준에 따라 시행하여야 한다.
③ 탈세를 뿌리뽑기 위하여 보다 엄격히 시행하여야 한다.
④ 일반조사에 의하되 조세범처벌법을 엄격히 적용하여야 한다.

13. 귀하의 주변에서 "재수없이 세무조사를 받게 되었다"고 생각하는 사람이 있다면 그 이유는 무엇 때문이라고 보십니까?

   ① 자기의 잘못을 모르기 때문이다.
   ② 세무당국이 설명하는 조사대상 선정이유를 믿지 않기 때문이다.
   ③ 남과 비교하기 때문이다.
   ④ 총사업자수에 비하여 조사업체수가 너무 적기 때문이다.

14. 기업이 업무상 지출하는 골프 접대비와 향락업소 접대비 등은 경비로 인정해 주어야 한다고 생각하십니까?

   ① 기업경영을 위하여 사용된 것이라면 인정함이 당연하다.
   ② 사치스런 접대행위이므로 인정하지 말아야 한다.
   ③ 사회전반의 투명성 확보를 위하여 인정하지 말아야 한다.
   ④ 특정업종(업소)에 지출하는 비용만 인정하지 않는 것은 공평하지 않다.

15. 금융거래조회에 관한 다음 규정에 대해 어떻게 생각하십니까?

   > 현행 금융실명거래에관한법률(제4조 제2항 및 동시행령 제10조)에 의하면 세무조사시 필요한 경우에는 A의 성명, 주민등록번호, 계좌번호 등을 기재하여 A가 거래하는 B은행에 각 지점별로 조회하여야 그 지점의 거래내역만을 통보 받을 수 있습니다.
   > 예) 서울은행 명동지점, 한국증권 충정지점 등에 A의 계좌번호를 알아야만 금융거래 조회가 가능함

   ① 효율적 세무조사를 위해 감독기관에 일괄조회 할 수 있도록 하여야 한다.
   ② 일괄통보나 일괄조회는 다른 용도로 악용될 소지가 있으므로 예금자 보호를 위해 현행 그대로가 좋다.

③ 조회 없이 일정금액 이상의 거래내역을 모두 국세청에 통보하여 세무조사 목적상 필요시 언제나 확인이 가능하도록 하여야 한다.
④ 금융거래조회는 모두 예금자의 동의를 얻어야 한다.

16. 「깨끗하고 투명한 세무관서」를 만들기 위해 가장 필요하다고 생각하는 것은 무엇입니까?
    ① 청탁이 발붙일 수 없는 행정상의 제도적 장치를 만드는 것이다.
    ② 세무공무원의 보수를 현실화한 후 처벌을 강화하여야 한다.
    ③ 금품제공 사업자에게도 수뢰공무원과 같은 수준의 처벌을 해야 한다.
    ④ 세무공무원에게 사명감을 갖도록 하는 것이 중요하다.

17. 귀하는 2001년 언론사 세금포탈에 대한 과징금 부과 정도가 어떠했다고 생각하십니까?
    ① 처벌이 약했다   ② 적정했다   ③ 처벌이 지나쳤다

18. 신용카드 사용, 영수증 수령하기 등 성실납세풍토 조성을 위한 정부차원의 노력이 추진되었는데, 그 성과를 어떻게 평가하십니까?
    ① 전혀 성과가 없었다고 본다   ② 별 성과가 없었다
    ③ 보통이다   ④ 어느정도 성과가 있었다
    ⑤ 훌륭한 성과를 냈다   ⑥ 잘 모르겠다

19. 귀하는 성실 세금납부를 위해 가장 필요한 사항은 무엇이라고 생각하십니까?
    ① 공평과세 확립   ② 납세윤리와 납세의식
    ③ 강력한 법규 적용   ④ 세무제도와 국세행정에 대한 홍보
    ⑤ 조세부담율의 감소   ⑥ 정부에 대한 신뢰

⑦ 기타 (   )

K. 일반적인 사항에 관한 질문

1. 귀하의 성별은?

　① 남　　　　　　　② 여

2. 귀하의 연령은?

　① 20대　② 30대　③ 40대　④ 50대　⑤ 60대 이상

3. 귀하의 최종학력은?

　① 중졸이하　② 고졸　③ 대졸　④ 대학원졸 이상

4. 귀하의 작년 총 소득액은?

　① 1천만원-2천만원 미만　② 2천만원-3천만원 미만
　③ 3천만원-4천만원 미만　④ 4천만원-5천만원 미만
　⑤ 5천만원 이상

☞ 자영사업자의 경우(전문직 포함), 매출액 규모는(2002년 기준)?

　① 5천만-1억원 미만　② 1억-2억원 미만
　③ 2억-3억원 미만　④ 3억-4억원 미만
　⑤ 5억원 이상

5. 귀하의 직업 및 직종은 무엇입니까?
   ① 전문직, 행정관리직   ② 사무직
   ③ 서비스 판매직   ④ 기능·기술직
   ⑤ 의사 및 변호사   ⑥ 자영사업자(공장, 식당 등)

6. 현재 귀하가 거주하고 있는 지역은?
   ① 서울   ② 부산   ③ 울산   ④ 대전
   ⑤ 대구   ⑥ 광주   ⑦ 인천   ⑧ 경기

7. 귀하의 우리나라 세법 및 세무에 관한 지식은 어느 정도입니까?
   ① 매우 잘 안다   ② 잘 안다   ③ 보통이다
   ④ 모른다   ⑤ 전혀 모른다

8. 귀하는 소득세 신고를 어떠한 방법으로 하고 있습니까?
   ① 세무전문가 사무실로 간다
   ② 직접 신고한다
   ③ 소득세 신고에 관하여 아는 바가 없다
   ④ 봉급에서 원천 징수 된다
   ⑤ 기타(   )

9. 귀하는 조세정책에 변화가 생겼을 때 주로 알게 되는 경로는 어떤 것입니까?
   ① 인터넷   ② 신문과 방송 등 언론매체
   ③ 세금고지서   ④ 교육기관
   ⑤ 세무서의 안내와 비치자료   ⑥ 기타(   )

10. 귀하는 세무조사를 받은 경험이 있습니까?

　① 없다　　② 1～2번　　④ 3～4번
　⑤ 4～5번　⑥ 6번 이상

11. 귀하는 조세회피를 해본 경험이 있으십니까?

　① 있다 (12-1로 가시오.)　　② 없다

　11-1. 만약 귀하께서 조세회피를 하신다면 선호하는 방법은 무엇입니까?

　　① 무자료거래　　　　② 세무자료나 세무정보 미제출
　　③ 허위영수증 사용　　④ 회계처리 조작
　　⑤ 조세감면 혜택 남용　⑥ 재산(동산, 부동산)의 은폐
　　⑦ 기타 (　　　　　　　　　　　)

12. 귀하의 소득원천은 무엇입니까?

　① 사업소득　② 근로소득　③ 부동산임대소득
　④ 양도소득　⑤ 금융소득　⑥ 퇴직소득

끝까지 응답해 주셔서 대단히 감사합니다.
조사결과를 원하시면, 이메일 주소를 기입해 주십시오.
E-mail 주소: _____

조세 법과 의식 사이

인쇄일 초판 1쇄 2004년 04월 30일
        2쇄 2015년 05월 20일
발행일 초판 1쇄 2004년 05월 08일
        2쇄 2015년 05월 23일

지은이 임 원 식
발행인 정 찬 용
발행처 **새 비**
등록일 2005.03.15. 제17-423호

서울시 강동구 성내동 447-11 현영빌딩 2층
Tel : 442-4623~4 Fax : 442-4625
www.kookhak.co.kr
E- mail : kookhak2001@hanmail.net
ISBN 978-89-5628-433-0 *03800
가 격 18,000원

*저자와의 협의 하에 인지는 생략합니다.